완전개정판
저는
주식투자가
처음인데요

저는 주식투자가 처음인데요 완전개정판

초판 1쇄 발행 2010년 10월 20일
개정판 1쇄 발행 2015년 7월 17일
개정2판 1쇄 발행 2020년 1월 6일
개정3판 1쇄 발행 2020년 12월 16일
개정4판 1쇄 발행 2022년 1월 10일
개정5판 1쇄 발행 2026년 2월 14일
개정5판 2쇄 발행 2026년 3월 9일

지은이 강병욱

펴낸이 조기흠
총괄 이수동 / **책임편집** 박의성 / **기획편집** 최진, 유지윤, 이지은
마케팅 박태규, 임은희, 김예인, 김선영 / **제작** 박성우, 김정우
외주기획 박준영 / **디자인** 박정현 / **교정교열** 정은아

펴낸곳 한빛비즈(주) / **주소** 서울시 서대문구 연희로2길 76, 5층
전화 02-325-5506 / **팩스** 02-326-1566
등록 2008년 1월 14일 제 25100-2017-000062호

ISBN 979-11-5784-858-4 (13320)

이 책에 대한 의견이나 오탈자 및 잘못된 내용은 출판사 홈페이지나 아래 이메일로 알려주십시오.
파본은 구매처에서 교환하실 수 있습니다. 책값은 뒤표지에 표시되어 있습니다.

⌂ hanbitbiz.com ✉ hanbitbiz@hanbit.co.kr ◼ facebook.com/hanbitbiz
◼ blog.naver.com/hanbit_biz ▶ youtube.com/한빛비즈 ◉ instagram.com/hanbitbiz

지금 하지 않으면 할 수 없는 일이 있습니다.
책으로 펴내고 싶은 아이디어나 원고를 메일(**hanbitbiz@hanbit.co.kr**)로 보내주세요.
한빛비즈는 여러분의 소중한 경험과 지식을 기다리고 있습니다.

저는 주식투자가 처음인데요

제대로 시작하고 처음부터 돈 버는
주식 공부 교과서

강병욱 지음

한빛비즈
Hanbit Biz, Inc.

대세상승기, 주식에 강하게 베팅할 때

가계 자산의 지형이 달라지고 있습니다. 그동안 부동산에 묶여 있던 자금이 서서히 주식시장으로 이동하고 있는 것이죠. 이는 단순한 투자 트렌드의 변화가 아니라, 우리 경제의 체질이 바뀌고 있다는 신호입니다.

비생산적 자산인 부동산에서 벗어나 기업의 성장에 직접 참여하는 '생산적' 자산으로 돈이 흐르고 있습니다. 이러한 움직임은 한국 경제를 한층 더 역동적으로 만들 것이며, 장기적인 대세상승의 시작점이 될 것입니다. 이제 한국도 미국 등 선진 금융시장처럼 주식을 중심으로 한 자산운용의 시대를 맞이하고 있습니다.

긴 정체기를 지나 새로운 국면으로

우리 주식시장은 오랜 시간 쉽지 않은 시기를 견뎌왔습니다. 2008년 글로벌 금융위기 이후 장기적인 횡보가 이어졌고, 코로나19 팬데믹 당시 잠시 반등했지만 미중 갈등과 정치적 불확실성 속에 다른 나라들처럼 상승세를 이어가지 못했습니다.

그러나 지금은 상황이 달라졌습니다. 긴 침체기를 견디며 드러난 우리 사회의 회복력은 시장에도 그대로 반영되고 있습니다. 2,000포인트대에 머물던 코스피가 3,000, 4,000선을 넘어 대망의 '5,000포인트'를 넘어섰고, 주가의 회복 속도도 AI와 반도체 중심으로 초강세를 이어가며 주요국 대비 훨씬 빠르고 강렬합니다. 이제 우리 주식시장이 1만 포인트 고지를 향한다고 해도, 그것은 더 이상 공허한 구호가 아닐 것입니다.

이는 우리 시장이 마침내 장기적 상승 사이클에 진입했음을 의미합니다. 이제 주식투자를 통해 국민 모두가 실질적인 자산 증식의 기회를 얻을 수 있는 시대가 열린 것입니다.

대세상승기, 원칙을 세우고 강하게 나아가라

상승장이 찾아왔다면 주식 비중을 과감히 높일 필요가 있습니다. 하지만 무턱대고 투자하라는 뜻은 아닙니다. "강하게 베팅하라"는 말은 분명한 원칙을 세우고, 그 원칙에 따라 흔들림 없이 행동하라는 의미입니다. 이번 상승장은 일시적인 반등이 아니라 장기적 추세로 이어질 가능성이 높습니다. 부동산에서 옮겨온 자금이 완전히 주식시장에 안착하기까지는 시간이 걸리겠지만, 그 흐름은 이미 시작되었습니다.

다만 상승장이라 해도 모두가 이익을 얻는 것은 아닙니다. 원칙을 지키지 못하면 상승장 속에서도 손실을 볼 수 있습니다. 지금이야말로 스스로 기준을 세우고, 흔들림 없는 투자 철학을 다져야 할 때입니다.

주가는 결국 기업가치로 귀결됩니다. 그리고 기업가치는 경제 환경의 변화 속에서 끊임없이 움직입니다. 따라서 경제의 흐름을 읽고, 변화 속에서 기회를 포착하는 힘이 중요합니다. 이 책이 그 길을 함께 걸어갈 투자자들의 든든한 동반자가 되기를 바랍니다.

《저는 주식투자가 처음인데요》 개정판을 펴내며

《저는 주식투자가 처음인데요》 시리즈는 2010년 첫 출간 이후 수많은 독자의 사랑을 받으며 한국을 대표하는 주식투자 입문서로 자리 잡았습니다. 이번 개정판은 달라진 시장 환경과 투자 트렌드를 반영해 완전히 새롭게 구성했습니다.

가계 자산 구조의 변화로 나타난 대세상승기에 대비할 투자 전략부터 AI를 활용한 최신 투자 방식까지 함께 담았습니다. 초보 투자자에게는 기본기를 다지는 안내서로, 기존 투자자에게는 흔들림 없는 원칙을 점검하는 나침반이 되어줄 것입니다.

주식시장은 언제나 위험과 기회가 공존하는 곳입니다. 그 속에서도 《저는 주식투자가 처음인데요》와 함께한 독자들은 위험은 줄이고 수익은 지키는 지혜를 배워왔습니다. 다시 주식투자의 가능성이 열리고 있는 지금에도, 이 책은 든든한 안내자이자 때로는 어려운 순간 손을 잡아주는 멘토가 되어줄 것입니다.

오랜 시간 이 책을 사랑해주신 독자 여러분께 진심으로 감사드립니다. 더 오랜 시간 이 책과 함께할 독자 여러분에게 성투를 약속합니다.

경영학박사 강병욱

투자의 본질은 변하지 않았지만,
투자하는 세상은 완전히 달라졌다

사람들은 왜 여전히 주식투자에 도전할까요?

금리가 높아도 물가가 더 빠르게 오르면서 예금으로는 실질 수익을 기대하기 어렵습니다. 평생직장은 사라지고 은퇴 이후의 삶은 길어졌습니다. 돈이 일을 해야 하는 시대, 자산이 스스로 불어나지 않으면 가치의 하락을 감수해야 하는 시대가 되었습니다.

그래서 사람들은 다시금 '투자'라는 단어 앞에 서게 되었습니다. 불안정한 세상에서 내 삶을 지키는 현실적인 수단이자, 나 자신을 단련하는 과정이기 때문입니다.

하지만 주식시장은 과거보다 훨씬 복잡해졌습니다. 하루에도 수십 개의 뉴스가 시장을 흔들고, SNS와 유튜브를 통해 정보가 폭발적으로 쏟아집니다. MTS로 누구나 주식을 사고팔 수 있게 되었지만, 오히려 더 많은 초보 투자자가 정보의 홍수 속에서 방향을 잃고 있습니다. 시장은 빠르게 진화하는데, 투자자의 기본기는 여전히 예전 수준에 머물러 있는 경우가 많습니다.

그래서 이 책이 다시 태어났습니다.

변화의 시대, 다시 기본으로

2010년 초판이 출간된 이후, 세상은 완전히 달라졌습니다. 주식시장은 더 빠르고 더 글로벌하게 움직이고, 개인투자자의 비중은 사상 최대가 되었습니다. 거대 유튜브 채널이나 젊은 투자 유튜버가 시장의 흐름을 바꾸고, 손안의 MTS로 실시간 매매가 가능해졌습니다.

그러나 한 가지는 변하지 않았습니다. "기본을 지킨 사람만이 끝까지 살아남는다"는 진리입니다.

이번 개정판은 그 '기본'을 최신의 언어로 다시 다듬었습니다. 투자 개념과 이론 중 불필요한 부분은 과감히 덜어내고, 실제로 '당장' 투자에 도움이 되는 내용만 남겼습니다. 실전 투자에서 반드시 알아야 할 투자심리의 함정, 손실 관리의 철칙, 그리고 나만의 원칙과 기초 체력을 강화하는 법을 중심으로 구성했습니다. 특히 이제는 대세가 된 MTS를 활용한 실전 매매 예시, 시장을 읽는 감각을 키우는 훈련법은 내 손안의 트레이딩룸을 만드는 데 일조할 것입니다. 또한 단순히 '어떻게 사야 돈을 벌 수 있는가' 보다 '어떻게 하면 시장에 오래 남을 수 있는가'에 초점을 맞췄습니다.

시장은 살아 있는 생물, 공부는 계속되어야 한다

주식시장은 매일 새로운 얼굴을 합니다. 인공지능이 시장을 분석하고 반도체와 에너지, 2차 전지 같은 산업이 순식간에 주도주로 떠올랐다 사라집니다. 세계 각국의 금융 정책뿐만 아니라 정세, 전쟁, 환율 등 모든 것이 시장을 흔듭니다.

이런 변화의 한가운데에서 살아남으려면 시장과 함께 호흡하며 배우는 투자자가 되어야 합니다. 이 책은 그런 살아 있는 투자를 위한 나침반이 되어 단기 차익의 유혹에 흔들리지 않고 흐름을 읽는 눈을 길러줄 것입니다.

투자는 결국 자기 자신을 이기는 싸움입니다. 조급함을 다스리고, 손실을 견디며, 자신의 기준을 끝까지 지키는 힘이 곧 실력입니다. 그 과정을 혼자 걷지 않도록 이 책이 당신의 손을 잡고 함께 걷는 길잡이가 되기를 바랍니다.

한 걸음씩, 그러나 꾸준하게

주식시장은 거대한 강과 같습니다. 하루에도 수십조 원이 흐르는 강에서 누가 물을 더 길어 올릴 수 있느냐는 단순히 운이 아니라 준비의 문제입니다. 아무리 변화가 빠른 세상이라도 기본기를 닦고 원칙을 지킨 사람은 결코 휩쓸리지 않습니다.

이 책은 여러분이 시장이라는 강을 건널 때, 발밑을 단단히 디딜 수 있게 돕는 작은 돌이 되고자 합니다. 차근차근 한 걸음씩 시장을 배우고 자신을 단련하다 보면, 어느 순간 스스로 판단하고 결정할 수 있는 힘이 생길 것입니다. 그때 비로소 투자자는 '돈을 버는 사람'이 아니라 '시장을 이해하는 사람'이 됩니다. 이 개정판이 그 길의 출발점이 되길 바랍니다.

오랜 시간 이 책이 다시 세상에 나오도록 함께해주신 한빛비즈 출판사와 독자 여러분, 그리고 언제나 묵묵히 응원해준 가족들에게 깊이 감사드립니다.

목차

1장 ✕ 투자 기초 체력 만들기

2장 ✕ 실전 감각 익히기: HTS/MTS로 나만의 트레이딩룸 마련하기

3장 ><｜ 시장을 움직이는 힘:
Q&A로 쉽게 알아보는 투자를 위한 경제지식

4장 ╳ 종목을 고르는 눈: Q&A로 쉽게 이해하는 재무제표와 핵심 개념

5장 흐름을 읽는 기술: '차트'와 '추세'로 시장 판단하기

6장 >< 고수 따라잡기

투자 독해력 테스트

이 테스트는 독자의 현재 투자 이해도를 진단해
이후 학습 방향을 잡기 위한 목적입니다.

다음 10개의 질문에 답해보세요. 종목 추천이나 매매 스킬을 묻는 것이 아니라, 투자의 기초 개념을 이해하고 있는지를 확인하기 위한 문제들입니다.

Q1. 나는 왜 투자하는가?

A. 빨리 돈을 벌기 위해

B. 모두가 하니까

C. 장기적으로 자산을 키우기 위해

D. 잘 모르겠다.

Q2. 다음 중 초보 투자자에게 가장 위험한 행동은?

A. 분할매수

B. 리딩방 따라 하기

C. 재무제표 확인

D. 손절 기준 설정

Q3. 금리가 오르면 시장에 어떤 일이 생길 수 있는가?

A. 성장주 하락 가능성

B. 은행주 이익 증가 가능성

C. 전체 시장 변동성 확대

D. 모두 맞다.

Q4. 기업의 '진짜 체력'을 보여주는 대표 지표는?

A. 테마/이슈

B. PER*

C. 단기 뉴스

D. 현금흐름

*PER: 기업이 벌어들이는 이익 대비 주가 수준을 알아보는 지표(→199쪽)

Q5. PER이 낮다고 무조건 싸다고 볼 수 없는 이유는?

A. 이익이 일시적으로 크게 늘었을 수 있다.

B. 회사의 성장성이 떨어질 수 있다.

C. 시장 전체가 조정 중일 수 있다.

D. 모두 맞다.

Q6. 차트에서 거래량 급증은 무엇을 의미하는가?

A. 시장 참여자의 심리 변화

B. 급등 신호

C. 급락 신호

D. 의미 없음

Q7. '떨어지는 칼날을 잡지 말라'는 말의 의미는?

    A. 고점 매수하라는 뜻

    B. 하락추세에서 무리하게 진입하지 말라는 뜻

    C. 하락할수록 매수 기회라는 뜻

    D. 바닥을 확신해도 들어가라는 뜻

Q8. 경제 뉴스 해석에서 가장 중요한 접근 방식은?

    A. CPI*만 본다.

    B. 금리만 본다.

    C. 환율만 본다.

    D. 상황에 따라 여러 지표를 연동해본다.

*CPI : 소비자물가지수로 물가수준을 알아보는 지표(→145쪽)

Q9. 장기투자에 적합한 기업의 공통점은?

    A. 단기 급등 가능성

    B. 불안정한 재무 구조

    C. 재무제표 안정성과 꾸준한 현금흐름

    D. 유튜버 추천

Q10. 매매 일기를 쓰는 가장 중요한 이유는?

    A. 트렌드처럼 보여서

    B. 나중에 자랑하려고

    C. 내 투자 패턴·감정·근거를 기록해 점검하기 위해

    D. 글쓰기 연습

나의 **투자 상태** 진단표

정답 개수	독자 수준	현재 상태	추천 학습 방향
1~3개	기초 체력 미비 단계	• 투자 기본 개념이 아직 불안정함 • 뉴스·지표·차트가 연결되지 않음 • 충동 매매 위험이 큼	• 1장(마인드)부터 다시 정독 • 2장(실전 기초)에서 매매 구조 완전히 이해 • 3장(시장 흐름)의 기초 개념 먼저
4~6개	초급자 단계	• 개념은 알고 있으나 활용이 어려움 • 지표 해석이 단편적으로 머무름 • 손절·분할매수 등 원칙은 있으나 흔들림	• 3장(시장 흐름) 심화 • 4장 핵심 지표 (PER·PBR·ROE) 반복 연습 • 5장은 위험 회피 관점으로 접근
7~9개	초중급 실전 감각 형성 단계	• 경제·재무·차트 기본 원리를 이해함 • 종목 분석·위험 회피 기준이 생김 • 투자 원칙을 지키려는 의지가 강함	• 4장(재무제표) 심층 학습 • 6장 활용해 장기투자 프레임 구축 • 7일 학습 플랜을 3주 루틴으로 반복
10개	기초 마스터 단계	• 경제·재무·심리 등 기본기가 균형 잡힘 • 위험 종목·위험 타이밍을 잘 피함 • 행동 패턴에 일관성이 생김	• 산업·업종 구조 공부로 확장 • 기업 분석에서 현금흐름·경쟁력 심화 • 매매일기를 월간 리포트 단계로

정답

Q1: C Q2: B Q3: D Q4: D Q5: D Q6: A Q7: B Q8: D Q9: C Q10: C

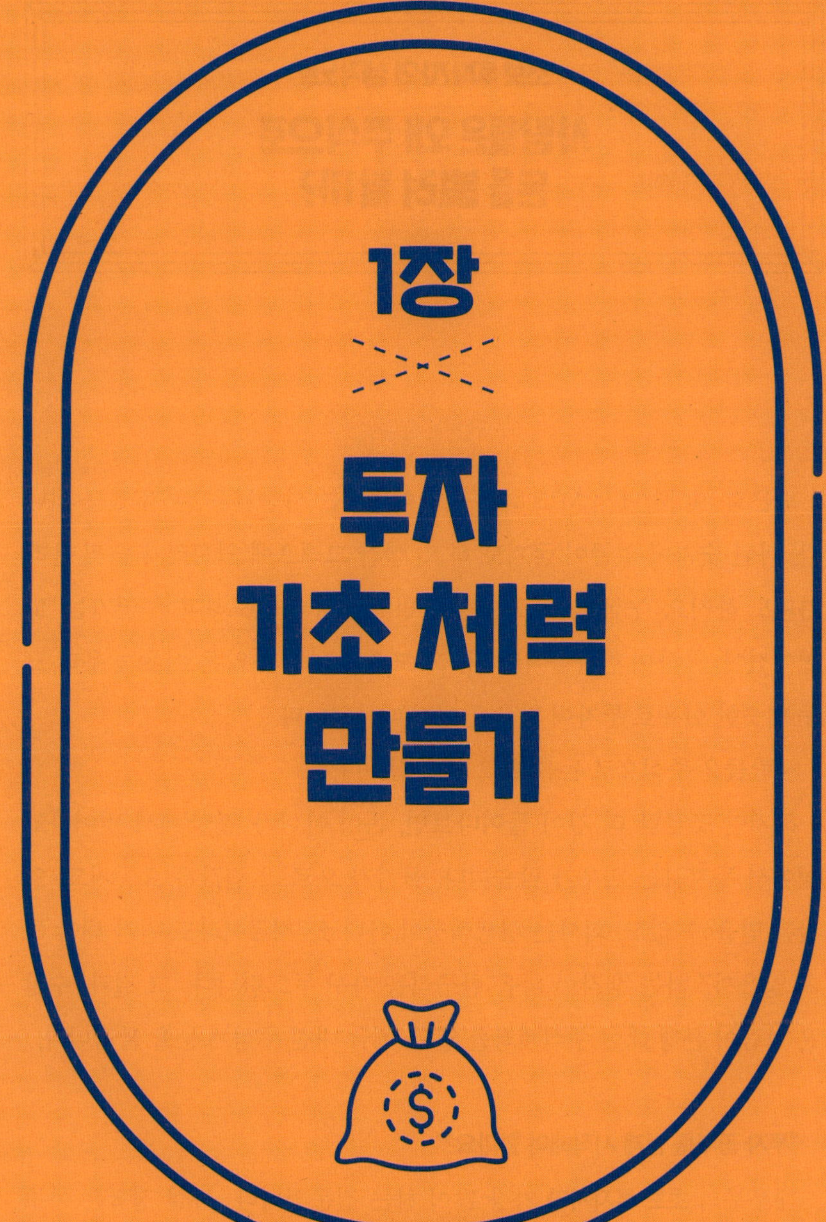
1장

투자
기초 체력
만들기

사람들은 왜 주식으로 돈을 벌려 할까?

퇴근길 지하철에서 MTS 화면을 들여다보는 사람들을 본 적 있을 겁니다. 파란 숫자에 얼굴이 굳기도 하고, 빨간 그래프에 입꼬리가 슬쩍 올라가기도 하지요. 누군가는 "오늘은 좀 벌었네"라며 안도하고, 누군가는 "또 떨어졌어…" 하며 한숨을 쉽니다. 그 모습이 낯설지 않은 이유는 우리 모두 비슷한 이유로 투자에 발을 들이기 때문입니다.

사람들은 주식으로 돈을 벌고 싶어 합니다.

하지만 조금만 더 깊이 들여다보면, 돈이 아니라 '불안'에서 벗어나고 싶어서 투자하는 경우가 많습니다. 물가가 오르고, 집값은 요동치고, 연금은 믿을 수 없고, 회사는 평생직장이 아니죠. '지금이라도 뭔가 해야 하지 않을까?' 하는 생각이 마음 한구석을 자꾸 두드립니다. 그 결과, 수많은 사람이 은행 대신 주식계좌를 열고, 예금 대신 주식에 눈을 돌립니다.

"투자 공부를 언제 시작해야 할까요?"

대부분의 **초보 투자자가** 가장 많이 하는 질문입니다. 사실 정답은 아주 단순합니다.

"지금 바로, 오늘부터 해야 합니다."

주식시장은 생각보다 냉정합니다. 지식이 없다고 봐주는 일도, 초보자라서 기다려주는 일도 없습니다. 공부하지 않는 투자자는 시장에서 오래 버티지 못합니다.

그래서 저는 늘 이렇게 말합니다.

"투자는 돈의 싸움이 아니라 공부의 싸움입니다."

공부를 잘한다는 건 그저 차트를 잘 보는 것을 의미하지 않습니다. 기업의 재무제표를 분석하고, PER과 EPS를 계산하는 것도 중요하지만, 그보다 먼저 자기 자신을 아는 공부가 필요합니다.

나는 어떤 투자 성향을 가졌는가?

얼마만큼의 손실까지 감당할 수 있는가?

내가 주식투자를 시작한 진짜 이유는 무엇인가?

이 기본적인 질문에 답하지 못하면, 결국 시장의 거대한 파도에 휩쓸리게 됩니다.

초보자에게 필요한 첫 번째 공부: '방향'

많은 초보 투자자가 처음에는 종목을 고르는 데 온 힘을 쏟습니다. 하지만 중요한 건 '무엇을 사느냐'보다 '어떤 기준으로 판단하느냐'입니다. 예를 들어볼까요. A씨는 친구의 말만 믿고 반도체주를 샀습니다. 며칠 후 뉴스에서 "글로벌 반도체 업황 부진"이라는 기사가 나오자, 불안해진 A씨는 바로 손절매했습니다. 그런데 한 달 후 주가는 오히려 상승했죠. A씨는 후회했지만, 이미 늦었습니다.

이런 이야기는 주변에서 쉽게 찾아볼 수 있습니다. 정보는 넘쳐나는데, 판단의 기준이 없으니 흔들리는 것입니다.

투자에서 방향을 잡는다는 건 '이 종목이 오를까 내릴까'를 예측하는 게 아니라 '내가 어떤 원칙으로 시장을 대할 것인가'를 정하는 일입니다. 주식시장은 매일 수없이 바뀌지만, 그 안에서 변하지 않는 나만의 기준이 있어야 합니다. 그 기준이 바로 투자의 나침반입니다.

투자에도 기초 체력이 필요하다

주식투자는 단거리 달리기가 아닙니다. 마라톤처럼 기초 체력과 호흡 조절이 중요합니다. 처음에는 적은 돈으로, 짧은 기간으로 부담 없는 연습부터 시작하세요. 실제 시장에서의 경험은 책 100권보다 값집니다. 다만, 그 과정에서도 지켜야 할 원칙은 분명히 있습니다.

감정으로 매수하지 않는다.

이유 없는 매도는 하지 않는다.

손실을 두려워하지 않되, 같은 실수는 반복하지 않는다.

이 3가지 원칙만 지켜도 수익의 절반은 확보할 수 있습니다. 주식은 돈보다 심리의 게임입니다. 냉정하게 판단할 수 있는 사람만이 살아남습니다.

주식 공부의 시작: '관찰'

주식 공부를 한다고 하면 많은 분이 차트나 기술적 분석부터 떠올립니다. 하지만 진짜 공부는 시장을 바라보는 관점을 다듬는 일입니다. 매일 아침 MTS를 열어 오늘의 시가와 거래량을 확인하고, 관심 종목의 뉴스를 읽고, 왜 그 기업의 주가가 오르거나 내렸는지 이유를 찾아보는 것. 이 단순한 반복이 투자자의 기초 체력을 만들어줍니다.

사실 MTS는 훌륭한 교과서입니다. 그래프의 흐름을 읽고, 거래량의 변화를 눈으로 익히고, 종목의 재무 정보를 직접 확인하면서 시장 감각을 익히세요. 남의 추천보다 내 눈으로 확인하는 습관이 진짜 공부의 출발점입니다.

공부한 만큼 시장이 보인다

투자에서 가장 큰 착각은 시장을 이길 수 있다는 생각입니다. 시장은 이기는 곳이 아니라, 이해해야 하는 곳입니다. 이해가 쌓이면 두려움이 줄고, 두려움이 줄면 냉정하게 판단할 수 있게 됩니다. 냉정함이 생기면 비로소 기회가 보이죠.

이 장에서는 주식투자의 기본 개념부터 시장과 기업을 바라보는 관점, 그리고 초보자가 반드시 익혀야 할 '투자의 언어'를 하나씩 정리할 것입니다. 이해가 쌓이면 시장이 다르게 보이고, 여러분의 첫 투자도 훨씬 단단해질 것입니다.

주식투자는 '감'이 아니라 '공부'입니다. 공부는 당신을 배신하지 않습니다. 이제부터 우리가 함께 배워나길 시간입니다.

천천히, 그러나 꾸준하게 기초를 단단히 다질 수 있다면, 그다음은 결코 두렵지 않습니다.

돈 버는 지식을 알기 전의 지식
시장은 어떻게 분석하나요?

증권과 주식은 같은 말일까요?

많은 사람이 주식과 증권을 같은 뜻으로 생각하지만, 사실 두 단어는 조금 다릅니다. 증권은 돈을 빌리거나 투자한 사실을 증명하는 문서이고, 주식은 그 여러 증권 가운데 기업의 일부를 소유한다는 권리를 나타내는 것입니다. 주식으로 돈을 벌기 위해서는 실전 매매를 무작정 따라 하기보다 이런 기초 개념부터 정확히 이해하는 것이 중요합니다.

기업과 개인은 돈에 대해 서로 다른 생각을 가지고 있습니다. 기업은 규모가 크고 장기적으로 사용할 수 있는 자금이 필요하지만, 개인은 상대적으로 적은 금액을 단기간 운용하며 높은 수익을 기대합니다.

이렇게 서로의 이해를 맞춰주는 장치가 바로 증권 제도입니다. 기업은 증권을 발행해 필요한 자금을 조달하고, 개인은 그 증권을 매입해 이익을 얻을 기회를 갖게 됩니다. 그 대표적인 형태가 바로 주식입니다.

구분	기업이 바라는 점	개인이 바라는 점
이자율	가능한 한 낮은 이자로 돈을 빌리고 싶음	가능한 한 높은 이자로 돈을 굴리고 싶음
기간	장기적으로 자금을 안정적으로 사용하길 원함	단기간에 수익을 내고 싶음
규모	대규모의 자금이 필요	소규모 자금만 운용할 수 있음

이처럼 서로 다른 목표를 가진 기업과 개인을 연결해주는 것이 증권시장입니다. 기업은 증권을 발행해서 투자자에게 일정한 권리를 부여합니다. 투자자는 이 권리를 통해 배당이나 주가 상승과 같은 이익을 기대할 수 있습니다. 또한 증권은 시장에서 자유롭게 사고팔 수 있기 때문에 투자자는 필요할 때 자금을 회수할 수 있고, 기업은 장기적으로 안정적인 자금을 확보할 수 있습니다.

이렇게 보면 증권시장은 단순히 돈이 오가는 공간이 아니라, 자본주의의 혈관처럼 자금을 순환시키는 중요한 통로라고 할 수 있습니다.

주식이란 무엇일까요?

재테크가 생활 속으로 들어오면서 '주식'이라는 말은 이제 낯설지 않습니다. 하지만 정작 주식이 무엇인지 명확히 설명하는 사람은 많지 않습니다.

주식이란 주식회사가 자본금을 마련하기 위해 발행하는 증서입니다. 이 주식을 가진 사람을 주주shareholder라고 하지요. 즉, 주식을 산다는 것은 단순히 돈을 맡기는 것이 아니라 회사의 일부를 소유하는 것입니다.

회사를 설립할 때는 자본금과 주식의 액면가를 정해야 합니다. 예를 들어 자본금 10억 원, 1주의 가격을 1만 원으로 정했다면 총 10만 주의 주식을 발행하게 됩니다. 이때 한 사람이 100주를 사면 회사의 0.1%를, 1,000

주를 사면 1%를 소유하게 됩니다. 주주는 자신이 가진 주식 수만큼의 권리와 책임을 갖습니다. 이러한 구조 덕분에 많은 사람이 함께 자본을 모아 회사를 운영할 수 있습니다.

구분	의미
주식	회사의 소유권을 일정한 지분으로 나누어 표시한 증서
주주	주식을 소유한 사람으로 회사의 소유자이자 투자자
배당	회사가 얻은 이익 중 일부를 주주에게 분배하는 것
의결권	주주가 회사 경영과 관련된 의사결정에 참여할 수 있는 권리

상장회사의 주식만 거래할 수 있습니다

그렇다면 모든 회사의 주식을 거래할 수 있을까요? 아닙니다. 우리가 주식시장에서 사고파는 주식은 상장회사의 주식입니다. 상장Listing이란 기업의 주식을 한국거래소와 같은 공식 시장에 등록해 불특정 다수의 투자자가 자유롭게 사고팔 수 있도록 하는 것을 말합니다. 상장된 회사의 주식은 공개된 시장에서 거래되므로 언제든 현금화할 수 있습니다.

반면 비상장회사의 주식은 일반 투자자들이 쉽게 접근할 수 없고, 정보도 제한되어 있어 거래가 어렵습니다. 이 때문에 기업들은 자금을 원활히 조달하기 위해 상장을 추진합니다.

IPO와 상장의 차이

기업이 상장되기 위해서는 먼저 기업공개IPO, Initial Public Offering 과정을 거칩니다. IPO란 회사의 재무와 경영 정보를 시장에 투명하게 공개하고 주식을 일반 투자자에게 분산시키는 절차를 말합니다. 기업은 이를 통해 필요한 자금을 조달하고, 투자자는 회사의 성장 과정에 참여할 기회를 얻게 됩니다.

IPO에는 2가지 방식이 있습니다. 하나는 기존 주주가 보유한 주식을 투자자에게 파는 구주매출 방식, 다른 하나는 새로 주식을 발행해 판매하는 신주모집 방식입니다. 두 방식 모두 기업의 자본 구조를 투명하게 하고, 더 많은 사람이 기업의 성장에 동참할 수 있도록 돕습니다.

다만, 모든 기업이 IPO 후 상장되는 것은 아닙니다. 한국거래소는 투자자 보호를 위해 재무 상태, 경영의 지속 가능성, 공시의 투명성 등을 꼼꼼히 심사합니다. 기준을 충족한 기업만이 상장되어 공식적으로 주식을 거래할 수 있습니다.

증권과 주식은 자본시장의 가장 기본적인 언어입니다. 증권은 돈의 흐름을 증명하고, 주식은 그중에서도 기업의 성장에 함께 참여할 수 있는 권리를 의미합니다. 상장을 통해 기업은 자금을 얻고, 개인은 투명한 시장 안에서 그 성장을 공유할 수 있습니다.

주식투자를 시작하려면 먼저 이 기본 구조를 명확히 이해해야 합니다. 기업은 왜 주식을 발행하고, 개인은 왜 그것을 사는지 알게 되면 주식시장이 단순히 가격이 오르고 내리는 곳이 아니라, 생태계가 움직이는 살아 있는 구조임을 깨닫게 될 것입니다. 이것이 바로 돈을 버는 지식을 배우기 전에 꼭 알아야 할 첫 번째 지식입니다.

IPO는 회사를 일반 투자자에게 소개하는 절차이고, 상장은 그 회사의 주식을 거래소에 등록해 시장에서 공식적으로 사고팔 수 있게 하는 과정입니다. 두 과정이 모두 끝나야 비로소 우리가 MTS나 HTS로 거래할 수 있는 '상장주식'이 됩니다.

유상증자, 무상증자는 호재일까 악재일까?

증자는 기업이 자금을 조달하는 방식 중 하나이지만, 그 영향은 상황에 따라 달라집니다. 최근 시장 흐름을 보면 유상증자는 악재로 작용하는 경우가 많고, 무상증자는 (증자 비율에 따라 다르지만) 대체로 호재로 평가되는 경우가 많습니다.

유상증자가 악재로 작용한 경우

대표적인 사례로 한화에어로스페이스를 들 수 있습니다. 이 회사는 2025년 3월 20일 공시를 통해 3조 6,000억 원 규모의 유상증자를 발표했습니다. 발표 직후 시장에서는 주주가치 희석에 대한 우려가 커졌고, 주가는 연이틀 하락하며 약 17%의 낙폭을 기록했습니다.

물론 희석 우려 때문만은 아니었습니다. 일각에서는 이번 유상증자가 김승연 회장의 자녀들에게 경영권을 승계하기 위한 과정이라는 비판을 제기했습니다. 주주들의 돈으로 승계 자금을 마련하는 것 아니냐는 지적이 이어지며 여론은 냉랭해졌습니다.

주주들의 비판이 거세진 이유는 불과 얼마 전 회사가 한화임팩트와 한화에너지가 보유한 한화오션 지분(각각 5.0%, 2.3%)을 1조 3,000억 원에 매입한 전례가 있었기 때문입니다. 이 과정에서 한화에어로스페이스는 1조 3,750억 원의 현금 및 현금성 자산 94%(2024년 말 기준)를 소진했습니다. 그로부터 일주일 만에 3조 6,000억 원의 유상증자를 발표했으니, "현금은 자녀에게 몰아주고 투자금은 주주에게서 확보한다"는 비판이 쏟아질 수밖에 없었습니다.

결국 금융감독원까지 개입했습니다. 금융감독원은 한화에어로스페이스의 유상증자 신고서를 반려하며 보완을 요구했습니다. 그 내용은 ① 유상증자를 선택한 이유, ② 증자 시점 및 자금 사용 목적의 타당성, ③ 증자 전·후 그룹 내 지배구조 재편과의 연관성 등을 상세히 명시하라는 것이었습니다.

이 같은 진통 끝에 회사는 4월 8일 이사회를 열고 기존에 발표한 유상증자 규모를 3조 6,000억 원에서 2조 3,000억 원으로 축소한다고 공시했습니다. 줄어든 1조 3,000억 원은 한화에너지, 한화임팩트, 한화에너지싱가포르 등 3개 사가 제3자 배정 방식으로 참여해 채워졌습니다.

한화에어로스페이스가 더욱 비난받은 이유는 시점 때문입니다. 방위산업 관련 호재로 주가가 이미 오른 뒤 유상증자를 발표한 것입니다. 주가 상승의 과실을 함께 나누기보다 주주들의 돈을 다시 끌어들이는 모습이 비판의 핵심이었습니다. 주주가치를 소중히 여기지 않는다는 평가가 따랐던 이유입니다.

한화에어로스페이스 유상증자 발표 직후

무상증자가 호재로 작용한 경우

반면 무상증자는 시장에서 긍정적으로 받아들여지는 경우가 많습니다. 이론적으로는 기업가치에 변화를 주지 않는 재무적 결정이므로 주가에 영향을 주지 않아야 하지만, 실제로는 투자심리를 자극해 주가가 상승하는 경우가 적지 않습니다.

눈에 띄는 사례는 온코닉테라퓨틱스입니다. 이 회사는 2024년 12월 19일 상장된 신생 기업으로, 2025년 9월 17일 이사회를 열고 보통주 1주당 3주를 배정하는 300% 무상증자를 결정했습니다. 회사는 '발행주식 수 증가를 통한 거래 활성화와 주주가치 제고'가 목직이라고 밝혔습니다. 이후 온코닉테라퓨틱스의 주가는 무상증자 발표 직후부터 가파른 상승세를 보였습니다.

무상증자는 증자 비율에 따라 시장 반응이 달라집니다. 증자 비율이 낮으면 영향이 미미할 수 있지만, 비율이 높을수록 호재로 작용할 가능성이 커집니다. 무상증자가 악재로 해석되는 경우는 거의 없기 때문에 투자자는 증자 비율에 특히 주목할 필요가 있습니다.

온코닉테라퓨틱스 무상증자 발표 직후

주식의 종류
주식은 어떻게 구분할까요?

주식의 종류는 얼마나 다양한가요?

주식의 종류가 다양하다고 해서 미리 겁먹을 필요는 없습니다. 이름만 들어도 대략 어떤 성격의 주식인지 짐작할 수 있기 때문입니다. 주식시장에서 자주 거래되는 주요 유형을 하나씩 살펴보겠습니다.

보통주와 우선주 ▸ 가장 기본이 되는 구분은 '보통주'와 '우선주'입니다. 보통주는 기업이 발행하는 주식의 기준이 되는 주식으로, 주주는 자신이 보유한 주식 수만큼 의결권을 가지며 주주총회에서 회사의 주요 사안에 대해 의견을 낼 수 있습니다. 또한 이익배당청구권, 잔여재산분배청구권 등 경제적 이익을 얻을 수 있는 권리도 함께 가집니다.

다만 주식은 1인 1표제가 아니라 1주 1표제입니다. 따라서 주식을 많이 가진 사람이 기업 경영에 더 큰 영향력을 발휘할 수 있습니다. 기업을 완전히 장악하기 위해서는 통상적으로 전체 주식의 50%와 1주 이상을 보유해야 하며, 이 비율을 '지배지분'이라고 부릅니다.

우선주는 말 그대로 보통주보다 '우선하는 권리'를 가지는 주식입니다. 대표적으로 첫째는 배당을 먼저 받을 권리이고, 둘째는 회사가 청산될 때 남은 재산을 우선적으로 분배받을 권리입니다. 그 대신 의결권은 제한되거나 아예 없는 경우가 많습니다. 즉, 우선주는 경영 참여보다는 안정적인 수익을 원하는 투자자에게 더 적합한 주식입니다.

구분	보통주	우선주
권리	의결권과 배당권, 잔여재산분배청구권을 모두 가짐	배당과 잔여재산 분배에서 우선권을 갖지만, 의결권은 없음
특징	경영 참여 가능, 주가 변동성 큼	배당 안정성 높음, 경영 영향력 낮음
적합 투자자	성장성과 변동성에 적극적으로 대응하는 투자자	안정적인 배당을 선호하는 투자자

고수의 팁 ▶ **그렇다면 우선주는 무조건 좋은 걸까요?**

우선주의 대표적인 장점은 '배당을 먼저 받을 수 있다'는 점입니다. 예를 들어 우선주의 발행 조건에 연 7%의 우선 배당이 명시되어 있다고 가정해봅시다. 회사가 결산 후 배당가능이익이 생기면, 먼저 우선주 주주에게 7%의 배당을 지급하고 남은 이익으로 보통주 주주에게 배당을 나눠줍니다. 이때 사람들은 흔히 '우선주는 배당이 더 유리하구나'라고 생각하기 쉽습니다.

하지만 항상 그런 것은 아닙니다. 회사의 이익이 크게 늘어난 경우, 보통주가 20% 이상의 배당을 받을 수도 있습니다. 반대로, 회사에 배당가능이익이 없을 때는 우선주 역시 배당을 받지 못할 수도 있습니다. 즉, 우선주는 안정적인 배당을 '우선적으로 받을 가능성'이 높지만, 이익이 없을 때는 보통주와 마찬가지로 배당이 없을 수도 있는 주식입니다.

결국 우선주는 '무조건 유리한 주식'이 아니라, 예측 가능한 범위의 안정성을 선호하는 투자자에게 적합한 주식이라고 할 수 있습니다.

우량주 ▶ 블루칩Blue Chip이라고도 합니다. 시가총액이 크고, 실적과 재무 구조가 안정적이며, 산업 내에서 경쟁력이 높은 기업의 주식을 말합니다. 쉽게 말해, '실적이 검증된 회사의 주식'입니다. 반도체, 금융, 통신과 같이 꾸준히 이익을 내는 대형 기업들이 여기에 속합니다. 우량주는 경기 변동에 비교적 덜 흔들리고, 장기적으로 꾸준한 수익을 기대할 수 있다는 점에서 많은 투자자가 포트폴리오의 중심으로 삼는 종목입니다.

공모주 ▶ 주식회사가 자금을 조달하기 위해 주주를 공개 모집하는 것을 공모주라고 합니다. 기업의 규모가 커질수록 자금이 더욱 많이 필요해져 공모주를 모집하는 경우가 많습니다. 주식시장이 활황을 보이면 기업공개를 통해 공모에 나서는 기업들이 많아집니다. 이때는 공모가가 지나치게 높은 것은 아닌지 따져봐야 합니다.

가치주와 성장주 ▶ 가치주는 실적 등에 비해 기업가치가 상대적으로 저평가되어 낮은 가격에 거래되는 주식입니다. 성장이 더뎌서 단기적으로는 비교적 수익이 낮은 편이지만, 주가 변동 폭도 크지 않아서 장기적으로 안정적입니다. 이 때문에 방어적인 투자자들이 선호합니다.

성장주는 가치주와 반대의 개념으로, 현재가치는 낮지만 앞으로 크게 성장해 미래의 수익이 클 것으로 기대되어 높은 가격에 거래되는 주식입니다. 시장 상황에 따라 가치수와 성장수의 개념은 조금씩 바뀝니다. 대체로 꾸준한 매출을 유지하는 전기, 가스 등 유틸리티 관련주와 음식료 관련주들이 가치주라면, 인공지능을 기반으로 하는 IT나 헬스케어와 같은 신기술 관련주는 성장주에 속합니다.

경기방어주와 경기민감주 ▶ 경기방어주는 경기둔감주라고 할 정도로 경기 변동에 둔한 주식입니다. 경기가 나빠지더라도 변함없이 사용하거나 소비해야 하는 것들과 관련되어 있습니다. 전기, 가스, 철도 등의 공공재와 의약품, 식료품, 섬유·의복 등의 생필품이 이에 해당합니다.

반면 경기민감주는 경기 변동에 따라 주가의 등락이 큽니다. 해운, 항공 등 운수업과 철강, 석유화학 등 소재 업종 그리고 사회간접자본 투자와 관련된 건설업과 데이터센터 건립에 필요한 반도체 등이 이에 해당합니다. 호황일 때는 선호도가 높아지지만 불황일 때는 시들해지는 경향이 있습니다.

세력주와 작전주 ▶ 세력주는 특정 세력(기관, 외국인, 개인투자자 그룹 등)이 집중적으로 매수·매도해 주가가 왜곡되는 종목을 말합니다. 일시적으로 가격이 급등락하기 때문에 초보 투자자에게는 위험할 수 있습니다.

한 단계 더 나아간 작전주는 주가를 의도적으로 조작하는 경우로, 불법 행위에 해당합니다. 이런 종목은 시장에서 '단기 이슈'로 관심을 끌다가 큰 손실을 초래하는 경우가 많으므로 특히 주의해야 합니다.

테마주 ▶ 테마주는 특정 이슈나 사회적 흐름과 연관되어 급등하는 주식을 말합니다. 환경, 전기차, 인공지능, 반도체처럼 시대의 이슈에 따라 주목받는 종목이 여기에 해당합니다. 하지만 관심이 식으면 급격히 하락하는 경우도 많습니다. 따라서 테마주는 단기적인 관심 종목으로 접근하되, 기초 체력이 있는 기업인지 반드시 확인해야 합니다.

주식의 종류는 이름만큼 다양하지만, 각 주식이 가진 성격과 위험도를 이해하면 훨씬 쉽게 접근할 수 있습니다. 보통주는 기업과 함께 성장할 수 있는 권리를, 우선주는 안정적으로 배당받을 수 있는 장점을 가집니다. 어떤 주식이든 본질은 같습니다. 기업의 가치를 함께 나누고, 그 성과를 공유하는 제도라는 점을 잊지 말아야 합니다. 이 기본을 이해하면 시장의 언어가 한층 더 쉽게 들릴 것입니다.

주식시장, 종합주가지수, 주식거래의 구조
주식은 어디서 어떻게 거래하나요?

주식시장이 어디에 있는 거죠?

주식투자를 하려면 먼저 주식이 거래되는 시장을 이해해야 합니다. 주식시장은 거래되는 기업의 성격과 규모에 따라 몇 가지로 나뉘며, 일반 투자자들이 주로 거래하는 시장은 유가증권시장과 코스닥시장 그리고 코넥스시장입니다.

각 시장이 어떤 특징을 가지고 있는지 하나씩 살펴볼까요?

유가증권시장 ▶ 현재의 한국거래소KRX, www.krx.co.kr는 2005년 1월, 기존의 증권거래소·코스닥시장·선물거래소가 통합되면서 만들어졌습니다. 이 중 과거 증권거래소가 바로 지금의 유가증권시장이 되었습니다. 유가증권시장은 자기자본 300억 원 이상의 기업만 상장할 수 있습니다. 즉, 규모와 재무 건전성이 충분히 검증된 우량 대기업 중심의 시장입니다. 우리나라를 대표하는 대부분의 대기업 주식이 이곳에서 거래됩니다.

코스닥시장 ▶ 코스닥시장은 본래 증권업협회가 미국의 나스닥NASDAQ 시장을 벤치마킹해 개설한 중소·벤처기업 중심의 시장입니다. 이후 2005년 1월 한국거래소로 통합되면서 현재의 형태로 운영되고 있습니다. 코스닥시장에 상장하려면 자기자본이 일반기업(벤처 포함)의 경우 250억 원 이상, 기술성장기업의 경우 10억 원 이상이어야 합니다. 즉, 아직 기업 규모는 작지만 성장성과 기술력을 갖춘 중소·벤처기업들이 자금을 조달하고 투자자와 만나는 혁신형 시장이라고 할 수 있습니다.

코넥스시장 ▶ 코넥스KONEX시장은 코스닥시장 상장 요건을 충족하지 못하는 초기 단계의 중소·벤처기업에게 자본시장 참여 기회를 제공하기 위해 개설된 제3의 주식시장입니다. 2013년 7월 1일 개장했으며, 한국거래

코스피, 코스닥, 코넥스 시가총액 비교(2025년 기준)

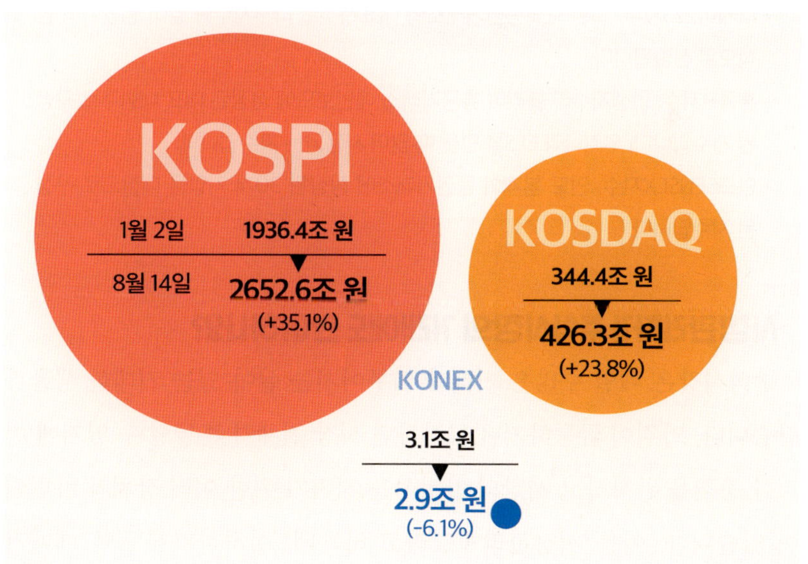

소가 직접 운영하고 있습니다.

코넥스시장은 우수한 기술력을 가지고 있지만 짧은 경력이나 낮은 매출 규모로 인해 기존 시장에서 자금 조달이 어려운 기업들이 투자금을 확보할 수 있도록 만든 시장입니다. 즉, 창업 초기 기업이 성장의 발판을 마련할 수 있는 사다리 역할을 하는 시장입니다.

고수의 팁 ▶ 주요 해외 지수

* **상해종합지수**: 중국 상하이 증권거래소의 대표지수로 국영기업을 비롯한 주요 대형주로 구성되며, 금융업종의 비중이 높습니다.
* **니케이225지수**: 일본 도쿄증권거래소의 대표지수로 다우지수와 같이 평균가격 방식으로 산출됩니다.
* **홍콩H지수**: 항셍지수라 불리며 홍콩거래소 메인보드에 상장된 대표 대형주로 구성된 지수입니다. 우리나라 ELS를 만들 때 많이 사용되는 지수입니다.
* **인도SENSEX지수**: 인도 봄페이 증권거래소에 상장된 30개 기업을 대상으로 구성된 지수입니다.

시장관리자가 주식시장의 거래에도 관여하나요?

주식시장은 매일 수많은 거래가 이루어지는 살아 있는 거대한 생물과 같습니다. 가격이 급등하거나 급락하면 시장 전체가 흔들릴 수 있기에 이러한 충격을 완화하고 시장의 안정성을 지키기 위한 여러 장치가 마련되어 있습니다. 이를 '시장관리제도'라고 하는데, '상하한가제도'와 '매매거래중단제도(서킷브레이커)'가 대표적입니다.

상하한가제도 ▶ 주식시장에서 하루 동안 오르거나 내릴 수 있는 가격 변동 폭은 일정 범위 안에서 제한됩니다. 전날 종가를 기준으로 상한선과 하한선을 미리 정해두는 것이지요. 우리나라의 주식시장에서는 유가증권시장과 코스닥시장 모두 전일 종가 대비 ±30%까지만 주가가 움직일 수 있습니다. 예를 들어 전날 종가가 10만 원인 주식이라면 오늘은 7만 원(하한가)에서 13만 원(상한가) 사이에서만 거래가 이루어집니다. 이 제도는 가격 급변으로 인한 혼란을 막고, 투자자의 과도한 투기를 예방하기 위한 장치입니다.

우리나라의 상하한가제도는 단계적으로 완화되어왔습니다. 1990년대 초반에는 4~6% 수준이었으나, 1995년 6%, 1996년 8%, 1998년 15%로 점차 확대되었고 현재 30% 제한 폭은 2015년 6월부터 적용되고 있습니다. 이는 1998년 IMF 외환위기 이후 17년 만의 큰 변화였습니다.

현재 상하한가 기준으로 주가의 하루 최대 변동 폭은 60%입니다. 하한가에 매수해 상한가에 매도하면 하루에 60%의 수익을, 반대로 상한가에 매수해 하한가에 매도하면 60%의 손실을 볼 수도 있다는 뜻이죠. 하지만 이런 극단적인 상황은 굉장히 드뭅니다. 시장에서는 오히려 가격 제한 폭의 확대가 투자자의 판단을 신중하게 만들어 결과적으로 시장의 변동성을 줄인다는 연구 결과가 많습니다.

고수의 팁 ▶ 상하한가 확대 후 시장의 반응은 어땠을까요?

2015년 상하한가가 기존 ±15%에서 ±30%로 확대될 당시, 일부에서는 투기 거래가 늘어날 것이라는 우려가 컸습니다. 하지만 결과는 달랐습니다. 한국거래소와 금융연구원의 분석에 따르면, 가격 제한 폭 확대 이후 오히려 시장 변동성이 완화되고 거래량이 안정적으로 유지되었습니다. 투자자들이 단기 급등락보다는 기업의 가치에 더 주목하게 된 것이지요. 즉, 제도의 변화가 시장 성숙도를 높이는 계기가 된 셈입니다. 참고로 미국 주식시장에는 우리나라 같은 상하한가 제한이 없습니다. 따라서 장중에 100%, 200%씩 움직이는 종목도 드물지 않습니다. 대신 미국은 거래 정지Trading Halt라는 제도를 통해 급등락 시 잠시 거래를 멈춥니다. 특정 종목의 주가가 단시간에 급격히 변하면 5분간 거래를 중단해 투자자들이 정보를 확인하고 냉정하게 판단할 시간을 주는 방식입니다. 미국은 '자유로운 가격 형성'을 존중하지만, 우리나라는 시장 안정과 투자자 보호를 우선하는 구조를 가지고 있습니다. 두 제도 모두 시장의 특성과 투자 문화에 맞게 설계된 것이라고 볼 수 있습니다.

매매거래중단제도 ▶ 시장 전체가 급락할 때는 일시적으로 거래를 멈추는 장치도 있습니다. 이를 '서킷브레이커Circuit Breaker'라고 합니다. 갑작스러운 폭락으로 인한 공포 심리가 연쇄적으로 확산되는 것을 막기 위한 제도입니다.

현재 우리나라의 서킷브레이커는 3단계로 운용됩니다.

1단계: 종합주가지수가 전일 대비 8% 이상 하락 시 모든 주식의 매매를 20분간 중단하고 이후 10분간 단일가 매매로 재개

2단계: 하락 폭이 15% 이상이면 1단계와 동일한 방식으로 다시 20분간 거래 멈춤

3단계: 주가지수가 20% 이상 하락하면 그날의 거래는 즉시 종료

이 제도는 단기적인 공황 매도를 막아 시장이 스스로 안정될 시간을 주기 위한 조치입니다.

주식투자를 시작하기 전, 꼭 해야 할 일이 있습니다. 바로 자신의 투자 성향을 파악하는 것입니다. 투자 성향을 알면 자신이 감당할 수 있는 위험 수준이 어느 정도인지 명확해지고, 무리한 투자로 인한 손실을 줄일 수 있습니다.

증권사에서 주식계좌를 개설할 때 작성하는 '투자정보확인서(투자 성향 설문)'는 법적으로 필수 절차입니다. 금융회사는 이 설문 결과를 바탕으로 고객을 5가지 유형으로 구분합니다. 안정형 → 안정추구형 → 위험중립형 → 적극투자형 → 공격투자형 순으로 위험 감수 수준이 높아집니다. 자신의 투자 성향보다 높은 위험도의 상품에 투자할 수도 있지만, 그 경우 증권사로부터 위험 고지를 받고 서명해야 합니다. 즉, '본인의 판단과 책임하에 투자한다'는 것을 인정하는 셈이죠.

그렇다면 어떤 상품이 나에게 맞을까요? 안정형이라면 원금이 보장되는 채권이나 예금형 상품이 적합합니다. 중립형은 배당주나 ETF처럼 안정성과 수익성을 함께 추구하는 상품이 좋습니다. 적극투자형과 공격투자형은 변동성이 큰 주식, 레버리지 ETF, 파생상품 등도 선택할 수 있지만 그만큼 위험도와 손실 가능성도 커집니다. 특히 주식 신용거래나 선물옵션은 높은 수익을 기대할 수 있는 대신, 투자금 이상의 손실을 볼 수도 있으므로 경험과 계획이 필요합니다.

투자 성향은 고정된 것이 아닙니다. 시간이 지나면서 자산 규모나 소득, 투자 경험이 달라지면 성향도 변할 수 있습니다. 따라서 주기적으로 자신의 투자 성향을 점검하고, '지금의 나는 어느 정도의 위험을 감당할 수 있을까?'를 스스로 묻는 것이 현명한 투자자의 첫걸음입니다.

직접투자와 간접투자, 나에게 맞는 투자 방식은 무엇일까?

투자에는 크게 2가지 방식이 있습니다. 바로 직접투자와 간접투자입니다.

직접투자는 투자자가 스스로 판단하고 의사결정을 내리는 투자 방식입니다. 주식을 직접 사고팔거나 부동산을 구입하고, 환율을 보고 외화를 사는 것 모두가 여기에 포함됩니다. 즉, 자신이 주체가 되어 투자 전 과정을 직접 수행하는 것입니다. 직접투자는 자유도가 높고 수익의 기회도 많지만, 시장 분석 능력과 정보 수집력, 그리고 투자 타이밍을 판단하는 노하우가 부족하다면 손실 위험이 커질 수 있습니다.

간접투자는 전문가에게 투자를 맡기는 방법입니다. 여러 투자자의 자금을 모아 하나의 큰 자금을 만들고, 이를 전문 운용인(펀드매니저)이 대신 운용하는 구조입니다. 즉, 투자자는 펀드 상품을 통해 간접적으로 주식, 채권, 부동산 등에 투자하게 되는 것이죠. 간접투자는 시장을 분석할 시간이나 경험이 부족한 사람에게 적합하며, 전문가의 전략을 통해 위험을 분산하고 안정적인 수익을 노릴 수 있습니다.

간접투자의 대표 상품, 펀드

간접투자의 대표적인 형태는 펀드Fund입니다. 펀드는 여러 투자자로부터 모은 자금을 펀드매니저가 대신 운용하는 상품으로, 투자 대상과 운용 방식에 따라 다양한 형태로 나뉩니다. 펀드의 수익은 결국 운용자의 판단력과 시장의 흐름에 따라 달라지며, 원금이 보장되지 않는 투자 상품이라는 점을 반드시 기억해야 합니다. 좋은 수익률을 기록한 펀드라도 시점과 시장 상황에 따라 손실이 발생할 수 있으므로, 투자자는 자신의 목적과 투자 성향에 맞는 상품을 신중히 선택해야 합니다.

펀드는 투자 대상에 따라 여러 종류로 구분됩니다. 다음 표는 주요 펀드의 특징을 정리한 것입니다.

구분	주요 내용
주식형 펀드	자산의 60% 이상을 주식에 투자. 대형주·성장주·배당주·섹터별 펀드 등으로 세분화
채권형 펀드	안정적인 채권에 60% 이상 투자. 금리와 신용등급에 따라 수익 결정
혼합형 펀드	주식과 채권을 함께 편입해 시장 상황에 따라 비중을 조절
MMF (머니마켓펀드)	단기 유가증권에 투자하는 단기 금융 상품으로, 예금보다 약간 높은 수익 추구
부동산 펀드	부동산·임대·개발·경매 등 부동산 관련 자산에 투자. 리츠REITs 와 유사한 구조
특별자산 펀드	원유, 금, 곡물, 인프라 등 일반 금융상품 이외의 사산에 두자. 수익 구조가 복잡하고 위험도가 높음

가장 기본적인 것은 주식형 펀드입니다. 자산의 60% 이상을 주식에 투자하며, 대형주·성장주·배당주·섹터별 펀드 등으로 세분화됩니다. 채권형 펀드는 국공채나 회사채 등 상대적으로 안정적인 채권에 60% 이상 투자하며, 안정적인 이자 수익을 추구합니다. 혼합형 펀드는 주식과 채권을 함께 편입해 시장 상황에 따라 비중을 조절함으로써 안정성과 수익성을 동시에 노립니다.

이 외에도 투자자들이 자주 선택하는 펀드로는 MMF(머니마켓펀드)가 있습니다. 이는 주식 대신 단기 유가증권에 투자하는 상품으로, 예금보다 조금 더 높은 수익을 기대할 수 있는 단기 금융 상품입니다. 또한 부동산 펀드는 임대형·개발형 등 부동산 관련 자산에 투자하는 상품으로, 부동산투자회사REITs와 유사한 구조를 가지고 있습니다. 최근에는 금, 원유, 인프라 등 특정 자산에 투자하는 특별자산 펀드도 늘고 있습니다. 이들 펀드는 수익 구조가 복잡하고 변동성이 크기 때문에 상품의 구조와 위험 요인을 충분히 이해한 뒤 접근해야 합니다.

펀드의 다양한 구조와 새로운 흐름

펀드는 투자 대상뿐 아니라 운용 구조에 따라서도 구분됩니다. 여러 펀드에 다시 투자해 위험을 분산하는 재간접 펀드, 여러 자펀드에서 자금을 모아 하나의 큰 모펀드가 통합 운용하는 모자 펀드, 그리고 하나의 펀드 안에서 수수료와 운용 조건이 다른 클래스를 운영하는 종류형 펀드 등이 있습니다. 또한 엄브렐러 펀드는 한 개의 펀드 아래 여러 하위 펀드가 존재해 하위 펀드 간 전환이 자유로운 특징이 있습니다. 이런 상품들은 투자자의 자금 상황과 성향에 맞게 운용 구조를 세분화할 수 있다는 장점이 있습니다.

최근에는 랩어카운트Wrap Account와 펀드랩처럼 여러 펀드와 자산운용 서비스를 한 계좌에서 관리하는 상품도 주목받고 있습니다. 투자자가 일일이 상품을 고르지 않아도 전문가가 시장 상황에 맞춰 포트폴리오를 자동으로 조정해주기 때문에 자산 관리의 효율성을 높일 수 있습니다.

변화하는 펀드시장의 새로운 트렌드

최근 펀드시장에서는 특수 목적 펀드가 빠르게 성장하고 있습니다. 대표적인 예가 인프라 펀드입니다. 인프라 펀드는 도로, 항만, 발전소 같은 국가 기반시설에 투자해 이용료나 임대료에서 발생한 수익을 배당으로 돌려받는 구조입니다. 또한 사모투자펀드PEF는 소수 투자자의 자금을 모아 유망 기업을 인수해 가치를 높인 후 되팔아 차익을 얻는 방식으로 운용됩니다. 보다 높은 수익을 추구하지만, 그만큼 위험과 투자 기간이 길다는 점을 유의해야 합니다.

헤지펀드Hedge Fund 역시 빠르게 성장하는 분야입니다. 상장·비상장 증권과 파생상품을 적극적으로 활용해 상승장과 하락장 모두에서 수익을 추구합니다. 전문 투자자 중심으로 운영되며, 복잡한 전략 대신 시장 방향보다 수익 구조를 설계하는 투자 방식이 특징입니다.

직접투자보다 간접투자부터 시작해보세요

직접투자는 자유롭지만 시장을 스스로 읽어야 하는 어려움이 있고, 간접투자는 전문가의 판단을 빌리지만 수수료와 상품 구조를 이해해야 합니다. 투자 경험이 많지 않거나 시장을 처음 접하는 투자자라면, 펀드처럼 위험이 분산된 간접투자로 첫

발을 내딛는 것이 좋습니다. 시장의 흐름과 자산의 움직임을 익히고 나면, 그때 직접 투자 쪽으로 조금씩 확장해도 늦지 않습니다.

　중요한 것은 어떤 방식이든 원칙을 세우고 꾸준히 유지하는 태도입니다. 그 원칙이 결국 투자자의 가장 든든한 방패가 되어줄 것입니다.

2장

실전 감각 익히기: HTS/MTS로 나만의 트레이딩룸 마련하기

실전에 나서기 전 준비해야 할 것은?

보약도 체질에 맞아야 효과가 있듯, 주식투자에서도 '나에게 맞는 방식'이 중요합니다. 아무리 좋은 기업의 주식을 샀다 해도 수익을 내지 못한다면 진정한 좋은 투자라 할 수 없습니다.

그렇다면 주식투자로 수익을 내는 일은 왜 이렇게 어려운 걸까요? 사실 많은 사람이 생각하는 것과 달리, 주식투자의 기대수익률은 평균적으로 마이너스에 가깝습니다. 주가는 오르기도 하고 내리기도 하고 때로는 그대로 머물기도 합니다. 이를 각각 상승, 하락, 보합이라 하죠. 즉, 특별한 전략 없이 장기적으로 투자한다면 대부분의 사람은 완만한 손실을 보게 된다는 뜻입니다. 그만큼 주식투자로 성공하는 일은 쉽지 않습니다.

하지만 어렵다고 해서 모두가 실패하는 것은 아닙니다. 누군가는 꾸준히 수익을 내며 성공하죠. 그 차이는 원칙과 습관에서 갈립니다. 성공 투자의 원칙을 알고 있어도, 잘못된 투자 습관을 그대로 두면 결코 오래가지 못합니다. 그래서 돈 버는 기술을 익히기 전에, 먼저 나쁜 습관을 버리는 것이 중요합니다.

많은 투자자가 공통으로 빠지는 실수들이 있습니다. 그중 반드시 피해야 할 3가지 습관을 하나씩 살펴보겠습니다.

초심자의 행운을 경계하라

누구나 처음에는 조심스럽게 시작합니다. 투자를 막 시작한 초보 투자자들도 소액으로 시장 분위기를 탐색하죠. 그런데 신기하게도, 이 시기에 뜻밖의 수익을 경험하는 경우가 많습니다. 이를 '초심자의 행운'이라고 합니다.

처음에는 스스로 잘 모른다는 걸 알기 때문에 신중하게 움직입니다. 위험을 피하고, 욕심을 줄이죠. 그런데 초반에 수익이 나면 자신감이 생기고, '이 정도면 나도 투자에 소질이 있나?' 하는 착각이 찾아옵니다. 이때부터 투자자의 마음은 달라집니다. 초보라는 사실을 잊고, 자신이 운이 아니라 실력으로 돈을 벌었다고 믿게 되는 것이죠. 결국 아이러니하게도 투자 실패의 첫 단계는 초기에 돈을 버는 단계에서 시작됩니다.

판돈은 천천히, 조심스럽게 올려라

초기에 수익을 맛본 투자자는 자연스럽게 투자금(판돈)을 늘리기 시작합니다. 처음에는 손실이 두려워 소액만 투입했지만, 이익을 경험한 후에는 '이번엔 더 크게 벌 수 있겠지' 하는 기대감이 생깁니다.

이 시섬에서 투자사는 흔히 '과신 편향Overconfidence Bias'에 빠집니다. 자신의 판단력과 분석력을 실제보다 과대평가하게 되고, 초기의 수익을 실력의 증거로 착각합니다. 이후에는 자신이 믿는 정보만 받아들이고, 반대되는 신호는 무시하는 '확증 편향Confirmation Bias'이 생깁니다. 예를 들어 어떤 종목이 떨어지고 있는데도 '곧 반등할 거야'라는 생각만 강화되죠. 결국 냉정한 판단력을 잃고, 잘못된 확신으로 인해 큰 손실을 입게 됩니다.

이 시기야말로 투자자가 스스로의 한계를 직시해야 하는 구간입니다. 판돈을 늘리더라도, 반드시 조심스럽고 단계적으로 접근해야 합니다.

손실을 방치하지 마라

개인투자자가 실패하는 가장 큰 이유는 단 하나, 손절매를 못 하기 때문입니다. 손실을 인정하고 정리하는 것은 결코 쉬운 일이 아닙니다. 하지만 투자에서 실패를 인정하지 않으면, 손실은 눈덩이처럼 불어납니다. 특히 손실을 만회하기 위해 물타기(추가 매수)를 하는 경우가 많습니다.

물타기는 주가가 떨어질 때마다 주식을 더 사서 평균 매입 단가를 낮추는 방법입니다. 겉보기에는 손실을 줄이는 것처럼 보이지만, 실제로는 손실을 평균화하는 과정일 뿐입니다. 한 번만 잘못해도 되돌리기 힘든 결과를 초래할 수 있습니다.

손절매를 못 하는 이유는 인간의 심리 때문입니다. 연구에 따르면, 사람은 같은 금액을 벌었을 때의 기쁨보다 잃었을 때의 고통을 2배 이상 크게 느낀다고 합니다. 그래서 손실을 확정하는 것이 두려워 주식을 팔지 못하고, 결국 손실 종목이 그대로 계좌에 남게 됩니다.

이런 상태에서는 아무리 시장이 좋아져도 성과를 낼 수 없습니다. 투자라기보다 손실을 방치하는 행위가 되는 셈입니다. 따라서 '손실을 인정할 용기'를 갖는 것이야말로 투자의 첫 번째 성장입니다.

성공 투자의 단 하나의 원칙:
손실은 짧게, 수익은 길게 가져가라.

투자의 기본은 단순합니다. "손실은 짧게 끊고, 수익은 길게 이어가는 것." 이 원칙이 실천되면 주식투자의 70%는 이미 성공한 셈입니다. 손실을 짧게 가져간다는 것은 명확한 기준 아래 손절매를 실행하는 것을 의미합니다. 아무리 어렵더라도 손절이 안 되면 투자 인생에 다음 단계는 없습니다. 반대로 손절이 가능해지면 그때부터는 수익을 극대화하는 전략을 실천할 수 있습니다.

"생선의 머리와 꼬리는 남에게 준다"라는 말이 있습니다. 수익을 얻을 때는 고점과 저점을 모두 잡으려 하지 말고 80%만 가져간다는 생각으로 접근해야 합니다. 예를 들어 주가가 50% 올랐다면, 최고점을 지나 내 수익이 40%가 되는 수준에서 수익을 실현하는 것이 현명합니다. 100% 상승한 종목도 80% 정도에서 매도한다면 (정확한 고점은 아니지만) 상투를 확인하고 난 후에 이익을 확보할 수 있습니다.

결국 모든 것을 다 챙기려는 욕심을 끊어내는 것이 중요합니다. 탐욕을 줄이고 원칙을 지킬 때, 투자자는 손실을 줄이고 수익을 키울 수 있습니다. 주식투자는 결국 '욕망과 두려움의 싸움'입니다. 이 싸움에서 이기는 사람은 감정이 아니라 원칙으로 행동하는 사람입니다.

증권사 선택하고 나의 첫 주식계좌 만들기
어떤 증권사가 좋을까요?

증권사에 대한 적절한 상식

불과 몇 년 전까지만 해도 증권사는 여러 형태로 구분되었습니다. 위탁매매 중심 증권사, 펀드 중심 증권사, 자산관리 중심 증권사, 온라인 할인 증권사 등으로 나뉘었죠. 하지만 이후 시장 구조와 기술이 빠르게 변하면서 이 같은 구분은 점점 의미를 잃게 되었습니다.

특히 미래에셋증권과 대우증권의 합병 이후 증권사 간 인수합병이 활발해지고 모바일트레이딩시스템MTS 같은 디지털 기술이 급속히 발전하면서 증권업계의 경계는 사실상 허물어졌습니다. 이제는 '어떤 서비스를 중심으로 하느냐'보다 얼마나 폭넓은 금융 서비스를 제공할 수 있느냐가 더 중요한 구분 기준이 되었습니다.

현재는 증권회사를 '종합금융투자사업자'와 '초대형 투자은행Investment Bank, IB'으로 나누는 것이 일반적입니다. 이 구분의 핵심 기준은 자기자본 규모입니다. (미래에셋증권, NH투자증권처럼 양쪽 기준 모두 해당하는 회사도 있답니다.)

구분	자기자본	증권사
종합금융투자 사업자	3조 원	미래에셋증권, NH투자증권, 한국투자증권, 삼성증권, KB증권, 하나증권, 메리츠증권, 신한투자증권, 키움증권
초대형 투자은행	4조 원	미래에셋증권, NH투자증권, 한국투자증권, 삼성증권, KB증권

자기자본 규모에 따라 증권사의 사업 영역과 가능한 업무 범위가 달라집니다. 예를 들어 초대형 투자은행은 대규모 기업금융, 해외 투자, M&A 등 보다 전문적이고 복합적인 금융 서비스를 제공할 수 있습니다. 반면, 자기자본이 일정 기준에 미달하는 증권사는 일반적으로 중소형 증권사로 분류됩니다. 이들 역시 소규모 개인투자자를 대상으로 다양한 시비스를 제공하지만, 사업 범위는 상대적으로 제한적입니다.

증권사는 영업 방식에 따라 '온라인 전용 증권사'와 '종합 증권사'로 나눌 수도 있습니다. 대표적인 온라인 전용 증권사는 키움증권이며, 이 외에 대부분 증권사는 오프라인 영업망과 모바일·HTS(홈트레이딩시스템)를 함께 운영합니다. 이때 투자자 입장에서 중요한 비교 요소는 바로 주식 매매 수수료입니다. 수수료는 장기적으로 누적되면 투자 성과에 큰 영향을 미치기 때문에 자신의 투자 패턴에 맞는 증권사 선택이 무엇보다 중요합니다.

투자은행은 무엇을 하는 곳일까요?

일반 증권사가 개인투자자의 주식 매매를 중개한다면, 투자은행은 기업을 상대로 자금을 조달하고 M&A, 해외 프로젝트 투자 등을 수행합니다. 즉, 개인 중심의 거래 중개에서 기업 중심의 자금 운용과 투자로 범위가 확장된 셈이죠.

고수의 팁 ▶ **온라인 증권사의 탄생 비화**

1990년대 후반까지만 해도 주식거래는 전화나 방문을 통해서만 가능했습니다. HTS는 1997년 대신증권 사이보스가 제일 먼저 개발되었습니다. 그리고 1998년 키움증권이 국내 최초로 온라인 증권사로 등록하면서 투자자들은 집에서도 본격적으로 주식을 사고팔 수 있게 되었죠. 이 혁신이 온라인 투자 대중화의 시작이었습니다. 이후 스마트폰이 등장하면서 MTS로 진화했고, 오늘날 전체 주식거래의 절반 이상이 모바일을 통해 이뤄지고 있습니다.

구분	증권사	매매 수수료율
온라인 전용	키움증권	0.015%(고정, HTS/MTS 동일)
일반 증권사	삼성증권	- HTS/MTS 수수료: 약 0.15~0.25% - 대면(영업점) 거래 수수료: 약 0.5~1.0%
	NH투자증권	- HTS/MTS 수수료: 약 0.12~0.20% - 대면(영업점) 거래 수수료: 약 0.4~0.9%
	KB증권	- HTS/MTS 수수료: 약 0.10~0.15% - 대면(영업점) 거래 수수료: 약 0.4~0.9%
	미래에셋증권	- HTS/MTS 수수료: 약 0.13~0.20% - 대면(영업점) 거래 수수료: 약 0.5~1.0%
	한국투자증권	- HTS/MTS 수수료: 약 0.15~0.25% - 대면(영업점) 거래 수수료: 약 0.5~1.0%

매매 수수료는 단기적으로는 사소해 보일 수 있지만, 장기투자에서는 복리 효과를 갉아먹는 보이지 않는 비용이 됩니다. 따라서 효율적인 수수료 관리 전략이 필요합니다. 다음은 투자자들이 실천할 수 있는 대표적인 3가지 방법입니다.

수수료가 저렴한 증권사 선택하기 ▶ 거래가 잦은 투자자라면 수수료가 저렴한 증권사를 선택하는 것이 우선입니다. 특히 HTS나 MTS를 통한 비대면 거래는 대면 거래보다 훨씬 낮은 수수료율을 제공합니다. 장기적으로 거래 비용을 크게 줄일 수 있으므로 자신의 거래 스타일에 맞는 수수료 체계를 꼼꼼히 비교해야 합니다.

이벤트와 프로모션 적극 활용하기 ▶ 많은 증권사가 신규 고객 유치를 위해 수수료 무료 또는 할인 이벤트를 상시로 운영합니다. 이벤트를 통해 일정 기간 거래 수수료를 면제받거나 타사 고객 이전 시 혜택을 제공하는 경우도 많습니다. 이러한 프로모션을 적극적으로 활용하면 초기 투자 비용을 크게 줄일 수 있습니다.

거래 빈도와 금액에 따른 최적의 수수료 구조 선택하기 ▶ 모든 투자자에게 동일한 수수료 체계가 항상 유리한 것은 아닙니다. 거래 빈도가 낮거나 금액이 큰 투자자는 고정 수수료제나 대면 거래 중심의 추가 서비스형 증권사를 고려할 만합니다. 반대로, 소액 거래를 자주 하는 투자자는 변동 수수료율이 낮은 온라인 중심 증권사가 더 효율적입니다. 즉, 자신이 얼마나 자주, 어떤 규모로 거래하는지에 따라 최적의 증권사를 선택하는 것이 장기 성과를 좌우합니다.

증권사는 단순히 주식을 사고파는 창구가 아니라, 투자자의 자산을 관리하고 성장시키는 금융 파트너입니다. 따라서 어느 증권사를 신택하느냐는 투자 성과뿐 아니라 투자 경험 전반에도 큰 차이를 만듭니다. 수수료 구조, 서비스 품질, 시스템 안정성 등을 꼼꼼히 비교해 자신에게 가장 적합한 증권사를 고르는 것. 그것이 초보 투자자가 실전에 나서기 전에 반드시 갖춰야 할 첫 번째 준비입니다.

주식을 거래하는 4가지 방법

주식투자를 한다는 것은 주식을 사고파는 행위를 말합니다. 주식을 사는 것을 매수, 파는 것을 매도라고 하며, 투자자는 매수주문과 매도주문을 통해 거래를 진행합니다. 이 주문은 반드시 증권사를 통해 이뤄지며, 증권사 지점 방문, ARS, HTS, MTS 4가지 방식으로 이뤄집니다. 높은 거래 수수료나 HTS와 MTS 선호로 증권사 지점 방문과 ARS 거래는 매우 드물어졌는데, 고액자산가나 기업고객 등의 경우 여전히 프라이빗뱅커를 통한 거래를 선호해 명맥이 유지되고 있습니다.

가장 활발히 이뤄지는 주식거래는 HTS를 이용하는 방법입니다. 각 증권사 홈페이지에서 HTS 프로그램을 다운로드해 설치하면 실시간 시세 확인은 물론, 차트 분석, 기업정보 조회, 뉴스 검색 등 투자에 필요한 거의 모든 기능을 이용할 수 있습니다. HTS는 개인투자자에게 가장 중요한 기본 도구이자 가장 낮은 수수료율(약 0.01~0.02%)을 적용받을 수 있는 유리한 거래 방식입니다. 다만 수수료가 낮다고 해서 무분별하게 매매를 늘리는 것은 위험합니다. 거래가 지나치게 많아지면 매매 회전율이 높아지고, 결국 수익률이 떨어질 수 있습니다. 따라서 자신에게 맞는 거래 횟수를 미리 정해두고 계획적인 매매 습관을 유지하는 것이 좋습니다.

MTS는 이름 그대로 모바일기기를 이용한 거래 방법입니다. 현재 국내 스마트폰 사용자는 약 5,200만 명에 이르며, 핀테크 산업의 급성장과 함께 모바일 금융거래는 주식시장에서도 표준이 되었습니다. 이제는 스마트폰이나 태블릿PC에 전용 애플리케이션만 설치하면 언제 어디서나 주식시세를 확인하고 주문까지 즉시 실행할 수 있습니다. 최근 각 증권사는 모바일 매매 수수료를 HTS 수준으로 인하하여 지금은 오히려 모바일 거래가 HTS 거래를 넘어선 시대가 되었습니다.

중요한 것은 어떤 방식을 택하든 자신의 투자 성향과 생활 패턴에 맞는 거래 수단을 선택하는 것입니다. 거래가 편리해질수록 매매 횟수가 늘고, 투자 리듬이 흔들릴 위험도 커집니다. 따라서 기술의 편리함에 의존하기보다 원칙과 절제 속에서 거래를 관리하는 습관이 진정한 투자자의 길이라고 할 수 있습니다.

계좌는 어떻게 만들까요?

주식투자를 시작하려면 가장 먼저 해야 할 일은 증권계좌를 개설하는 것입니다. 계좌는 주식을 매매하고 예수금(거래를 위한 현금)을 관리하는 출발점이기 때문에 투자의 첫 관문이라 할 수 있습니다.

증권사에서 계좌를 개설하는 방법은 크게 3가지가 있습니다. 첫 번째는 증권사 영업점을 직접 방문하는 방법, 두 번째는 은행 창구에서 증권사 계좌를 개설하는 방법, 세 번째는 비대면(모바일 또는 온라인)으로 계좌를 개설하는 방법입니다. 예전에는 증권사 지점을 방문하거나 은행에서 개설하는 방식이 일반적이었지만, 요즘은 대부분의 투자자는 비대면 계좌개설을 이용합니다. 비대면 방식은 절차가 간단하고, 신분증 확인과 서류 제출도 모두 스마트폰으로 처리할 수 있어 시간과 장소의 제약이 없다는 점이 큰 장점입니다.

비대면으로 계좌를 개설할 때는 반드시 본인 명의의 휴대선화를 사용해야 합니다. 이는 금융 거래 보안을 강화하기 위한 필수 조건입니다. 인증 절차를 통해 본인 확인이 완료되면 즉시 계좌가 개설되어 거래를 시작할 수 있습니다. 대부분의 과정은 스마트폰 전용 앱을 통해 진행되며 **본인 확인**(신분증 촬영 및 휴대전화 인증) ➡ **투자 성향 진단 및 상품 동의** ➡ **계좌 비밀번**

호 설정 ➡ **계좌개설 완료**의 순서로 이루어집니다.

계좌개설 절차

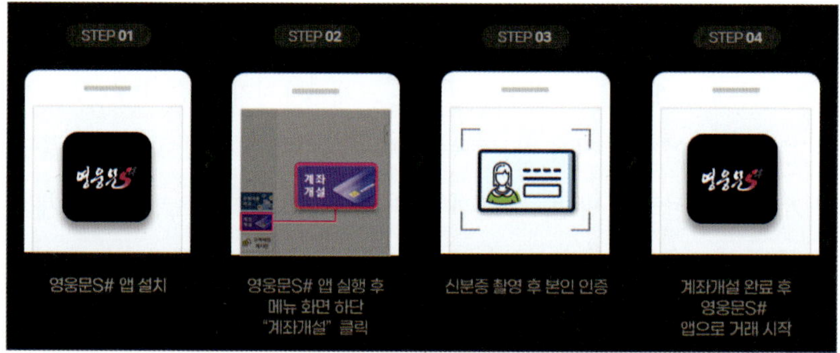

비대면 계좌개설 과정은 위에 예시로 든 키움증권뿐만 아니라 NH투자증권, 미래에셋증권, 삼성증권 등 거의 모든 증권사에서 비슷한 절차를 따르고 있습니다. 각 증권사 홈페이지나 모바일 앱에는 계좌개설 과정을 한눈에 볼 수 있는 단계별 안내 이미지가 제공되니, 이를 참고하면 누구나 쉽게 따라 할 수 있습니다.

요즘은 계좌개설뿐 아니라 자동 입출금 연결, 간편 로그인, 즉시 주식 거래 기능 등 다양한 편의 서비스를 함께 제공하고 있습니다. 즉, 단순히 계좌를 만드는 과정이 아니라, 투자를 시작하기 위한 모든 준비 절차를 스마트폰 하나로 완성할 수 있는 시대가 열린 것입니다. 따라서 주식투자를 처음 시작하는 초보자라면 먼저 자신에게 맞는 증권사를 선택한 뒤, 비대면 계좌개설 앱을 설치해 계좌개설 과정을 직접 경험해보는 것이 좋습니다. 이 과정을 한 번만 익혀두면 이후 다른 증권사 계좌를 개설할 때도 어렵지 않게 진행할 수 있습니다.

홈트레이딩시스템(HTS)
집에서 주식투자 어떻게 하나요?

과거에는 IT 기술이 지금처럼 발달하지 않아 손질 매매라는 방식으로 주식이 거래되었습니다. 손질 매매란 수산물 공판장에서 손동작으로 가격을 흥정하는 것과 비슷한 형태의 거래 방식을 말합니다. 이후 전산 시스템이 도입되면서 거래 체결은 컴퓨터를 통해 이루어졌지만, 주문은 여전히 증권사 지점을 직접 방문하거나 전화로 해야만 했습니다.

그러나 HTS의 등장으로 주식거래 환경이 완전히 달라졌습니다. 이제는 집에서도 인터넷만 연결되어 있으면 언제든 투자 관리가 가능합니다. 인터넷뱅킹을 이용하듯 ID와 비밀번호, 공인인증서만 있으면 실시간 시세 확인부터 매수·매도주문까지 모두 직접 처리할 수 있게 된 것입니다.

현재 각 증권사는 자체 HTS를 운영하고 있습니다. 그중 개인투자자들이 가장 많이 사용하는 HTS가 키움증권의 '번개'와 '영웅문'입니다. 이 책에서는 키움증권의 '영웅문'을 중심으로 설치와 기본 구성을 살펴보겠습니다.

HTS를 다운로드해봅시다

계좌를 개설한 증권사의 홈페이지에 접속해 HTS 프로그램을 다운로드하면 됩니다. 키움증권에서는 키움증권 홈페이지 상단의 다운로드 메뉴에서 다음과 같이 주문매체를 안내하고 있습니다. 구글에서 키움증권을 검색하면 다운로드 창으로 바로 안내해줍니다.

다운로드 화면

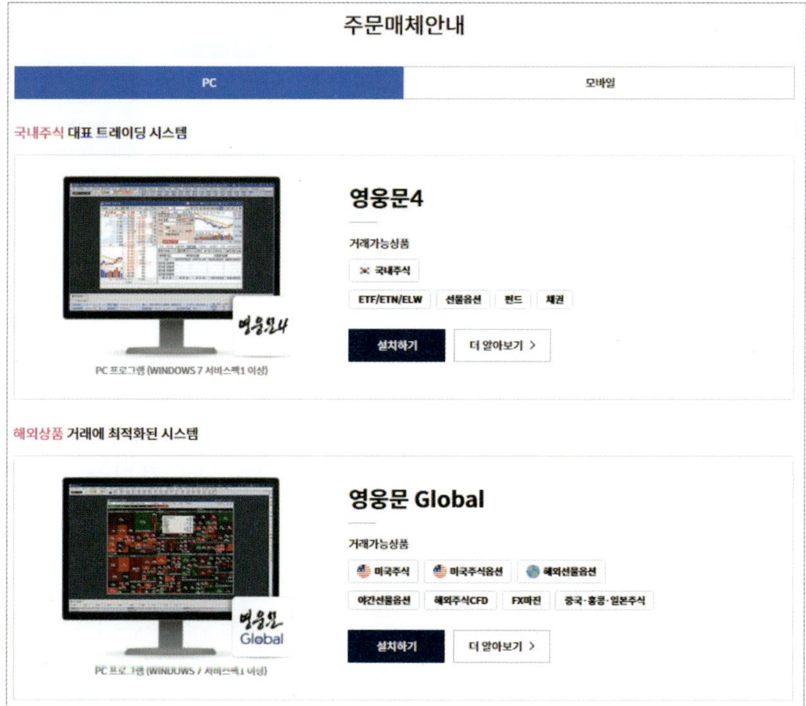

회원가입 후 공인인증서를 발급받아 계좌와 연동하면 설치 준비가 완료됩니다. 이때 회원가입 시 설정한 ID와 비밀번호, 공인인증서 비밀번호를 사용해 로그인할 수 있습니다.

HTS 첫 화면을 살펴봅시다

로그인을 완료하면 다음과 같은 기본 화면이 나타납니다. 처음 접속하면 메뉴가 복잡해 보이지만 두려워할 필요 없습니다. 마구 눌러보며 익숙해지는 것이 가장 좋은 학습 방법입니다.

상단 메뉴를 보면 '기능', '주식', '주식주문', 'ELW', '신용/대출', '투자정보', '차트', '선물옵션', '채널K', '펀드/금융상품', '해외주식', '온라인업무', '고객서비스' 등 다양한 항목이 있습니다. 처음부터 모든 기능을 이해하려고 하기보다, 자주 쓰는 메뉴부터 천천히 익혀 나가면 됩니다.

<h1 align="center">HTS 로그인 후 첫 화면</h1>

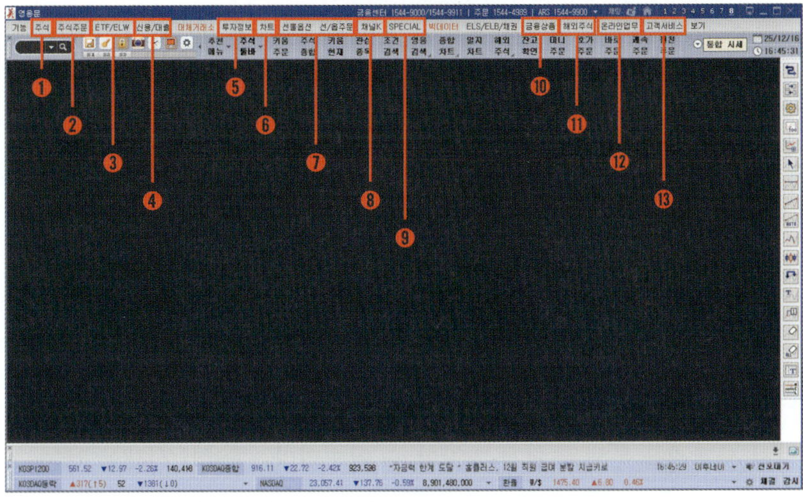

❶ **주식**: 주식시세와 관련된 각종 정보 확인할 수 있습니다.

❷ **주식주문**: 매수와 매도주문을 직접 입력할 수 있는 기능입니다.

❸ **ETF/ELW**: ETF/ELW 시세와 관련 지표를 확인할 수 있습니다.

❹ **신용/대출**: 주식 신용거래나 담보대출 관련 업무를 처리할 수 있습니다. 초보자는 가급적 이용하지 않는 것이 좋습니다.

❺ **투자정보**: 투자자별 매매 동향, 프로그램 매매 흐름, 증권사 리서치 자료 등을 확인할 수 있습니다.

❻ **차트**: 지수·업종·종목 차트를 한눈에 볼 수 있는 기능입니다.

❼ **선물옵션, 신/옵주문**: 신물·옵션시장의 시세와 주문 기능을 제공합니다.

❽ **채널K**: 키움증권에서 운영하는 실시간 증권방송을 볼 수 있습니다.

❾ **SPECIAL**: 미니화면, 자동 투자일지 등 부가 기능을 제공합니다.

❿ **금융상품**: 펀드, ELF 등 금융 상품을 매매할 수 있습니다.

⓫ **해외주식**: 일본, 중국, 홍콩 등 해외시장의 주식을 직접 거래할 수 있

으며, 각국 시세도 조회 가능합니다.

⓬ **온라인업무**: 은행 입출금, 공모주 청약 등의 업무를 처리할 수 있습니다.

⓭ **고객서비스**: 서비스 안내 및 모의투자 대회 정보 등을 제공합니다.

주식시세표를 살펴봅시다

주식투자자에게 시세표는 시장의 온도를 읽는 창과 같습니다. 시세표는 크게 2가지 측면에서 중요합니다.

첫째, 투자 중이거나 투자 예정인 종목의 가격 흐름을 확인할 수 있습니다. 관심 있는 종목의 주가가 상승세인지, 하락세인지, 혹은 정체 상태인지 시세표를 통해 손쉽게 파악할 수 있습니다. 매일의 시세를 보는 것도 중요하지만, 과거의 추이와 비교해 흐름을 읽는 것이 더 중요합니다.

둘째, 주가는 대체로 업종별 혹은 테마별로 움직이는 경향이 있습니다. 따라서 현재 어떤 종목군이 시장의 중심에 있는지를 파악하기 위해서도 시세표는 필수적인 도구입니다.

HTS에서는 이러한 정보를 매우 다양하게 제공합니다. 개별 종목의 시세를 보고 싶다면 '현재가' 화면을 열어보면 됩니다. 이 화면에서는 현재 가격뿐 아니라, 어떤 증권사에서 매수·매도가 이뤄지고 있는지, 최근 주가 흐름이 어떻게 변해왔는지 등을 한눈에 볼 수 있습니다.

> **고수의 팁** ▶ **투자자들이 가장 많이 보는 화면 TOP 3**
>
> ① 현재가 창: 실시간 주가와 거래량 확인
>
> ② 차트 창: 과거 흐름과 패턴 분석
>
> ③ 주문 창: 매수·매도 실행
>
> 이 3가지만 익혀도 HTS의 절반은 마스터한 셈입니다.

키움현재 메뉴(빨간 네모 박스)를 클릭하면 처음에는 빈 화면이 나타납니다. 아래 돋보기 모양의 검색 버튼을 눌러 기업명을 입력하면 해당 종목의 현재가 화면이 표시됩니다. 또한 업종별 시세나 업종 내 개별 종목들의 시세도 확인할 수 있습니다.

홈 → 주식 → 업종시세 → 전업종지수

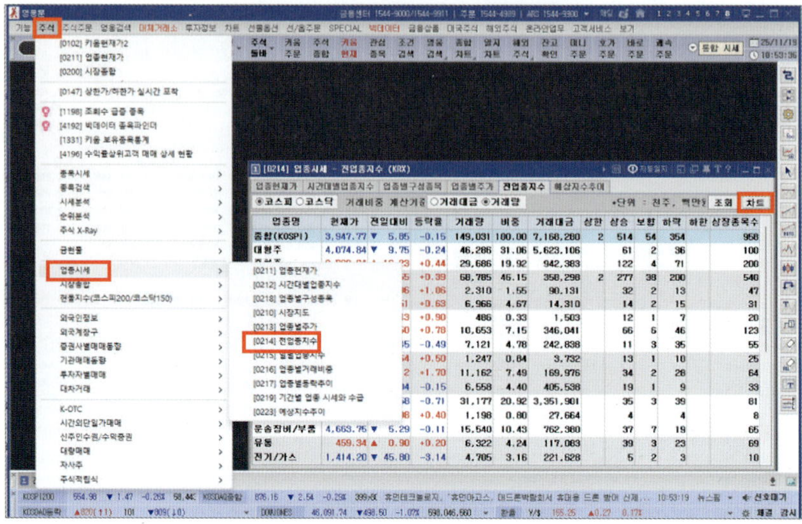

전업종지수 화면에서 [차트]를 클릭하면 등락률이 그래프로 시각화되어 각 업종의 흐름을 직관적으로 파악할 수 있습니다.

업종등락률 그래프

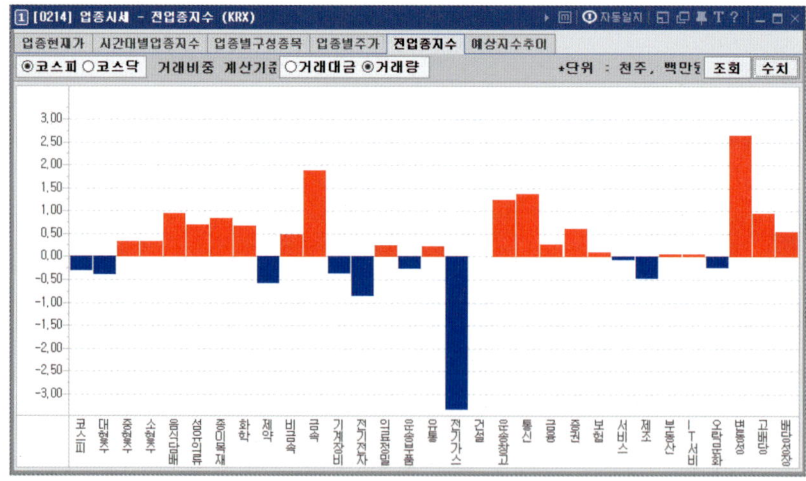

업종별주가

종목명	현재가	전일대비	등락률	거래량	매도호가	매수호가	시가	고가	저가
동화약품	6,160 ▲	10	+0.16	26,248	6,170	6,150	6,150	6,220	6,100
KR모터스	469	0	0	32,570	469	466	469	469	457
경방	6,950 ▲	120	+1.76	14,904	6,940	6,930	6,870	7,080	6,840
삼양홀딩스	104,600	0	0	0	0	0	0	0	0
하이트진로	18,820 ▲	160	+0.86	56,547	18,810	18,820	19,030	19,030	18,640
하이트진로2우B	15,230 ▼	10	-0.07	619	15,250	15,220	15,350	15,350	15,200
TIGER 엔비디아미	10,210 ▼	60	-0.58	43,151	10,210	10,205	10,050	10,255	10,050
KODEX 인도Nifty미	11,615	0	0	311	11,615	11,605	11,720	11,720	11,575
PLUS 한화그룹주	25,130 ▼	125	-0.49	166,671	25,135	25,120	25,405	25,530	24,210
HK 26-12 회사채(A	102,820	0	0	0	102,865	102,835	0	0	0
RISE 바이오TOP10	15,910 ▼	275	-1.70	57,696	15,920	15,900	16,185	16,185	15,610
유한양행	116,300 ▼	3,600	-3.00	408,062	116,500	116,300	119,700	120,500	115,300
유한양행우	106,250 ▼	2,450	-2.25	2,658	106,300	106,200	108,100	108,700	105,100
CJ대한통운	92,000	0	0	33,151	92,000	91,900	92,600	92,900	90,600
하이트진로홀딩스	10,010 ▼	20	-0.20	8,919	10,030	10,010	10,040	10,060	0,020

같은 화면에서 [업종별주가] 메뉴를 선택하면 해당 업종에 속한 종목들의 시세를 한눈에 볼 수 있습니다. 돋보기 버튼을 클릭해 업종을 선택하면 원하는 산업군을 쉽게 찾아볼 수 있습니다.

테마주는 섹터 그룹별로 시세 확인도 가능합니다. 섹터 그룹은 각 증권사에서 자체적으로 구성한 종목 묶음으로, 증권사마다 구성 기준이나 포함 종목이 조금씩 다를 수 있습니다.

홈 → 투자정보 → 테마종목 → 섹터 그룹별

테마명	등락률	종목수	상승	하락	기간수익률	상세	테마구성주요종목
수산	▲ 9.03%	10	9	1	7.04%		동원수산, 사조산업
김밥(냉동김밥 등)	▲ 7.15%	6	4	2	3.88%		우양, 풀무원
여행	▲ 1.28%	9	5	3	3.30%		하나투어, 모두투어
구제역/광우병 수혜	▲ 4.42%	20	16	2	3.09%		동원수산, 사조오양
전기자전거	▲ 4.91%	5	3	2	2.87%		파워로직스, 삼천리자전거
제습기	▲ 4.15%	8	6	1	1.69%		위닉스, 신일전자
국내 상장 중국기업	▲ 2.47%	11	8	2	0.95%		피델릭스, 이스트아시아홀
터치패널(스마트폰/태블	▼ -0.52%	8	3	5	0.25%		하이딥, 에코볼트
4대강 복원	▲ 0.77%	8	3	4	0.24%		특수건설, 자연과환경
리츠(REITs)	▲ 0.44%	23	18	3	0.22%		대신밸류리츠, 신한글로벌
탈 플라스틱(친환경/생	▲ 3.33%	8	8	0	0.12%		디아이씨, 씨티케이
통신	▲ 1.97%	3	3	0	-0.05%		SK텔레콤, KT
기업인수목적회사(SPAC)	▼ -0.05%	74	24	19	-0.18%		삼성스팩11호, KB제33호스
자전거	▲ 0.60%	3	2	1	-0.19%		삼천리자전거, 알톤
공기청정기	▲ 2.37%	12	6	5	-0.21%		케이웨더, 씨앤투스
웹툰	▲ 3.12%	15	11	3	-0.25%		이스트에이드, 미투온
정유	▲ 2.91%	3	3	0	-0.27%		SK이노베이션, GS
밥솥	▲ 2.49%	5	3	1	-0.39%		PN풍년, 쿠쿠홀딩스
렌터카	▲ 1.20%	4	4	0	-0.43%		레드캡투어, 쏘카

각 섹터를 클릭하면 해당 그룹에 속한 종목들의 시세가 표시됩니다. 다음 예시는 '수산 테마'에 속한 종목들을 살펴본 화면입니다. 현재 수산 테마에는 한성기업, 동원수산, 사조씨푸드, CJ씨푸드 등 10개 종목이 포함되어 있으며, 전체적으로 9.03%의 상승세를 기록하고 있음을 확인할 수 있습니다.

수산 테마 세부 화면

종목명	현재가	전일대비		등락률	거래량	매도호가	매도잔량	매수호가	매수잔량	기간수익률
한성기업	6,370	↑	1,470	30.00%	4,890,188	0	0	6,370	104,678	27.40%
동원수산	7,000	▲	1,150	19.66%	4,049,210	7,010	1,471	7,000	6,293	16.47%
사조씨푸드	9,390	▲	1,070	12.86%	4,818,658	9,400	2,330	9,390	16	10.08%
CJ씨푸드	3,010	▲	340	12.73%	19,953,097	3,010	6,039	3,005	20,526	12.52%
신라에스지	5,660	▲	400	7.60%	199,724	5,670	30	5,660	25	6.39%
동원산업	46,450	▲	1,550	3.45%	141,267	46,500	218	46,450	200	1.53%
사조대림	37,400	▲	850	2.33%	55,138	37,450	31	37,400	34	-0.27%
신라교역	9,240	▲	150	1.65%	40,496	9,240	101	9,220	54	-0.22%
사조산업	49,350	▲	450	0.92%	36,157	49,350	25	49,300	40	-3.05%
사조오양	9,490	▼	90	-0.94%	280,897	9,490	618	9,470	208	-0.42%

이처럼 HTS는 단순한 주문 프로그램이 아니라, 시장 흐름을 분석하고 투자 결정을 내리는 데 필요한 통합 투자 플랫폼입니다. 처음에는 복잡하게 느껴지더라도 메뉴 구조를 천천히 익혀가다 보면 어느새 스스로 종목을 찾아 분석하고, 시장의 맥을 짚을 수 있는 능력이 길러집니다.

HTS를 120% 활용하고 싶어요!

자신에게 맞는 화면을 만드세요

전쟁터에서 무기가 아무리 좋아도 사용법을 모르면 아무 소용이 없습니다. 주식시장에서도 마찬가지입니다. HTS는 단순히 주식을 사고파는 프로그램이 아니라 시세·거래량·기업정보 등 투자에 필요한 모든 데이터를 제공하는 강력한 무기입니다. 따라서 HTS를 잘 활용하려면 자신에게 맞게 화면을 구성하고, 효율적으로 관리하는 것이 중요합니다.

먼저 자신에게 필요한 정보를 체계적으로 관리하기 위해 화면을 구성하는 방법을 알아봅시다. HTS의 오른쪽 상단에는 1부터 8까지 번호가 표시된 탭❶이 있습니다. 이는 각각의 번호에 따라 가상화면을 만들어 저장할 수 있다는 뜻입니다. 즉, 최대 8개의 가상화면을 만들어 용도별로 나누어 사용할 수 있습니다.

가상화면 구성하기 1

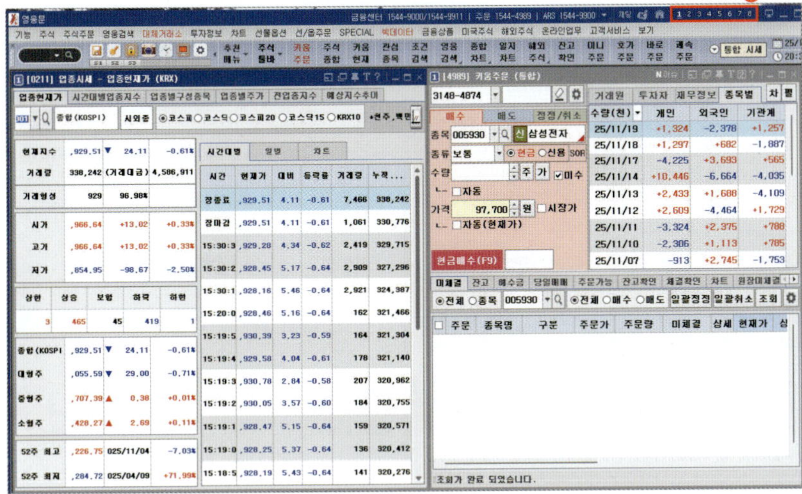

예를 들어 1번 화면에는 주식 관련 창(업종시세, 주문 창 등)을, 2번 화면에는 선물 관련 창을 배치하는 식으로 구성하면 빠르게 전환하면서 필요한 정보를 확인할 수 있습니다. 먼저 1번 화면에 업종시세 창과 주문 창을 설정해봅시다.

이제 1 버튼을 클릭할 때마다 업종시세를 확인하고, 곧바로 주문을 넣을 수 있습니다.

한 걸음 더

가상화면 8개, 나만의 투자 콘솔 만들기

HTS의 화면 번호 1~8은 무심코 넘길 탭이 아닙니다. 종목 분석, 주문, 뉴스, 차트 등으로 나누면 개인 트레이딩룸이 완성됩니다.

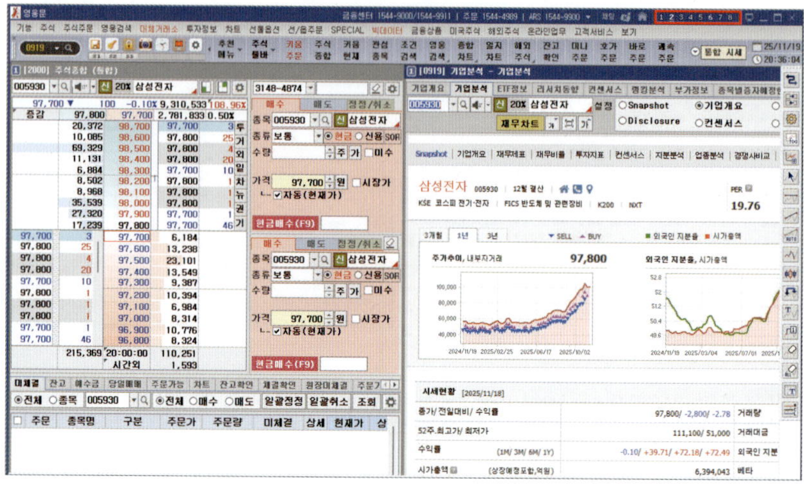

2, 3, 4 화면도 마찬가지로 원하는 창을 자유롭게 배치할 수 있습니다. 해당 번호를 클릭하면 설정해둔 화면이 즉시 나타나므로, 투자 목적에 따라 '매수용 화면', '관심 종목용 화면', '차트 분석용 화면' 등으로 나누어 활용하면 좋습니다.

계좌관리는 투자자의 기본입니다

계좌를 개설할 때 '얼마를 넣어야 할까?' '입금은 나중에 해도 될까?' 이런 고민을 한 번쯤 해보셨을 겁니다. 하지만 주식 매매를 시작하려면 무엇보다 계좌에 자금이 준비되어 있어야 합니다. 초보 투자자들 중에는 계좌에 잔고가 있는지 확인하지 않은 채 매매를 시도하는 경우가 많습니다. 이럴 때 매수주문을 넣으면 잔액이 부족해 거래가 체결되지 않죠. 결국 좋은 타이밍을 놓치게 되는 것입니다.

주식투자는 결국 수익을 내기 위한 행위입니다. 따라서 계좌관리는 투자의 기본 중 기본이라 할 수 있습니다. 계좌를 효율적으로 관리하려면 다음 3가지 원칙을 기억하세요.

첫째, 투자 원금 전액을 매수에 사용하지 마세요. 항상 일정 금액은 현금으로 남겨두는 습관을 가지세요. 현금이 전혀 없는 상태에서는 좋은 종목을 발견해도 매수할 수 없고, 자금이 급할 때 무리하게 대출을 이용하게 되어 투자 원칙이 흔들릴 위험이 있습니다.

초보자에게 금지된 두 단어: 대출과 파생
신용거래와 파생상품은 숙련 투자자에게도 위험합니다. 처음에는 '조금만'이라고 생각하지만, 손실은 예상보다 클 수 있습니다. 초보자라면 현금 거래에 집중해야 합니다.

둘째, 투자할 상품의 범위를 명확히 정하세요. 초보자가 선물이나 옵션 같은 파생상품에 손을 대면 대부분 손실을 보게 됩니다. 기본적인 주식 매매를 충분히 연습하고, 자신의 투자 원칙이 확립된 후에 도전하는 것이 바람직합니다. 위험자산에 투자하더라도 총투자금의 5~10% 이내로 제한하는 것이 좋습니다.

셋째, 수익이 생겼다면 원금과 반드시 분리하세요. 이익금을 그대로 계좌에 쌓아두면 자신도 모르게 투자 규모가 커지고, 점차 과감한 매매로 이어질 가능성이 높습니다. 조기에는 '원금만 운용한다'는 원칙을 세우고, 수익은 따로 통장으로 이체해두는 습관을 들이세요. 이렇게 해야 원금 보전이 쉬워지고, 투자 태도도 한결 신중해집니다.

HTS에서는 주식주문 → 계좌정보 메뉴에서 계좌를 효율적으로 관리할 수 있습니다. 이곳에서는 예수금 상세 현황, 거래내역, 잔고, 체결 내역 등을 한눈에 확인할 수 있으며, 잔고 화면에서는 현재 보유 종목의 수익률 현황도 바로 확인할 수 있습니다.

- **입금 여부 확인하기**: 홈 → 주식주문 → 계좌정보 → 예수금 메뉴에서 예수금과 미수금 현황을 자주 확인하세요.
- **입금이 필요할 때**: 홈 → 온라인업무 → 은행 연계 입출금 메뉴로 이동하면 연결된 은행 계좌에서 증권계좌로 바로 이체할 수 있습니다.

또한, 주식주문 → 거래내역 메뉴에서는 주문체결 내역과 은행이체 내역까지 확인할 수 있습니다.

거래내역

주문번호	종목명	주문구분	주문량	체결량	정정/취소	주문잔량	주문매체구분	거래소
원주문	종목번호	매매구분	주문가	체결가	접수구분	대출일	신용구분	스톱가

주식을 매도했는데 바로 돈을 찾을 수 있나요?

주식을 팔면 그날 바로 현금이 들어올 거라고 생각하지만, 실제로는 당일에 바로 찾을 수 없습니다. 주식거래에는 결제일이라는 절차가 있기 때문입니다. 주식을 팔면 매수자는 주식을 받고 대금을 지불해야 하고, 매도자는 주식을 넘기고 그 대금을 받아야 합니다. 이 과정을 수도결제受渡決濟, Settlement라고 부릅니다.

우리나라 주식시장은 T+2 결제 제도를 적용하고 있습니다. 즉, 거래가 체결된 날(T)로부터 2영업일 뒤에 결제가 완료되는 방식입니다. 예를 들어 수요일에 주식을 매도했다면 이틀 뒤인 금요일 오후에 대금이 입금됩니다(단, 공휴일이나 주말은 영업일에서 제외됩니다). 따라서 급히 현금이 필요하다면 결제일을 고려해 적어도 2일 전에는 매도해야 합니다.

다만, 요즘은 일부 증권사에서 '당일 또는 익일 출금 서비스(T+0, T+1)'를 운영하고 있습니다. 이 경우 증권사가 결제 전 단계에서 자체 자금을 사용해 매도 대금을 먼저 지급하고, 결제일에 정산하는 방식입니다. 물론 이런 서비스는 증권사마다 조건이 다르며, 대부분 일정 한도 내에서만 가능합니다. 즉, 원칙적으로는 결제일(T+2)에만 현금이 입금되지만, 증권사별로 당일 출금도 가능할 수 있다는 점만 기억하세요.

주식거래는 매일매일 가능하지만, 결제는 거래일 기준으로 2영업일 뒤에 이루어집니다. 이 원리를 알고 있으면 계좌 자금 흐름을 예측하기 쉬워지고, 급히 현금이 필요할 때도 여유 있게 대응할 수 있습니다.

HTS나 MTS에는 생각보다 방대한 정보가 담겨 있습니다. 그러나 하루 종일 화면을 들여다본다고 해서 수익이 더 커지는 것은 아닙니다. 중요한 것은 필요한 정보를 짧은 시간 안에 효율적으로 파악하는 능력입니다. 하루 30분 정도만 시간을 내어 다음 순서로 시장을 점검해보면, 과도한 정보에 휘둘리지 않으면서도 시장의 흐름을 정확히 읽을 수 있습니다.

1) 해외 증시의 방향을 확인합니다.

가장 먼저 살펴볼 것은 해외 주요 증시의 전일 마감 흐름입니다. 특히 미국 시장은 우리나라 시장이 열리기 전에 이미 장을 마치기 때문에 그 움직임이 국내 증시에 선행지표로 작용하는 경우가 많습니다. 따라서 미국의 다우지수, 나스닥지수, S&P500 지수가 상승했는지 하락했는지를 간단히 확인해두면 우리 시장의 분위기를 예측하는 데 도움이 됩니다.

2) 주요국 환율과 원자재가격의 변화를 살펴봅니다.

다음으로는 환율과 원자재가격 동향을 확인합니다. 환율은 국제 자금의 흐름을 보여주는 중요한 지표입니다. 보통 통화가 강세를 보이는 쪽으로 자금이 이동하기 때문에 전날 밤 국제 외환시장에서 원화의 강세 또는 약세를 확인하면 외국인 투자자들의 움직임을 어느 정도 가늠할 수 있습니다.

또한 국제유가, 금값, 구리·니켈 등의 원자재가격, 그리고 비트코인 같은 암호화폐 시세도 함께 살펴보면 좋습니다. 이 지표들은 글로벌 투자심리와 위험자산 선호도를 보여주는 단서가 됩니다.

3) 투자 주체별 매매 동향을 확인합니다.

시장을 움직이는 힘이 어디에 있는지를 파악하기 위해서는 누가 사고 있고, 누가 팔고 있는가를 보는 것이 중요합니다. HTS에서는 '투자자별 매매 동향' 항목에서 외국인, 기관, 개인의 매수·매도 현황을 한눈에 볼 수 있습니다.

대체로 외국인과 기관의 움직임이 시장 방향을 결정짓는 주요 변수가 됩니다. 개인투자자의 매매 동향은 단기적인 흐름을 보완적으로 참고하는 정도로 충분합니다.

4) 시가총액 상위 종목의 흐름을 점검합니다.

시가총액 상위 종목은 시장 전체의 방향을 좌우하는 '기둥 종목'입니다. 삼성전자, SK 하이닉스, 현대차 등 대형주는 지수 자체에 큰 영향을 주기 때문에 반드시 모니터링해야 합니다. 이들 종목이 상승하면 지수는 오르지만, 반대로 상승 종목 수는 줄어드는 '대형주 중심 장세'가 펼쳐집니다. 반면 상위 종목들이 약세를 보이면, 개별 종목들이 오르는 '중소형주 장세'가 나타나는 경우가 많습니다.

5) 거래대금 상위 종목 30개를 확인합니다.

하루 동안 거래대금이 많은 종목은 시장의 관심을 한 몸에 받는 종목입니다. 즉, 시장의 '핫이슈'가 어디에 있는지를 보여주는 지표입니다. 단순히 거래량이 많다고 좋은 것이 아니라, 거래대금이 많으면서 주가가 상승한 종목에 주목해야 합니다. 이 종목들이 바로 현재 시장의 인기와 에너지가 집중된 핵심 종목입니다.

6) 차트를 통해 지수의 흐름을 점검합니다.

마지막으로, 지수 차트를 통해 시장의 전반적인 리듬을 확인합니다. 지수가 안정적인 박스권에 머물고 있는지, 혹은 과열 국면에 진입했는지, 아니면 과도하게 하락해 침체 상태에 있는지를 살펴보는 것입니다.

이 과정을 통해 기술적 흐름에 따른 매매 시점을 감각적으로 포착할 수 있습니다. 지수가 너무 빠르게 상승하고 있다면 조정 가능성을, 너무 크게 떨어졌다면 저점 매수 기회를 염두에 두는 식으로 시장의 리듬을 읽는 감각을 기르세요.

이처럼 하루 30분만 HTS나 MTS를 활용해 시장 흐름 → 자금 이동 → 주요 종목 → 지수 흐름의 순서로 정리해보면, 투자 판단이 훨씬 명료해지고 불필요한 혼란이 줄어듭니다. 투자에서 중요한 것은 정보를 많이 아는 것이 아니라, 핵심을 빠르게 읽어내는 힘이라는 점을 기억해두세요.

시간마다 주문이 다르다고요?

주식시장은 몇 시에 열릴까요?

주식 매매를 시작할 때 대부분의 투자자는 먼저 '어떤 주문을 넣을까'부터 생각합니다. 하지만 그보다 더 중요한 것은 매매시간과 체결 방식을 이해하는 일입니다. 주식은 시간대별로 서로 다른 방식으로 거래되기 때문에 이를 정확히 알고 있어야 원하는 시점에 주문이 체결됩니다.

일반적으로 주식시장의 매매시간은 다음과 같습니다.

구분	거래 시간	설명
정규 매매시장	09:00 ~ 15:30	가장 일반적인 거래시간으로, 대부분의 주식 매매가 이 시간에 이뤄짐
(장 개시 전) 시간외 단일가 매매	08:30 ~ 08:50	개장 전 단일가 매매로 시초가를 결정
(장 종료 후) 시간외 종가 매매	15:40 ~ 16:00	당일 종가로 거래가 가능한 시간
(장 종료 후) 시간외 단일가 매매	16:00 ~ 18:00	10분 단위로 단일가 매매가 체결

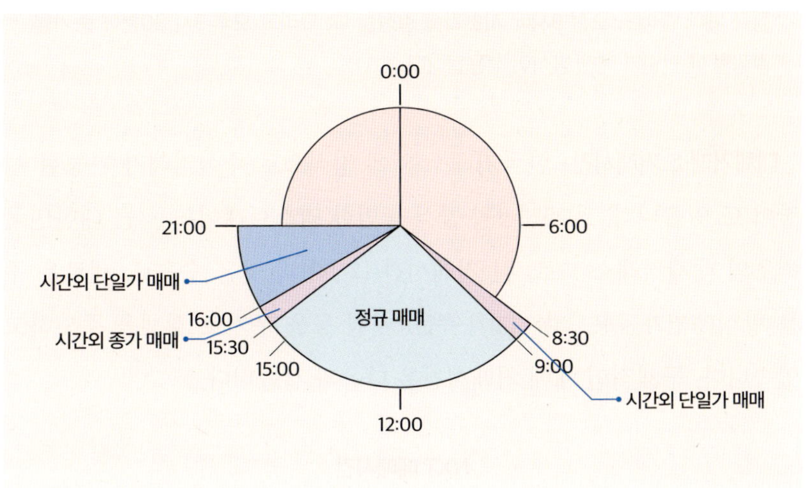

정규시장은 오전 9시에 시작해 오후 3시 30분에 마감되고, 대부분의 주식거래가 이 시간대에 이뤄집니다. 하지만 정규시간에 거래하기 어려운 투자자들을 위해 정규시장 외에 시간외거래도 운영되고 있습니다. 시간외거래는 HTS, MTS, 전화를 통해 주문할 수 있으며, 장 전후로 일정 시간 동안 한정적으로 매매가 이뤄집니다.

고수의 팁 ▶ 단일가란 무엇일까요?

단일가 매매란 하나의 가격으로 주문을 일괄 체결하는 방식을 말합니다. 조금 어렵게 표현하면 '단일 가격에 의한 개별 경쟁 매매'라고 부르기도 합니다.

주식시장에는 높은 가격에 사려는 사람도 있고, 낮은 가격에 팔려는 사람도 있습니다. 이때 시스템은 매수자와 매도자의 가격이 일치하는 지점을 찾아, 그 가격으로 한꺼번에 거래를 체결합니다. 즉, 매도·매수가 만나는 단일 가격에서 일괄 체결이 이뤄지는 것입니다. 단일가 매매에서 반드시 체결을 원한다면 가장 높은 가격에 매수주문을 하거나, 가장 낮은 가격에 매도주문을 넣는 것이 유리합니다.

정규 매매 중에도 오전 9시에 시초가를 결정할 때, 그리고 오후 3시 30분에 종가를 결정할 때 단일가 매매 방식이 적용됩니다.

대체거래소 거래시간 ▶ 한국거래소 외에 정식으로 주식거래가 가능한 시장이 또 있습니다. 2025년 3월 공식 출범한 넥스트레이드NXT는 대한민국 최초의 대체거래소ATS로, 긴 거래시간(12시간)과 낮은 수수료, 새로운 주문 방식(중간가 주문, 스톱지정가 주문) 지원 등을 무기로 경쟁을 주도하고 있습니다. 구체적인 매매 거래시간은 다음과 같습니다.

NXT 매매시간

매매에도 원칙이 있습니다

물건을 사고파는 일은 단순히 돈을 주고받는 일처럼 보이지만, 주식시장처럼 참여자가 많아지면 이야기가 달라집니다. 팔려는 사람과 사려는 사람이 동시에 많을 때 공정하게 거래를 체결하기 위해서는 일정한 매매 원칙이 필요합니다.

주식시장에서는 매도자와 매수자가 경쟁적으로 가격(호가)을 제시하며 거래를 시도합니다. 이때 공정하고 효율적인 거래를 위해 다음의 4가지 원칙이 적용됩니다.

<h1 style="text-align:center">거래의 4가지 원칙</h1>

원칙	설명
가격 우선 원칙	매수자는 높은 가격을 제시할수록, 매도자는 낮은 가격을 제시할수록 먼저 체결됩니다. 즉, 빨리 사고 싶다면 매수가를 높이고, 빨리 팔고 싶다면 매도가를 낮춰야 합니다.
시간 우선 원칙	같은 가격의 주문이라면 먼저 접수된 주문이 우선적으로 체결됩니다. 주가가 급등락할 때는 초 단위의 빠른 주문이 유리할 수 있습니다.
수량 우선 원칙	가격과 시간까지 같을 경우, 주문 수량이 많은 쪽이 먼저 배정됩니다. 즉, 대량 주문이 소량 주문보다 우선합니다.
위탁자 우선 원칙	같은 조건(가격·시간·수량)일 경우, 증권사의 자기 계정보다 고객 계정(위탁자)의 주문이 우선 체결됩니다. 이는 고객 보호를 위한 기본 원칙입니다.

한 걸음 더

가격 우선이 원칙이다!

주식시장에서는 먼저가 아니라, 더 비싸게 사거나 더 싸게 팔려는 사람이 이깁니다. 가장 낮게 팔고, 가장 높게 사려는 주문이 언제나 거래의 문을 가장 먼저 여는 것이죠. 또한 같은 가격과 시간이라면 주문 수량이 많은 쪽이 우선 체결됩니다. 대량 주문이 시장의 신뢰와 유동성을 만들기 때문입니다.

HTS에서 매매 원칙 살펴보기

삼성전자 현재가 화면을 예로 들어 매매 원칙을 살펴보겠습니다. 현재 주가는 9만 7,700원입니다. 화면의 왼쪽에는 실시간으로 들어오는 매수·매도주문 내역이 표시됩니다.

삼성전자 현재가 화면

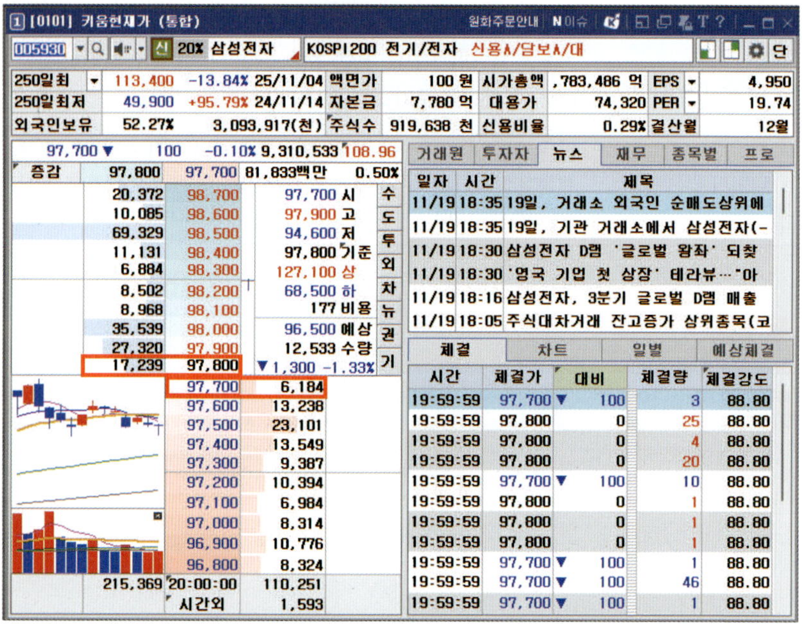

매도 측: 9만 7,800원에 팔려는 주문이 들어오면, 이는 최우선 매도호가 입니다.

매수 측: 9만 7,700원에 사려는 주문이 있다면, 이는 최우선 매수호가입 니다.

즉, 매도자는 9만 7,800원에 팔려는 사람에게, 매수자는 9만 7,700원에 사려는 사람에게 각각 우선권이 주어집니다. 현재 최우선 매도호가에 걸린 주식 수가 1만 7,239주라면, 그중 먼저 주문한 투자자의 물량부터 순서대로 체결됩니다. 매수 측 6,184주 역시 마찬가지로, 먼저 들어온 주문이 우선적으로 거래됩니다(수량 우선·위탁자 우선 원칙은 특수 상황에 적용되므로 여기서는 생략합니다).

단일가 매매제도를 활용하세요

주식 매매는 주로 정규 매매시간에 이뤄지지만, 시장에는 언제나 변수가 존재합니다. 장 시작 전 또는 마감 직전에 큰 호재나 악재가 발생하면 주가가 급변할 수 있는데, 이런 상황에서 단일가 매매제도가 활용됩니다.

이 제도는 장 개장 전(08:30~08:50), 장 마감 직전(15:20~15:30)에 운영되며 매수·매도주문을 미리 접수받은 뒤 하나의 단일가격으로 일괄 체결합니다. 단일가 매매제도에서는 가격 우선 원칙이 먼저 적용되고, 가격이 같을 경우에 한해 시간 우선 원칙과 수량 우선 원칙이 적용됩니다.

HTS/MTS를 통한 매매주문
주식 매매주문, 어떻게 할까요?

평생 선행만 하며 살아온 한 사람이 있었습니다. 어느 날 신령님이 나타나 소원을 하나 들어주겠다고 말했습니다. 그는 가난하게 사는 것이 너무 힘들다며 "로또 복권 1등에 당첨되게 해달라"고 빌었습니다. 하지만 아무리 기다려도 당첨 소식은 들려오지 않았습니다. 답답한 마음에 신령님께 하소연하자 신령님은 이렇게 말했습니다.

"복권을 사야 당첨을 시켜줄 것 아니냐?"

이 이야기는 투자에도 그대로 적용됩니다. 주식투자에서 주문을 내지 않으면 아무 일도 일어나지 않습니다. 수익을 기대한다면 먼저 정확하게 주문을 내는 법부터 익혀야 합니다. 특히 주식투자는 '타이밍의 예술'이라 불립니다. 얼마나 빠르고 정확하게 주문을 넣느냐가 투자의 성패를 좌우합니다.

꼭 알아두어야 할 주문 필수 용어

뉴스나 신문에서 자주 등장하는 주식 관련 표현들이 있습니다. '절호의 저점 매수 기회', '개미투자자, 손절매 못 해' 같은 문장을 볼 때 용어의 의미를 정확히 알아야 상황을 이해할 수 있습니다. 주로 쓰이는 기본 용어 몇 가지를 알아두면 경제 기사나 뉴스가 훨씬 쉽게 들릴 것입니다.

주식 주문 용어

용어	설명
매수·매도	매수는 '매입'이라고도 하며, 주식·채권·외환 등의 금융 상품을 사는 행위를 뜻합니다. 반대로 매도는 해당 상품을 파는 행위입니다.
순매수·순매도	일정 기간 매수 총량이 매도 총량보다 많으면 순매수, 반대의 경우를 순매도라고 합니다. 예를 들어 기관이 하루 동안 매수 500억 원, 매도 300억 원을 기록했다면 순매수 200억 원이 됩니다.
손절매	보유한 주식의 가격이 매입가보다 하락했을 때, 추가 손실을 막기 위해 과감히 매도하는 행위를 말합니다. 영어로는 로스컷Loss Cut 또는 롱스톱Long Stop이라고도 부릅니다. 초보 투자자일수록 손절매 원칙을 세워야 큰 손실을 피할 수 있습니다.

HTS에서 주문해봅시다

주식거래는 타이밍과 속도가 생명입니다. 이를 위해서는 HTS나 MTS의 주문 기능을 잘 이해하고 활용해야 합니다. HTS/MTS에서 주문하는 방법은 여러 가지가 있지만, 가장 기본적인 방법은 현재가 화면에서 바로 매수·매도주문을 실행하는 것입니다.

현재가 화면을 열면 가운데 세로로 [수], [도]와 같은 버튼이 보입니다. [수] 버튼은 매수주문, [도] 버튼은 매도주문을 의미합니다. [수] 버튼을 누르면 매수주문 창이 열립니다. 가격은 기본적으로 현재가로 자동 설정되어 있으며, 필요하다면 매수가를 직접 조정할 수도 있습니다. 그다음 현금매수인지, 신용매수인지를 선택하고, 매수 수량과 주문 종류(시장가, 지정가 등)를 입력합니다.

마지막으로 주문 비밀번호를 확인하고 제출하면 거래가 완료됩니다. 이 외에도 홈 메뉴에서 주식주문 → 키움주문 항목으로 들어가 보다 세부적인 조건으로 매매할 수도 있습니다.

홈 → 주식주문 → 키움주문

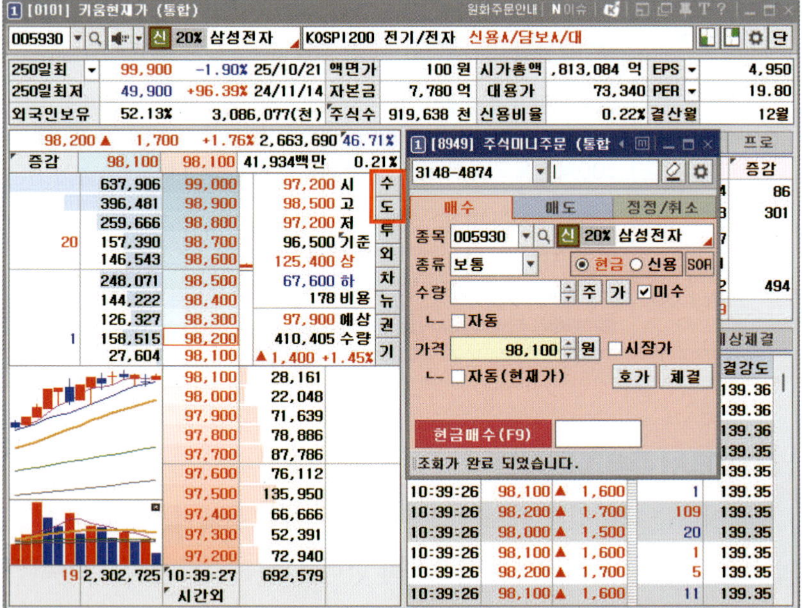

주문을 정정하거나 취소하고 싶다면, 주문을 잘못 넣었거나 수정이 필요할 때는 주식주문 → 정정/취소 메뉴에서 손쉽게 변경할 수 있습니다. 화면에서 자신의 주문번호를 클릭하면 아직 체결되지 않은 주문(미체결주문)을 확인할 수 있습니다.

이 주문을 선택하면 자동으로 주문번호가 입력됩니다. 그다음 정정할 가격과 수량을 선택하면 됩니다. 전부 정정할 수도 있고, 일부만 정정할 수도 있습니다. 주문을 취소할 때도 마찬가지로 전체 취소 또는 부분 취소를 선택해 실행할 수 있습니다.

주문이 실제로 체결되면, HTS 화면의 체결내역 창에 자동으로 거래 정보가 표시됩니다. 즉시 체결 여부를 확인할 수 있어 실시간으로 자신의 매매 결과를 관리할 수 있습니다.

MTS에서 주문해봅시다

요즘 주식거래의 중심은 모바일입니다. 스마트폰만 있으면 언제 어디서나 주식을 사고팔 수 있는 시대가 되었죠. MTS는 HTS의 핵심 기능을 그대로 담고 있으면서도 화면이 간결하고 조작이 쉬워 초보 투자자에게 특히 유용합니다. 이제 실제로 MTS를 통해 주문하는 방법을 단계별로 살펴보겠습니다.

① **MTS 실행 및 로그인** ▶ 먼저 증권사에서 제공하는 전용 MTS 애플리케이션을 스마트폰에 설치합니다. 키움증권의 '영웅문S', NH투자증권의 'QV MTS', 미래에셋증권의 'm.Stock' 등이 대표적입니다. 앱을 실행하면 로그인 화면이 나타나며, 계좌개설 시 설성했넌 ID와 비밀번호, 간편 인증(지문, 패턴 등)으로 접속할 수 있습니다.

① 홈 → 주식주문 → 키움주문   ② 현재가 화면

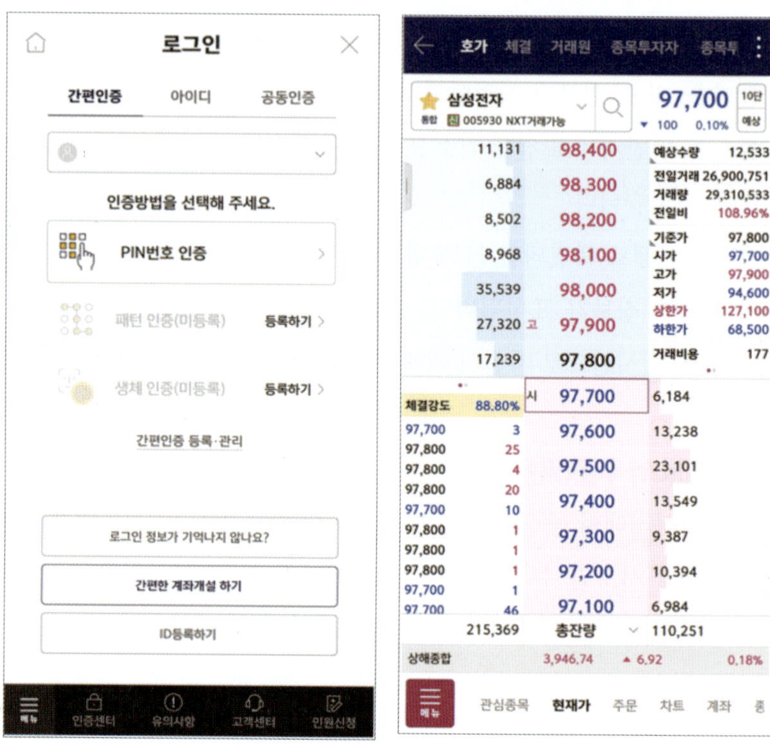

로그인 후에는 홈 화면에서 계좌 잔액, 보유 종목, 관심 종목, 지수 흐름 등을 한눈에 확인할 수 있습니다. 처음에는 정보가 많아 복잡해 보이지만, 필요한 메뉴만 익히면 금세 익숙해집니다.

② 종목 검색 및 현재가 화면 보기 ▸ MTS의 상단 검색창에 사고 싶은 종목명을 입력합니다. 예를 들어 '삼성전자'를 입력하면 현재가 화면이 나타납니다. 이 화면에서는 주가, 등락률, 거래량, 호가창, 차트 등 핵심 정보가 표시됩니다.

　호가창의 왼쪽은 매도호가, 오른쪽은 매수호가를 뜻합니다. 매도호가란 팔려는 사람들이 제시한 가격, 매수호가란 사려는 사람들이 제시한 가격입니다. 가격 차이를 보면서 매매 시점을 판단할 수 있습니다. 호가창의 분홍색과 파란색은 전일 대비 오른 가격인지 내린 가격인지를 나타내며, 좌상단을 매도호가, 우하단을 매수호가로 표시합니다.

　③ **매수·매도주문 넣기** ▶ 현재가 화면 아래쪽이나 우측에 **[매수]**, **[매도]** 버튼이 있습니다. 매수를 원하면 **[매수]**, 매도를 원하면 **[매도]**를 터치합니다.

　버튼을 누르면 주문 입력창이 열리는데, 여기에 가격, 수량, 주문 유형(지정가·시장가 등)을 입력합니다. 기본적으로는 현재가 기준으로 설정되어 있으므로, 필요시 가격을 조정하세요.

　현금매수: 계좌 내 현금을 사용해 주식을 구매하는 일반적인 거래 방식
　신용매수: 일정 기간 자금을 빌려 매수하는 방식으로, 초보자는 피하는 것이 좋습니다.

　모든 정보를 확인한 뒤 주문 확인 → 주문 비밀번호 입력순으로 진행하면 주문이 완료됩니다. 주문 체결 여부는 즉시 화면에 표시됩니다.

　④ **수분 성성 및 취소하기** ▶ 주문을 잘못 입력했거나 일부를 수정하고 싶다면 하단 메뉴에서 **[정정/취소]** 항목을 선택합니다.

③ 매수/매도 버튼 화면　　　　④ 정정·취소 메뉴 화면

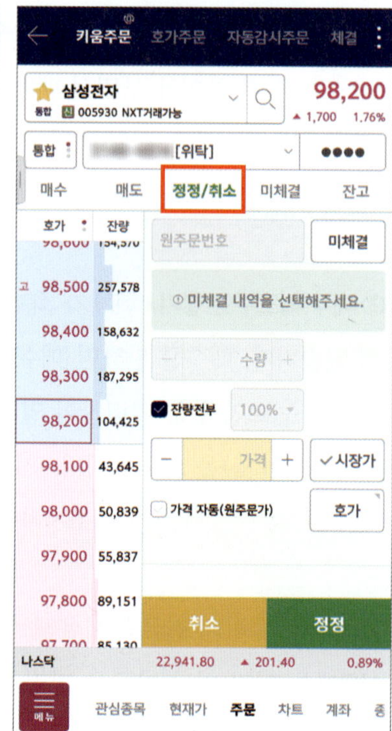

한 걸음 더

실시간 알림까지 꼼꼼히 설정하세요.
실시간 체결 알림을 설정해두면 거래가 이루어질 때마다 스마트폰 푸시 알림으로 알려줍니다.

여기서 체결되지 않은 주문(미체결 주문)을 확인할 수 있습니다. 수량을 일부만 정정하거나 전체 주문을 취소할 수도 있습니다. 미체결 버튼을 터치하면 자동으로 주문번호가 불러와지고, 변경할 가격과 수량을 입력한 뒤 '확인'을 누르면 수정이 완료됩니다. 주문이 체결되면 최상단 메뉴의 체결내역에서 거래 결과를 즉시 확인할 수 있습니다.

MTS의 가장 큰 장점은 언제 어디서나 거래가 가능하다는 점입니다. 대중교통을 이용할 때나 점심시간 중에도 시장 상황을 확인하고 즉시 대응할 수 있습니다. 또한 각 증권사 MTS에는 자동 주문, 알림 설정, 관심 종목 리스트, 간편차트 등 HTS보다 빠르고 직관적인 기능이 많습니다. MTS를 꾸준히 사용하다 보면 손안의 스마트폰이 곧 나만의 트레이딩룸이 됩니다.

고수의 팁 ▶ MTS 주문 시 유의할 점은?

모바일 거래는 편리하지만, 조작 실수가 발생하기 쉽습니다. 작은 화면에서 숫자를 잘못 입력하거나 매수 대신 매도를 누르는 경우도 드물지 않습니다.

- 주문 전 반드시 가격과 수량을 다시 확인하세요.
- 주문 비밀번호를 너무 단순하게 설정하지 마세요.
- 공공장소나 와이파이 환경에서는 로그인 정보를 노출하지 않도록 주의하세요.

이 3가지만 지켜도 대부분의 실수를 예방할 수 있습니다.

06

주문에도 여러 가지 방법이 있나요?

주식 주문에는 생각보다 다양한 형태가 있습니다. HTS나 MTS에서 주문을 실행할 때 [매수], [매도] 버튼을 누르고 [종류] 항목을 열어보면 '보통', '시장가', '조건부지정가', '최유리지정가', '최우선지정가' 등의 주문 방식이 표시됩니다. 또한 IOC나 FOK와 같이 조건이 추가된 주문도 있습니다. 이 용어들이 다소 낯설게 느껴질 수 있지만, 각각의 의미와 장단점을 이해하면 상황에 맞게 전략적으로 활용할 수 있습니다. 지금부터 하나씩 차근히 살펴봅시다.

홈 → 키움주문

주문 방법의 종류를 살펴봅시다

보통 주문(지정가 주문) ▸ 가장 기본적이고 많이 사용되는 주문 형태입니다. 매수·매도할 종목의 수량과 가격을 직접 지정해 주문하는 방식이죠.

- **매수의 경우**: 지정한 가격 또는 그 이하의 가격에서 체결됩니다.
- **매도의 경우**: 지정한 가격 또는 그 이상의 가격에서 체결됩니다.

예를 들어 1만 원에 매수주문을 넣으면, 1만 원 이하에서 체결됩니다. 반대로 1만 원에 매도주문을 넣으면 1만 원 이상에서 거래가 이루어집니다. 즉, 가격을 직접 통제할 수 있어 안정적이지만, 시장이 급변할 때는 주문이 체결되지 않을 가능성도 있습니다.

시장가 주문 ▸ 가격을 지정하지 않고 종목과 수량만 입력하는 방식입니다. 시장에 형성된 가장 유리한 가격으로 즉시 거래가 이뤄집니다.

- **매수의 경우**: 주문한 수량이 모두 체결될 때까지 가격을 올리며 매수가 됩니다.
- **매도의 경우**: 수량이 모두 체결될 때까지 가격을 낮추며 매도가 진행됩니다.

한 걸음 더

시장가 주문은 '속도', 지정가 주문은 '안정성'
시장가 주문은 빠르지만 가격이 불리할 수 있고, 지정가 주문은 원하는 가격에 사고팔 수 있지만 체결이 늦을 수 있습니다.

시장가 주문은 체결 속도가 빠르고 확실하지만, 가격 변동이 심한 구간에서는 예상보다 불리한 가격에 거래될 수 있다는 단점이 있습니다.

조건부지정가 주문 ▶ 정규 매매시간 동안에는 지정가 주문처럼 작동하지만, 지정한 가격에 체결되지 않은 주문은 장 마감 10분 전(15:20~15:30) 단일가 매매시간에 자동으로 시장가 주문으로 전환됩니다. 즉, 장중에는 원하는 가격으로 시도하고, 마감 직전에는 확실하게 체결시키고 싶을 때 유용한 방식입니다.

최유리지정가 주문 ▶ 종목과 수량만 입력하면, 가격은 자동으로 현재 시장에서 가장 유리한 반대 호가로 지정됩니다.

- **매수주문 시**: 현재 최우선 매도호가의 가격으로 주문이 들어갑니다.
- **매도주문 시**: 현재 최우선 매수호가의 가격으로 주문됩니다.

시장가 주문과 유사하지만, 차이점이 있습니다. 시장가 주문은 주문 수량이 모두 체결될 때까지 가격을 계속 바꾸지만, 최유리지정가 주문은 한 번에 반대편 최우선 호가로만 주문되므로 일부만 체결될 수도 있습니다. 즉, 즉시 시장 상황에 맞추되 전량 체결을 보장하지는 않는 주문 방식입니다.

최유리지정가는 얼마일까요?

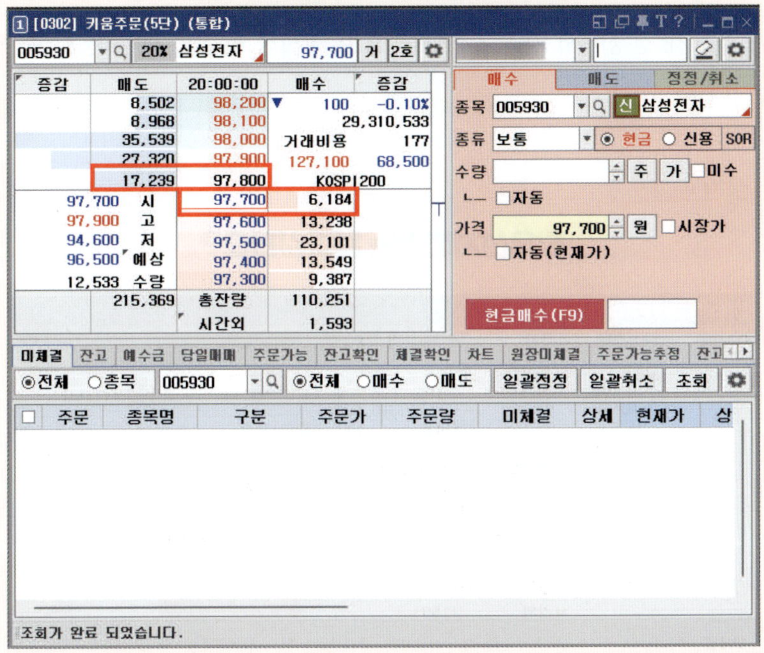

최유리지정가 주문을 한 경우 매수호가는 매도 최우선 호가인 9만 7,800원으로 주문이 되고, 매도호가는 매수 최우선 호가인 9만 7,700원으로 주문이 됩니다.

최우선지정가 주문 ▶ 이 주문 역시 종목과 수량을 지정하지만, 가격은 자신의 호가 측면에서 최우선 가격으로 설정됩니다.

- **매수의 경우:** 매수호가 중 최우선 호가로 지정됩니다.
- **매도의 경우:** 매도호가 중 최우선 호가로 지정됩니다.

이 점이 최유리지정가 주문과 다릅니다. 최유리지정가는 반대편 호가를 기준으로 가격을 맞추지만, 최우선지정가는 같은 방향(자신의 호가 측면)의 최우선 가격으로 주문됩니다. 따라서 즉시 체결 가능성은 다소 낮지만, 호가 경쟁에서 가격을 주도적으로 제시하고 싶을 때 활용할 수 있습니다.

최우선지정가는 얼마일까요?

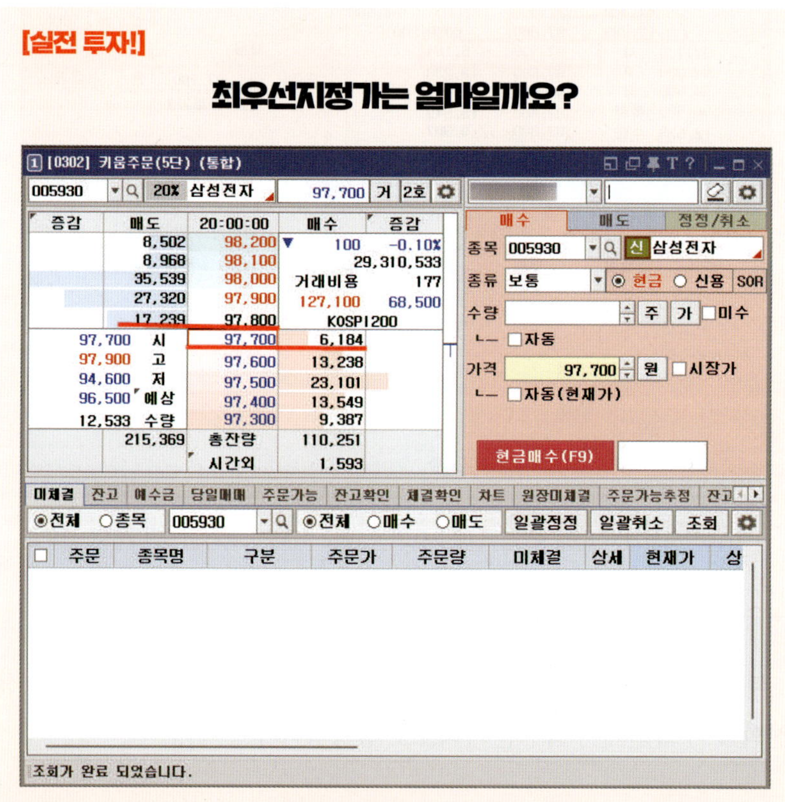

최우선지정가 주문에서 매수주문인 경우 매수 최우선 호가인 9만 7,700원에 주문이 되고, 매도주문인 경우 매도 최우선 호가인 9만 7,800원에 주문이 됩니다.

조건부여 주문 ▶ 일정한 조건을 붙여 주문하는 방식입니다. 대표적으로 IOCImmediate or Cancel와 FOKFill or Kill 주문이 있습니다.

- **IOC 주문**: 체결 가능한 수량만 체결하고, 나머지는 자동으로 취소합니다.
- **FOK 주문**: 주문한 수량이 전부 체결되지 않으면 전체를 취소합니다.

한 걸음 더

조건부 주문, 프로 투자자의 전략 도구

IOC와 FOK는 기관이나 단타 투자자가 자주 쓰는 전략형 주문입니다. "전부 체결되든지, 아니면 아예 체결되지 않게." 명확한 기준을 세우면 감정 대신 원칙이 거래를 이끕니다.

고수의 팁 ▶ 어떤 상황에서 활용하면 좋을까요?

시장가 주문이나 최유리지정가 주문은 주가가 급격히 움직일 때 유용합니다. 가격이 빠르게 변하는 상황에서 주문가를 일일이 계산하기 어렵다면, 이 주문 방식에 IOC 또는 FOK 조건을 붙여보세요. 이렇게 하면 빠르게 시장 상황에 대응하면서도 불필요한 미체결 주문을 방지할 수 있습니다. 즉, 단기 매매나 변동성이 큰 장세에서는 이 조합이 실전 투자에 매우 효과적입니다.

조건부여 주문은 어떻게 체결되나요?

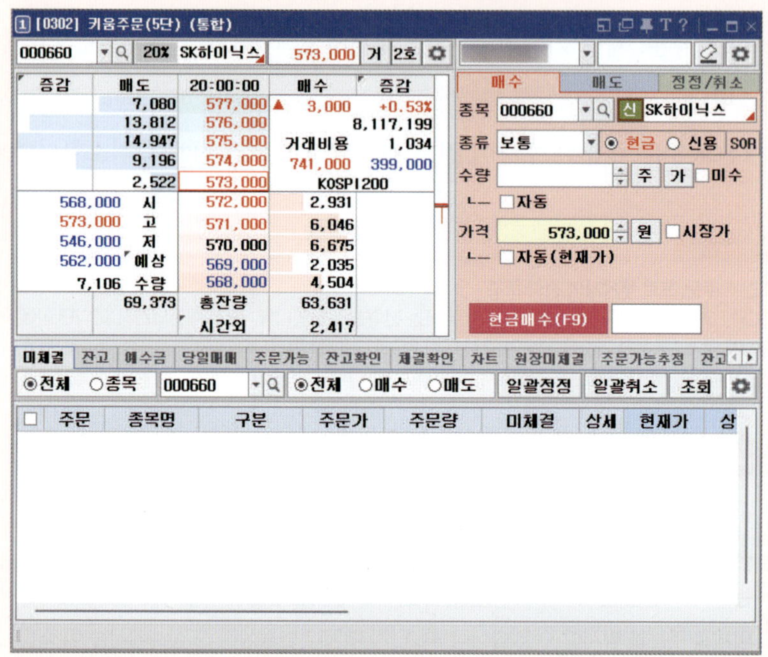

예를 들어 3,000주를 57만 3,000원에 IOC로 매수주문했을 때 2,522주만 체결이 가능하다면 2,522주만 거래되고, 나머지 478주는 자동 취소됩니다. 반면 같은 조건에서 FOK로 주문할 경우 전량이 체결되지 않으면 아무것도 체결되지 않습니다.

07

분할매수, 분할매도
주식을 나눠서 사고팔라고요?

주식시장은 사람의 마음을 끊임없이 흔드는 곳입니다. 계좌를 개설하는 순간부터 심리적 압박이 시작되지요. 처음엔 '언제 사야 하지?'라는 생각으로 망설이다가 막상 주가가 오르면 '지금 안 사면 더 늦을 것 같아'라는 조급함이 생깁니다. 그러다 보면 한 번에 큰 금액을 투자하게 되고, 결국 가격이 떨어지면 불안감이 커져 이성적인 판단을 잃기 쉽습니다.

이럴 때 도움이 되는 방법이 바로 분할매수와 분할매도입니다. 많은 투자 고수가 공통으로 강조하는 조언이 있습니다.

"매수는 천천히, 매도는 신속하게!"

시장의 변동성을 피하고 감정을 다스리는 현실적인 투자법이지요.

분할매수 ▶ 평균단가를 낮추는 현명한 습관

분할매수란 한 종목을 여러 번에 나누어 사는 것을 말합니다. 이 방법은 평균단가법Cost Averaging Method이라고도 하는데 주가가 오를 때는 적게, 주가가 내릴 때는 많이 매수하면서 결국 전체 매입 단가를 낮추는 효과가 있습니다.

예를 들어 한 종목을 1,000만 원어치 사려 한다면 한 번에 매수하지 않고 4~5회에 나누어 일정 간격으로 매수하는 것이 좋습니다. 이때 시간 간격은 하루보다는 며칠 혹은 몇 주 단위로 두는 것이 바람직합니다. 너무 짧게 나누면 단순히 '분할한 것처럼 보이는' 효과에 그칠 수 있습니다. 장기적으로는 시장의 평균가에 가까운 매입 단가를 확보하게 되므로 단기 급락에 대한 두려움을 줄이고 심리적인 완충 효과도 얻을 수 있습니다.

실전에서 분할매수를 계획할 때는 목표 투자 금액을 미리 정하고, 진입 구간을 최소 3~5단계로 나눈 뒤, 하락할수록 조금씩 비중을 늘리는 방식으로 접근하는 것이 좋습니다. 이렇게 하면 '고점에 몰빵 매수'라는 최악의 실수를 피할 수 있습니다.

분할매수

분할매도 ▶ 욕심을 줄이고 수익을 지키는 전략

분할매도는 반대로 보유 주식을 여러 번에 걸쳐 나누어 파는 것입니다. 주가가 급락할 조짐이 있을 때는 한 번에 매도하는 것도 필요하지만, 일반적인 경우에는 분할매도가 훨씬 현명한 방법입니다.

투자자들이 가장 후회하는 순간은 주식을 판 뒤 주가가 더 오를 때입니다. '조금만 더 버텼으면 더 벌었을 텐데' 하는 아쉬움이 남기 때문이지요. 이때 분할매도를 하면 심리적 부담을 줄일 수 있습니다. 예를 들어 목표 수익률을 20%로 잡았다면 10% 상승 시 1차 매도, 15%에서 2차, 20%에서 나머지를 매도하는 식으로 구간별로 수익을 확정하는 것이 좋습니다. 또한 수익이 났을 때 일부를 현금화하면 여유 있게 다음 투자 타이밍을 잡을 수 있습니다.

결국 분할매도는 '언제 팔아야 할까'라는 고민 대신, '얼마에 얼마나 팔까'를 미리 정해두는 전략입니다. 이 계획이 있으면 시장에 흔들리지 않습니다.

고수의 팁 ▶ 어떤 상황에서 활용하면 좋을까요?

슈퍼개미는 어떻게 매도할까요? 슈퍼개미는 한 번에 매도하지 않습니다. 대량 매도는 주가를 떨어뜨릴 수 있기 때문에 분할매도 전략을 씁니다. 목표가에 도달하기 전 일부를 팔고, 거래량이 몰리거나 시장이 과열될 때 다시 매도하죠. 이 전략의 핵심은 수익을 극대화하기보다 손실을 줄이는 것입니다. 개인투자자도 3회 이상 나눠 매도하며 '수익 지키기 습관'을 들이는 것이 좋습니다.

대부분의 투자자가 매수보다 매도에서 더 큰 실수를 합니다. 매수할 때는 기대감이 앞서지만, 매도할 때는 욕심과 두려움이 동시에 작용하기 때문입니다. '조금 더 오르겠지' 하며 타이밍을 놓치거나, '지금이라도 팔아야 손해를 막을 수 있지 않을까' 하며 섣불리 매도하곤 합니다.

좋은 투자자는 매도 시점을 '감'으로 정하지 않습니다. 목표 수익률과 손절매 기준을 미리 정해두고, 그 범위 안에서만 움직입니다. 이때 분할매도 전략은 심리적 부담을 줄이는 훌륭한 장치가 됩니다. 일부라도 이익을 실현하면 마음이 가벼워지고, 그만큼 냉정한 판단이 가능해집니다.

미수매매는 쪽박의 지름길!

주식시장에서 누구나 한 번쯤 이런 생각을 해봅니다.

'이 종목, 확실히 오를 것 같은데… 돈만 좀 더 있으면 크게 벌 텐데.'

바로 그 틈을 파고드는 것이 미수매매와 신용매매, 즉 '빌려서 하는 투자'입니다. 적은 돈으로 더 많은 주식을 살 수 있고, 주가가 오르면 수익률이 두세 배로 불어나는 듯 보이지요. 하지만 현실은 정반대입니다. 시장이 예상과 다르게 흘러가면 손실도 두세 배로 커지고, 결제일을 넘기면 증권사가 내 주식을 강제로 팔아버리는 반대매매가 일어납니다. 이 과정에서 손실이 눈덩이처럼 불어나며, 단 하루 만에 계좌가 반 토막 나기도 합니다.

결국 빚으로 하는 투자는 '단기 수익'이 아니라 '빠른 파산'으로 이어질 가능성이 훨씬 큽니다. 주식 투자는 마라톤이지 단거리 경주가 아닙니다. 당장의 속도보다 자금 관리와 리스크 통제가 진짜 실력입니다. 지금부터 살펴볼 미수매매와 신용매매의 구조를 정확히 이해한다면, 여러분은 투자 인생의 '쪽박 지름길'을 피해간 셈입니다.

미수매매

　미수매매란 쉽게 말해 결제 대금을 다 내지 않고 주식을 먼저 사는 거래입니다. 우리나라의 주식 결제는 T+2 제도, 즉 거래일로부터 이틀 뒤(영업일 기준)에 대금을 완납해야 합니다. 그런데 투자자가 매수 후 결제일까지 잔금을 내지 못하면 미수금이 발생하고, 다음 날(3일째 아침)에 증권사가 해당 주식을 강제로 매도(반대매매)하게 됩니다.

　일반적으로 증권사는 매수 금액의 30~50% 정도를 증거금으로 요구합니다. 예를 들어 증거금이 40%인 경우 100만 원을 가지고 최대 250만 원어치 주식을 살 수 있습니다. 즉, 내 돈 100만 원에 증권사 돈 150만 원을 빌려 매수하는 셈이지요. 내가 보유한 현금에 2.5배까지 주식 매수가 가능해지기 때문에 주가가 오르면 이익률이 2.5배로 커지지만, 반대로 떨어지면 손실도 똑같이 2.5배 확대됩니다.

　이처럼 미수매매는 레버리지 효과가 크지만, 그만큼 위험도 급격히 커지는 거래입니다. 결제일 전에 돈을 입금하지 못하면, 증권사는 강제로 주식을 팔아 미수금을 회수합니다. 이 과정에서 주가가 급락해 있다면 손실이 확대되는 악순환이 생깁니다.

　결국 미수매매는 단기 투기성 거래에 불과하며, 자신의 자금 범위를 넘어서는 거래는 하지 않는 것이 원칙입니다. 내 돈으로 산 주식은 내가 팔기 전까지 내 주식이지만, 미수로 산 주식은 내 의지와 상관없이 팔릴 수 있다는 점, 꼭 기억해야 합니다.

미수매매는 왜 하면 안 될까?
미수매매의 핵심 위험은 '레버리지의 역습'입니다. 주가가 10% 오르면 수익은 25%가 되지만, 반대로 10% 떨어지면 손실이 25%입니다. 손익이 동시에 확대되기 때문에 시장이 흔들릴 때 가장 먼저 무너지는 계좌가 바로 미수 계좌입니다.

신용매매

신용매매는 증권사로부터 돈을 빌려서 주식을 사는 것입니다. 일종의 증권사 대출(신용융자)이지요. 투자자가 100만 원을 가지고 있을 때, 증권사에서 추가로 100만 원을 빌려 총 200만 원어치의 주식을 살 수 있습니다. 미수매매가 단기간의 결제 미납에 해당한다면, 신용매매는 일정 기간(보통 90일 이내) 동안 빌린 돈으로 주식을 보유하는 것입니다.

신용매매의 장점은 보유 종목이 상승할 때 수익을 극대화할 수 있다는 점입니다. 하지만 주가가 하락하면 손실이 커지고, 담보 비율이 일정 수준 이하로 떨어지면 증권사가 강제 반대매매를 실행합니다. 즉, 투자자의 의사와 무관하게 보유 주식이 팔릴 수 있는 구조입니다.

따라서 신용매매는 주가의 상승이 뚜렷하게 예상되고, 짧은 기간 내 수익 실현이 가능하다는 확신이 있을 때만 제한적으로 활용해야 합니다. 특히 초보 투자자라면 신용거래는 피하는 것이 좋습니다. 빚으로 하는 투자는 이익보다 손실이 더 빠르게 찾아온다는 점을 명심해야 합니다.

욕망을 다스리고 기회를 잡는 투자의 10가지 원칙

머리와 꼬리는 버리세요

"시세의 상투와 바닥은 새색시의 치맛자락처럼 왔다 간다."

이 오래된 격언은 주가의 꼭짓점과 바닥은 지나고 나서야 알 수 있다는 의미입니다. 모든 투자자의 꿈은 '바닥에서 사서 상투에서 파는 것'이지만, 그건 거의 불가능에 가까운 일입니다.

따라서 주식은 바닥을 확인한 뒤 매수하고, 상투를 확인한 뒤 매도하는 것이 원칙입니다. 다시 말해, 시세의 머리와 꼬리는 과감히 포기할 줄 아는 마음의 여유가 필요합니다. 시장보다 똑똑해지려는 욕심을 버리고, 늘 겸손한 자세로 시장을 대할 때 안정적인 수익이 따라옵니다.

지나친 매매는 삼가세요

외환위기 이후 한때 데이 트레이딩(단타 매매)이 유행했습니다. HTS가 보급되면서 수수료가 저렴해지고, 하루에도 수십 번씩 사고파는 투자자들이 생겼습니다.

하지만 현실은 달랐습니다. 데이 트레이딩으로 성공한 사람보다 손실을 본 사람이 훨씬 많았습니다. 앞서 배운 것처럼 주식투자로 돈을 벌 확률은 3분의 1에 불과합니다. 주가가 움직이지 않아도 수수료와 세금은 꾸준히 빠져나갑니다. 즉, 자주 거래할수록 기대수익률은 점점 마이너스로 향합니다. 주식시장에서 매일 매매하는 사람은 대부분 손해를 봅니다. 시장을 이기려 하기보다 거래를 줄이는 것이 오히려 현명한 선택입니다.

분할매수·분할매도를 실천하세요

한 번에 사고파는 것은 투자에서 가장 위험한 행동입니다. 주식은 반드시 분할매수와 분할매도 원칙에 따라 거래해야 합니다.

예를 들어 1,000주를 사려고 할 때 처음에는 300주만 매수합니다. 만약 주가가 예상과 달리 하락하면 즉시 손절매를 해야 합니다. 하지만 주가가 예상대로 상승한다면, 그때 추가로 300주를 매수하고, 상승세가 이어지면 나머지 400주를 더 매수합니다.

이처럼 이익이 나는 방향으로 추가 매수하는 것을 피라미딩Pyramiding 전략이라고 합니다. 처음 거래에서 수익이 발생한 종목을 대상으로 추가 진입하면 손실은 줄이고 수익은 극대화할 수 있습니다.

손절매에 과감해지세요

워런 버핏의 스승인 벤저민 그레이엄은 이렇게 말했습니다.

"투자의 첫 번째 원칙은 돈을 잃지 않는 것이다.

두 번째 원칙은 첫 번째 원칙을 잇지 않는 것이다"

투자의 궁극적인 목적은 수익을 내는 것이지만, 그 출발점은 손실을 최소화하는 것입니다. 손실이 발생했다면 주저하지 말고 즉시 손절매해야 합니다.

대부분의 투자자는 손절매를 미룹니다. '내일은 오르겠지' 하는 희망이 손실을 키웁니다. 만약 손절매 기준을 10%로 정했다면 10% 하락 시 반드시 매도해야 합니다. 그 순간이 아프더라도, 더 큰 손실을 막는 유일한 방법입니다. 주식시장에서 매수는 기술이지만, 매도는 예술이라 불립니다. 이 말의 의미는 바로 손절매의 결단이야말로 투자 감정의 완성이라는 뜻입니다.

물타기는 절대 하지 마세요

적립식 펀드의 장점은 일정 금액을 정기적으로 투자해 매입 단가를 평균화하는 방식에 있습니다. 하지만 이 원칙을 주식투자에 그대로 적용하는 것은 위험합니다.

주가가 떨어지는 데에는 반드시 이유가 있습니다. 하락한 주식을 너 사서 평균단가를 낮추는 '물타기'는 실제로는 손실을 평균화하는 행위에 불과합니다. 손실이 커지기 전에 과감히 정리하는 것이 훨씬 현명합니다. 물타기 대신 손절매를 선택하는 것이 장기적으로 자산을 지키는 길입니다.

사고팔고, 그리고 반드시 쉬세요

초보 투자자일수록 매도 직후 다시 매수하려는 유혹을 받습니다. 그러나 매매 사이의 '쉼'은 매우 중요합니다. 쉬는 시간은 시장을 객관적으로 바라보고, 자신의 매매 전략을 점검하는 투자의 정비 시간입니다.

가장 좋은 방법은 주식계좌에서 자금을 모두 출금하는 것입니다. 계좌에 돈이 남아 있으면 언제든 충동 매매를 할 수 있습니다. 은행 계좌에 옮겨둔 자금만이 진짜 내 돈입니다. 시장과 거리를 두고 쉴 수 있는 절제된 휴식이 결국 장기적으로 수익률을 높이는 힘이 됩니다.

정부 정책에 역행하지 마세요

주식시장에 가장 큰 영향을 미치는 세력은 누구일까요? 기업의 내부자도, 외국인 투자자도 아닌 정부입니다. 정부는 정책을 만들고 시행함으로써 경제 전반과 개별 산업에 직접적인 영향을 줍니다. 따라서 투자자는 항상 정부 정책의 방향을 읽어야 합니다.

정부가 경기부양책을 펴면 주가는 상승할 가능성이 크고, 반대로 긴축정책이나 규제정책을 발표하면 주가는 하락하기 쉽습니다. 또한 정부가 특정 산업을 육성하겠다고 발표하면 그 산업의 성장주가 곧 시장의 주목을 받게 됩니다. 정책을 거스르는 투자는 시장을 거스르는 일입니다. 정부의 의도와 방향을 파악하는 것은 투자 성공의 핵심입니다.

주식투자를 사업처럼 생각하세요

주식투자는 단순한 취미가 아니라 하나의 사업입니다. 자본(현금)을 투자해 수익(이익)을 얻는 구조는 사업의 본질과 다르지 않습니다. 사업가가 중장기 계획을 세우고 실천하듯, 투자자도 경제 전망을 분석하고 업종을 선택해야 합니다. 그 안에서 실적이 좋은 기업을 찾아내는 과정이 필요합니다.

단기 수익에만 몰두하면 시야가 좁아집니다. 크게 보고 길게 투자하는 자세, 즉 시장의 큰 흐름 속에서 기회를 찾는 태도가 결국 안정적인 성과로 이어집니다.

기록하고 복기하세요

투자에서 진짜 성장은 기록에서 시작됩니다. 많은 투자자가 시장을 공부하지만, 정작 자신의 투자 습관과 실수를 기록하지는 않습니다. 시장의 흐름보다 더 중요한 것은 자신의 패턴을 파악하는 일입니다.

매매를 마칠 때마다 '왜 이 종목을 샀는가, 언제 팔았는가, 결과는 어땠는가'를 간단히 적어두세요. 하루의 거래가 끝난 후 그 기록을 다시 들여다보면 무엇이 실수였고 무엇이 옳았는지가 보입니다. 이 과정이 바로 '복기復棋', 즉 스스로의 투자 리플레이입니다. 처음에는 귀찮게 느껴질 수 있습니다. 하지만 매일 5분의 기록이 쌓이면 자신의 투자 성향과 약점이 명확하게 드러납니다. 무엇보다 시장이 흔들릴 때도 기록을 통해 감정이 아닌 근거로 판단할 수 있는 힘이 생깁니다. 성공한 투자자일수록 '공부'보다 '기록'을 더 중시합니다. 투자는 결국 시장이 아니라 자기 자신과의 싸움이기 때문입니다. 기록은 그 싸움에서 자신을 객관화하는 유일한 방법입니다.

인내심을 가지고 기다리세요

주식시장에서 가장 큰 적은 조급함입니다. 처음 계좌를 만든 초보 투자자는 주가가 오르는 걸 보면 금세 마음이 들뜨고, '지금 안 사면 기회를 놓칠 것 같다'라는 불안에 휩싸입니다.

그러나 투자는 기다림의 예술입니다. 인내심은 2가지로 나뉩니다. 첫째, 매수의 인내심입니다. 자신이 세운 기준 가격이 올 때까지 기다리는 것입니다. 둘째, 매도의 인내심입니다. 10% 올랐다고 조급히 팔지 말고, 상투가 명확히 확인될 때까지 기다렸다가 매도해야 합니다. 주식시장은 조급한 자의 돈이 인내하는 자에게 옮겨가는 곳입니다. 매수와 매도 모두 '기다림의 기술'을 익히는 것이 투자 성공의 마지막 열쇠입니다.

3장

시장을 움직이는 힘: Q&A로 쉽게 알아보는 투자를 위한 경제지식

시장을 읽는 눈,
숫자 뒤의 진짜 이야기를 발견하라

"GDP 2.1% 성장", "소비자물가 3개월 연속 상승", "환율 1,400원 돌파", "코스피 2,800선 회복"… 뉴스를 켜면 경제지표가 쏟아집니다.

숫자는 매일 우리를 흔들지만, 정작 그 의미를 제대로 이해하는 사람은 많지 않습니다.

많은 초보 투자자가 시장을 '예측'하려 합니다.
"내일 오를까, 내릴까?"

하지만 진짜 투자자는 시장을 '이해'하려 합니다.
"왜 올랐고, 왜 내렸는가?"

이 질문의 깊이가 바로 투자자의 수준을 결정합니다.

주식시장은 언제나 이유 없이 움직이는 것처럼 보이지만, 그 배경에는 늘 경제의 흐름, 돈의 이동, 사람의 심리가 있습니다. 이 3가지가 얽혀 만들어내는 거대한 파도가 바로 '시장'입니다. 그래서 시장을 안다는 것은 단순히 지수를 보는 게 아니라 경제의 맥박을 느끼는 일입니다.

예를 들어 경제가 성장하면 왜 주가가 오를까요? 이자율이 오르면 주가는 왜 흔들릴까요? 환율이 떨어질 때 외국인은 왜 주식을 살까요? 이 질문들 속에는 '시장이라는 생명체'가 숨 쉬고 있습니다.

시장은 살아 있습니다. 금리가 오르면 소비가 줄고, 소비가 줄면 기업의 실적이 떨어지고, 기업의 실적이 떨어지면 결국 주가가 하락합니다. 하지만 반대로, 정부가 금리를 내리고 투자를 장려하면 돈은 다시 기업으로, 그리고 시장으로 흘러들어갑니다. 이 단순한 원리를 이해하는 순간, 시장은 더 이상 두려운 존재가 아니라 '읽을 수 있는 대상'이 됩니다.

대부분의 초보 투자자는 기업의 종목만 들여다봅니다. 하지만 주식투자는 '기업의 싸움'이 아니라 '환경의 싸움'입니다. 바람이 부는 방향을 알아야 돛을 펼칠 수 있습니다. 경제지표와 정책, 금리와 환율, 통화량과 물가 같은 요소들은 그 바람의 방향을 알려주는 '나침반'입니다.

이 장에서는 그 나침반을 읽는 법을 배웁니다. GDP로 경제의 체온을 재고, 경기순환을 통해 시장의 박동을 느끼며, 환율·금리·물가·통화량·원자재 같은 주요 변수들이 주가에 어떤 영향을 미치는지 차근히 살펴볼 것입니다.

시장 분석은 어려운 공식이 아닙니다. 숫자 하나에도 이야기가 있고, 그래프 한 줄에도 흐름이 있습니다. 중요한 건 데이터를 외우는 게 아니라, 맥락을 읽는 눈을 기르는 일입니다.

예를 들어 GDP가 오를 때 시장은 반드시 상승하지는 않습니다. 성장의 방향보다 '성장의 질'이 더 중요하기 때문입니다. 환율이 떨어지면 무조건 좋은 것도 아닙니다. 어떤 산업에는 약이 되고, 어떤 산업에는 독이 되기 때문입니다.

　투자는 결국 '이해의 깊이'가 만드는 게임입니다. 이해가 쌓이면 흔들리지 않습니다. 지표의 숫자 뒤에 있는 경제의 언어를 알아들을 수 있게 될 때, 비로소 시장은 예측의 대상이 아니라 읽을 수 있는 텍스트가 됩니다.

　이제부터 시장을 공부합시다. 경제는 어렵지 않습니다. 다만 익숙하지 않을 뿐입니다. 매일 뉴스를 읽듯 시장의 흐름을 읽는 습관을 들이면 데이터가 말하고, 차트가 속삭이며, 숫자가 방향을 알려줄 것입니다.

　시장을 읽는 눈은 단 하루에 만들어지지 않습니다. 하지만 매일 10분, 경제지표를 한 줄씩 보는 습관이 쌓이면 그 눈은 어느새 놀랍도록 예리해질 것입니다. 이 장이 여러분의 투자 감각을 깨워주는 첫 시작이 되기를 바랍니다.

시장은 어떻게 분석하나요?

기본적 분석

주식을 분석하는 방법은 크게 2가지가 있습니다. 하나는 기업의 실적에 영향을 미치는 경제 환경과 산업 전망, 그리고 기업의 재무적·비재무적 요소를 분석하는 '기본적 분석'입니다. 다른 하나는 과거의 주가 움직임과 거래 패턴을 바탕으로 매매 시점을 찾는 '기술적 분석'입니다.

이 장에서는 먼저 기본적 분석에 대해 살펴보겠습니다. 기본적 분석은 다시 하향식 분석Top-Down Approach과 상향식 분석Bottom-Up Approach으로 구분됩니다. 하향식 분석은 경제분석 → 산업분석 → 기업분석의 순서로, 거시적 시각에서 출발하여 점점 구체적인 기업 수준으로 내려가는 방식입니다. 반대로 상향식 분석은 기업분석 → 산업분석 → 경제분석의 순서로, 개별 기업에서 시작해 큰 흐름을 역으로 살펴보는 접근법입니다.

하향식 분석 ▸ 하향식 분석은 먼저 경제 전반의 흐름을 살펴보는 것에서 출발합니다. 경제가 성장국면에 있다면 성장 산업과 그 안의 유망 기업을 찾는 것이고, 경기가 둔화하거나 침체국면에 있다면 방어적인 산업, 즉 경기방어주 중심으로 접근하는 것이 좋습니다.

예를 들어 경제가 활황일 때는 IT, 자동차, 건설, 경기 소비재 산업이 좋은 성과를 내지만, 경기가 나쁠 때는 필수 소비재나 의료, 통신, 공공 서비스처럼 꾸준히 수요가 유지되는 산업이 상대적으로 강세를 보입니다. 이처럼 경제 상황에 따라 유망 산업을 고르고, 그 안에서 좋은 기업을 찾는 것이 하향식 분석의 핵심입니다.

> **고수의 팁** ▶ **시장을 볼 때, 방향보다 '속도'를 읽으세요**
>
> 경제가 좋아지는 국면에서도 모든 산업이 동시에 성장하지는 않습니다. 시장은 '방향'보다 '속도'에 먼저 반응합니다. GDP 성장률이 완만히 오르기 시작하면 경기 회복 초기로, 이 시점이 주식시장에서는 가장 높은 수익률을 기대할 수 있는 구간입니다. 투자는 타이밍보다 '순환의 위치'를 읽는 감각이 더 중요합니다.

상향식 분석 ▶ 상향식 분석은 좋은 기업을 먼저 찾는 데서 시작합니다. 기업의 실적이 안정적이고 재무 구조가 건전하다면, 그 기업이 속한 산업의 성장 가능성을 살펴본 뒤 투자를 결정합니다. 만약 산업 전망이 어둡거나 시장 환경이 불리하다면, 기업이 아무리 좋아도 '사지 않는 선택'을 할 수 있어야 합니다.

상향식 분석은 경제가 좋을 때만 투자하라는 방식이 아니라, 좋은 기업이 없으면 굳이 투자하지 않아도 된다는, 철저한 선별 접근입니다. 즉, 하향식 분석이 '투자할 이유를 찾는 분석'이라면, 상향식 분석은 '투자하지 않아도 될 이유를 명확히 하는 분석'이라고 할 수 있습니다.

일반적으로 투자 관련 서적에서는 하향식 분석을 권장합니다. 그러나 실제 시장에서는 반대로, 상향식 분석을 따르는 투자자들이 더 안정적으

하향식 vs 상향식 분석, 어떻게 다를까요?

구분	하향식 분석Top-down	상향식 분석Bottom-up
출발점	경제 전체의 흐름에서 출발	개별 기업에서 출발
순서	거시경제 → 산업 → 기업	기업 → 산업 → 경제
장점	경기 흐름에 맞춰 안정적인 종목 선택 가능	기업의 내재가치에 집중, 장기 투자에 유리
단점	모든 변수를 통제하기 어려움, 경제 변화에 민감	좋은 기업을 찾기 어렵고 시간이 오래 걸림
대표 투자자	펀드매니저, 거시경제 중심 일반 투자자	워런 버핏, 가치투자자
핵심 포인트	"시장이 좋아야 기업도 오른다."	"좋은 기업은 시장을 이긴다."

로 수익을 내는 경우가 많습니다. 그 이유는 간단합니다. 주식을 사지 않으면 본전이지만, 잘못 사면 손실이 발생하기 때문입니다.

오마하의 현인으로 불리는 워런 버핏 역시 같은 이야기를 합니다.

"좋은 기업이라 해도, 그 산업이 불확실하거나 경제 상황이 불리하면 기다려야 한다."

즉, 모든 조건이 완벽하게 갖춰져도 성공 확률이 100%가 되기는 어렵습니다. 하물며 불확실성을 안고 투자에 나선다면 그 확률은 더 낮아질 수밖에 없습니다.

고수의 팁 ▶ 좋은 기업이라도 나쁜 시기에는 빛을 보지 못합니다

아무리 실적이 좋은 기업이라도 시장 전체가 하락장일 때는 주가가 함께 떨어집니다. 주식투자는 기업의 가치와 시장의 흐름이 함께 맞아떨어질 때 비로소 수익이 납니다. "좋은 기업을 싸게 사라"는 말은 결국, 시장과 타이밍이 함께 맞아야 가능하다는 뜻입니다.

시장을 먼저 파악해야 하는 이유

그렇다면 왜 시장을 먼저 분석해야 할까요? 투자는 주식만 하는 것이 아닙니다. 시장의 상황에 따라 채권, 부동산, 실물자산 등 다양한 자산군에 분산투자할 수 있습니다. 따라서 지금 어떤 시장이 가장 좋은 환경을 갖추고 있는지를 판단하는 눈이 중요합니다.

이를 이해하기 위해 HSBC의 글로벌 전략가 피터 오펜하이머Peter Oppenheimer가 제시한 '투자시계Investment Clock' 개념을 살펴보겠습니다.

피터 오펜하이머의 투자시계 모형

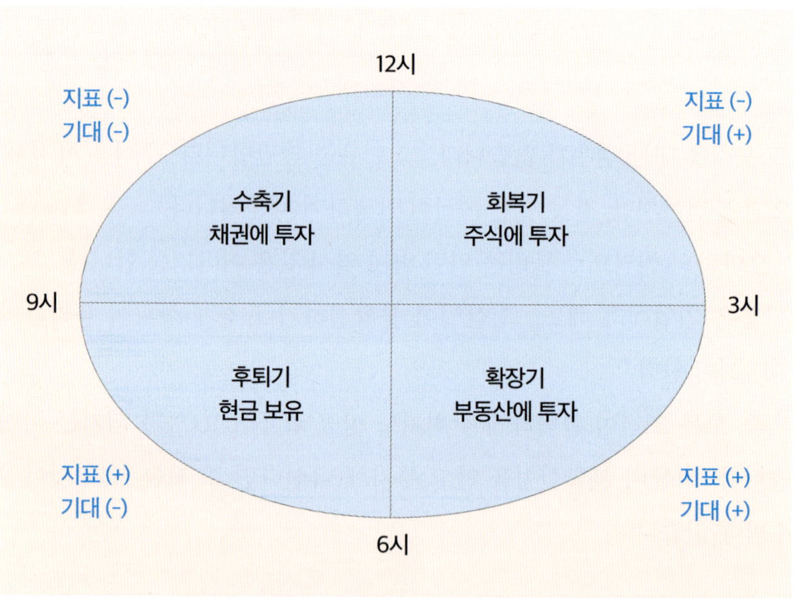

오펜하이머는 경기순환을 4단계로 나누고, 각 단계에서 유망한 자산을 다음과 같이 제시했습니다.

수축기(오후 9시~자정 12시) ▸ 경기지표와 투자심리가 모두 악화한 시기입니다. 이때는 채권 가격이 상승합니다.

회복기(오전 12시~오전 3시) ▸ 경기지표는 아직 부진하지만, 투자자 심리가 살아나기 시작합니다. 이때는 주식투자가 유리합니다.

확장기(오전 3시~오후 6시) ▸ 경기와 심리가 모두 호조를 보이는 시기입니다. 부동산과 원유 같은 실물자산에 투자하기 좋습니다.

후퇴기(오후 6시~오후 9시) ▸ 경기는 여전히 좋아 보이지만, 시장의 기대감이 꺾이기 시작합니다. 이때는 현금 자산으로 옮겨가는 것이 안전합니다.

이 모델은 단순하지만 매우 실용적입니다. 시장의 위치를 파악하고 자산별 투자 비중을 조정하면, 주식뿐 아니라 다양한 자산군에서 손실을 줄이고 기회를 잡을 수 있습니다.

투자의 본질은 확률입니다. 고위험·고수익의 게임처럼 보이지만, 실제로는 위험을 얼마나 통제하느냐에 따라 결과가 달라집니다. 투기는 운에 맡기지만, 투자는 확률을 높이는 과정입니다. 가급적 위험 요인을 제거하고, 확률이 유리한 시점이 올 때까지 기다리는 것이 진정한 투자자의 태도입니다.

주식시장에서 "주식을 사야 할 때는 돈이 없고, 팔아야 할 때는 주식이 없다"는 말이 있습니다. 좋은 시점이 왔을 때 자금이 없으면, 기회는 눈앞에서 지나갑니다. 초보 투자자라면 이 말을 반드시 기억해야 합니다. 시장을 읽는 힘, 그리고 기다릴 줄 아는 인내가 결국 투자의 성패를 결정짓습니다.

경제성장률과 주가
경제가 성장하면 주가도 오르나요?

경제가 성장한다는 것은 매년 생산되는 상품과 서비스가 늘어난다는 의미입니다. 기업은 투자를 통해 생산 능력을 확대하고, 가계는 소득을 바탕으로 상품과 서비스를 소비합니다. 가계의 소비가 늘면 기업의 매출이 증가하고, 기업은 다시 생산을 확대하는 선순환 구조가 형성됩니다. 이렇게 경제 전반의 규모가 커지는 현상을 경제성장이라고 부릅니다.

반대로, 가계가 소비를 줄이면 기업은 생산을 축소하고, 그 과정에서 인력 조정이 발생해 실업자가 늘어납니다. 가계 소득이 감소하면 소비는 더욱 위축되고, 경제는 선순환이 아닌 악순환을 보이게 됩니다. 이처럼 전체 경제 활동이 줄어들면 마이너스 성장이 나타납니다.

경제가 성장하고 있는지 판단할 때 가장 많이 사용하는 지표가 GDP Gross Domestic Product(국내총생산)입니다. GDP는 특정 기간 국내에서 새롭게 생산된 상품과 서비스의 시장가치, 즉 수량×가격을 의미합니다. 여기서 중요한 점은 GDP가 시장가치로 계산된다는 사실입니다. 따라서 GDP 증가의 원인은 크게 2가지입니다.

- 수량이 증가해서 GDP가 오른 경우
- 가격이 올라 GDP가 오른 경우

이 중에서 경제의 실질적인 성장을 나타내는 것은 '수량 증가'입니다. 기업의 생산이 실제로 늘고, 공장이 활발하게 돌아가는 경우가 해당합니다. 반면 가격 상승 때문에 GDP가 증가한 경우에는 실제로는 생산활동이 나아지지 않았음에도 물가 상승이 성장으로 착각될 수 있습니다.

명목GDP와 실질GDP의 차이

경제의 실제 성장 여부를 판단하기 위해서는 GDP를 명목GDP와 실질GDP로 나눠서 봐야 합니다.

명목GDP Nominal GDP ▸ 현재 시장가격을 그대로 반영해 계산한 GDP

실질GDP Real GDP ▸ 물가 변동을 제거하고 생산량 변화만 반영한 GDP

간단한 예시를 통해 차이를 살펴보겠습니다.

명목GDP vs 실질GDP 비교

구분	생산량	가격	명목GDP	실질GDP
2010년 12월	100개	100원	10,000	10,000
2020년 12월	100개	120원	12,000	10,000

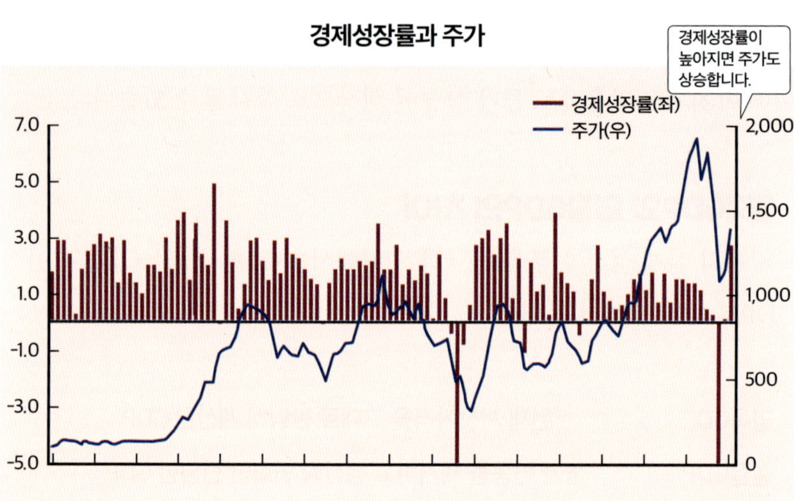

예시를 보면 생산량은 동일하지만 가격이 100원에서 120원으로 상승했습니다. 이 경우 명목GDP는 20% 증가했지만, 실질GDP는 생산량이 그대로이기 때문에 변화가 없습니다. 즉, 물가 상승에 따른 착시일 뿐, 실제 성장은 없는 것입니다. 이처럼 소득 증가보다 물가 상승 속도가 더 빠르면 경제는 성장한 것이 아니라 오히려 위축될 수도 있습니다.

GDP로 경제성장을 이해하는 법

GDP는 한 국가의 경제 동향을 가장 종합적으로 보여주는 핵심 지표입니다. 특히 성장률을 판단할 때는 실질GDP의 증가율이 가장 중요합니다. 실질GDP가 늘어났다는 것은 기업의 생산이 확대되고, 고용과 소득이 증가하며, 경제가 실제로 활력을 되찾고 있다는 뜻입니다.

경제가 성장하면 기업의 실적이 개선되고, 자연스럽게 주가 역시 상승하는 경향이 있습니다. 따라서 GDP를 정확하게 이해하는 것은 투자 판단에서도 매우 중요한 기본기입니다.

> **고수의 팁** ▶ 기저효과를 유의하세요!

GDP를 해석할 때 반드시 고려해야 할 요소가 기저효과Base Effect입니다. 예를 들어 경제적 충격 때문에 어느 해 GDP가 크게 떨어졌다면 그다음 해에는 특별한 변화가 없어도 전년 대비 성장률이 크게 뛰어오른 것처럼 보일 수 있습니다.

이처럼 낮은 기준점으로 인해 성장률이 과대평가되는 착시 현상이 바로 기저효과입니다. 성장률을 판단할 때는 전년도의 상황과 기준을 함께 살펴보는 것이 중요합니다.

경제지표를 보면 주가가 보이나요?

경기는 어떻게 판단할까요?

주가는 경기와 매우 밀접한 관계를 맺고 움직입니다. 따라서 실제 경기 흐름에 가까운 판단을 할 수 있다면 투자 역시 훨씬 쉬워집니다. 하지만 정확하게 경기를 예측하는 일은 누구에게나 어렵습니다. 그래서 중요한 것은 경기 흐름을 읽는 시야를 기르는 것, 즉 경제의 방향을 이해하는 능력을 키우는 일입니다.

일반적으로 경기를 판단하는 방법은 몇 가지가 있습니다. 첫째, 개별 경제지표(GDP, 산업생산 등)를 분석하는 방법입니다. 둘째, 여러 지표를 종합해 만든 경기종합지표를 활용하는 방법, 그리고 셋째, 설문조사를 기반으로 한 경기 판단 방법입니다. 앞에서 GDP와 같은 개별지표를 살펴보았으므로 이번에는 경기종합지수와 설문조사 기반 지표를 중심으로 알아보겠습니다.

경기선행지수는 주가와 동행합니다

GDP 증가율 같은 개별지표만 보고 경기를 판단하면 오류가 생길 수 있습니다. 경제 전체 흐름과 개별 지표의 흐름이 서로 어긋나는 경우가 있기 때문입니다. 이 때문에 여러 지표를 통계적으로 묶어 만든 경기종합지수Composite Index를 함께 보는 것이 중요합니다.

경기종합지수는 국민경제의 주요 활동을 대표하는 지표들을 골라 이를 통계적으로 종합해 경기의 방향과 변화 속도를 보여주는 지표입니다. 전월 대비 경기종합지수의 증감률이 플러스(+)면 경기 상승, 마이너스(-)면 경기 하락을 의미합니다. 또한 증가 폭의 크기를 보면 경기 국면의 강도까지 파악할 수 있습니다.

경기종합지수는 경기전환점turning point과의 시차에 따라 경기선행지수 Leading Index, 경기동행지수Coincident Index, 경기후행지수Lagging Index로 나누어집니다. 선행지수는 앞으로의 경기를 예상하는 데 활용되고, 동행·후행지수는 현재와 과거의 경기 상황을 확인하는 데 활용됩니다.

경기종합지수 구성 지표(2025년 기준, 출처: 통계청)

구분	구성지표
경기선행지수(7개)	재고순환지표/경제심리지수/건설수주액/기계류 내수출하지수(선박 제외)/수출입물가비율/코스피지수/장단기 금리차
경기동행지수(7개)	광공업생산지수/서비스업생산지수/건설기성액/소매판매액지수/내수출하지수/수입액/비농림어업취업자수
경기후행지수(5개)	생산자제품재고지수/소비자물가지수변화율(서비스)/소비재수입액/취업자 수/CP 유통수익률

설문조사도 중요한 경기지표입니다

소비자태도지수CSI; Consumer Sentiment Index ▸ 소비자태도지수는 소비자들의 경제 전망, 향후 소비 계획 등을 설문조사하여 이를 지수화한 경기심리지표입니다. 한국은행과 주요 경제단체가 매월 조사하며, 소비자들이 경제를 어떻게 느끼는지 파악할 수 있는 중요한 자료입니다.

기준치 100

100 미만: 소비 지출을 줄이겠다는 응답이 많음 → 경기 비관

100 초과: 소비 지출을 늘리겠다는 응답이 많음 → 경기 낙관

소비자의 심리는 소비 활동에 직접 영향을 미치므로 경기 전환점을 파악하는 데 매우 유용합니다. 특히 외환위기, 금융위기처럼 급변하는 국면에서는 CSI의 중요성이 더 커집니다.

[집계 공식]

CSI = {[(매우 좋아짐 × 1) + (약간 좋아짐 × 0.5) − (약간 나빠짐 × 0.5) − (매우 나빠짐 × 1)] ÷ 전체 응답가구} × 100 + 100

[예시] 200가구 중 매우 좋아짐 10가구, 약간 좋아짐 40가구, 약간 나빠짐 100가구, 매우 나빠짐 50가구라면

CSI = [(10 + 20 − 50 − 50) ÷ 200] × 100 + 100 = 65

한 걸음 더

주가는 경기보다 '심리'를 먼저 반영합니다!
경기가 좋아지기 전에 주가가 오르고, 경기가 나빠지기 전에 이미 주가가 꺾입니다. 사람들의 기대와 두려움이 시장을 움직이는 첫 번째 동력입니다.

기업경기실사지수BSI; Business Survey Index ▶ 기업경기실사지수는 기업인들을 대상으로 경기 판단, 향후 전망, 경영계획 등을 조사해 지수화한 것입니다. 기업은 경제의 생산 주체이기 때문에 그들의 심리가 향후 경기와 주가에 미치는 영향은 매우 큽니다.

기준치 100

100 미만: 기업들이 향후 경기를 나쁘게 봄

100 초과: 기업들이 향후 경기를 좋게 봄

BSI는 기업의 주관적 판단이 담겨 있으므로 정부 정책 수립, 경기 대응 전략 마련에 기초자료로 활용됩니다.

[집계 공식]

$$BSI = [(긍정\ 응답\ 수 - 부정\ 응답\ 수) \div 전체\ 응답\ 수] \times 100 + 100$$

[예시] 500개 기업 중 300개가 긍정, 200개가 부정 응답

$$\rightarrow BSI = [(300-200) \div 500] \times 100 + 100 = 120$$

CSI가 높아지면 소비가 늘고, BSI가 높아지면 기업의 투자와 생산이 증가합니다. 따라서 이 지수들은 주가의 방향성과 시장 분위기를 선제적으로 읽는 데 매우 유용한 지표입니다.

경기 판단은 단일 지표로 이루어지지 않습니다. GDP·산업생산처럼 객관적인 지표와 CSI와 BSI처럼 심리를 나타내는 지표를 함께 봐야 비로소 경기의 큰 흐름을 정확히 이해할 수 있습니다.

한 걸음 더

작은 변화에 민감해져야 합니다

신뢰지수가 한두 달 약하게 움직여도 대부분은 그 변화를 가볍게 넘겨버립니다. 하지만 시장의 큰 변화는 항상 '미세한 떨림'으로 시작됩니다.

경기순환을 알면 주가가 보인다고요?

04

경기는 어떻게 판단할까요?

우리는 흔히 "경기가 순환한다"라는 표현을 자주 사용합니다. 이는 경제가 장기적인 성장 추세를 중심으로 상승과 하강을 반복한다는 뜻입니다. 경제활동이 활발해지는 시기에는 경기가 좋아지고, 결국 정점(고점)에 도달합니다. 그 후 경제활동이 둔화하면 경기는 하강하며 저점에 이르고, 다시 반등하여 새로운 확장국면으로 들어갑니다.

이러한 흐름이 산의 봉우리와 계곡처럼 반복되는 모습을 경기순환Business Cycle이라고 부릅니다. 경기순환에서 저점에서 다음 저점까지, 고점에서 다음 고점까지의 기간을 경기의 주기cycle라고 하며, 저점에서 정점까지의 폭 또는 정점에서 저점까지의 폭을 진폭amplitude이라고 합니다.

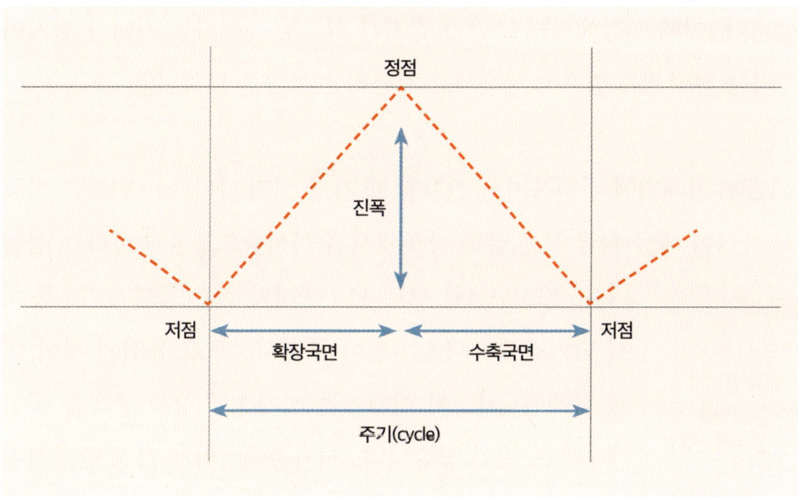

경기국면에 따라 투자 전략은 달라집니다

경기순환은 크게 두 단계로 나눌 수 있습니다.

저점 → 정점: 확장국면
정점 → 저점: 수축국면

이를 조금 더 세분하면 회복기, 호황기, 후퇴기, 침체기로 나눌 수 있습니다. 경기와 주가는 밀접하게 연결되어 있기 때문에 각 경기 국면의 특징을 이해하면 주가의 상승과 하락 패턴을 보다 정확하게 파악할 수 있습니다. 다음은 경기 국면별 특징과 이에 맞는 투자 전략입니다.

경기 침체기 ▶ 경기가 나빠진 상황을 벗어나기 위해 정부와 중앙은행은 통화 공급 확대, 금리 인하, 재정 지출 확대 등 다양한 경기부양책을 시행합니다. 이때 시장에서는 조만간 경기가 회복될 것이라는 기대가 생기며 주가는 하락세를 멈추고 상승세로 전환하는 모습을 보입니다.

[전략] 침체기에서 회복기로 전환할 때 가장 먼저 나타나는 변화는 시중의 자금이 예금·적금 같은 금리 상품에서 주식시장으로 이동한다는 점입니다. 2020년 3월 코로나19 팬데믹 직후 '동학개미운동'에서 단기간에 약 85조 원이 주식시장으로 유입된 것이 대표 사례입니다. 이 시기에는 시가총액 상위 종목을 우선 매수하는 것이 좋습니다. 시가총액 1위가 가장 안정적이며, 여의치 않다면 시가총액 5위 이내의 종목이 상승 초기에 비교적 안정적으로 수익을 올릴 수 있는 선택입니다.

경기 회복기 ▶ 경기부양 조치의 효과로 경기가 점차 회복되는 시기입니다. 기업의 설비투자를 위한 자금 수요가 증가하면서 금리도 서서히 상승합니다. 다만 금리 상승 속도보다 기업의 수익 증가 속도가 더 빠르기 때문에 기업의 수익성과 주가의 상승세는 계속 이어집니다.

[전략] 회복기 초기에는 운송업, 특히 해상운송 업종이 가장 먼저 반응합니다. 경기가 살아난다는 것은 물류의 흐름이 활발해진다는 뜻이기 때문입니다. 과거 사례를 보면 해상운송주와 조선주가 번갈아 상승하는 패턴을 보였습니다. 따라서 두 업종에 분산투자하는 것이 바람직합니다. 이후에는 경기 회복의 기반이 되는 소재 업종(철강·석유화학·반도체 등)이 움직입니다. 소재 업종의 상승이 마무리되면 가전(냉장고, 세탁기), 자동차

등 경기소비재 업종이 뒤이어 상승하는 흐름을 보입니다.

경기 활황기 ▸ 경기가 과열되기 시작하면 인플레이션 우려가 커집니다. 이때 통화당국은 금리 인상, 유동성 축소 등 금융 긴축정책을 시행합니다. 금리 상승과 물가 불안으로 기대인플레이션이 높아지고, 기업들이 설비투자와 재고 확보를 확대하면서 자금 수요가 급증합니다. 결과적으로 이자비용이 크게 증가하면서 매출이 증가해도 기업의 수익성은 오히려 악화되기 쉽습니다. 이에 따라 주가는 점차 하락 반전하기 시작합니다.

[전략] 활황기 정점을 지나 주가가 하락할 때는 전체 투자 비중을 줄여 리스크를 관리해야 합니다. 이 시기에는 대형주가 먼저 조정을 받는 반면, 중소형 가치주(저PER주 등)는 상대적으로 하락 폭이 작거나 단기적인 상승 기회를 만들 수 있습니다. 활황기 후반에는 이러한 중소형 가치주에 관심을 갖는 것이 좋습니다.

경기 후퇴기 ▸ 경기가 정점을 지나 점차 둔화하는 시기입니다. 인플레이션이 완화되고 기업들은 공장 가동을 줄이며 재고를 축소합니다. 이에 따라 자금 수요가 감소하면서 금리도 하락하지만, 여전히 높은 수준을 유지해 기업 부담은 계속됩니다. 매출 감소와 이자비용 부담이 겹치며 기업의 수익성은 크게 떨어지고, 주가는 지속적인 하락을 이어갑니다.

[전략] 후퇴기에는 경기방어주가 유리합니다. 섬유·의복, 음식료, 제약 등 경기와 관계없이 꾸준히 수요가 발생하는 업종을 말합니다. 또한 구조조정·인수합병M&A이 활발해지기 때문에 단기적으로는 M&A 관련 테마주도 기회가 될 수 있습니다. 다만 주가의 전반적인 하락이 이어지는 국면이므로 투자 비중은 반드시 낮춰야 하며, 방어적이고 보수적인 접근이 필요합니다.

이자율과 주가
예금 vs 주식, 어떤 선택을 할까요?

이자율은 유동성을 포기한 대가

사람들이 가장 선호하는 자산은 언제나 현금입니다. 왜일까요? 바로 언제든 쓸 수 있기 때문입니다. 경제학에서는 이런 현금의 속성을 유동성이라고 부릅니다. 예를 들어 로또 1등에 당첨된 사람이 당첨금을 지금 현금으로 한 번에 받는 방법과 몇 년에 걸쳐 연금처럼 나누어 받는 방법 중 하나를 선택할 수 있다고 할 때, 대부분의 사람은 '지금 당장 받겠다'고 대답합니다. 그만큼 사람은 '즉시 쓸 수 있는 돈'을 더 높게 평가합니다.

그런데 내가 다른 사람에게 돈을 빌려준다면, 일정 기간 그 돈을 쓸 수 없습니다. 즉, 유동성을 포기한 것입니다 이때 그 대가로 받는 것이 바로 이자Interest입니다. 이자는 유동성을 포기하고 미래에 돈을 받는 대신 붙는 프리미엄, 즉 돈의 시간가치Time Value of Money를 나타냅니다.

또한 기간이 길수록, 위험이 클수록 이자는 높아집니다. 단기간 빌려주는 것보다 장기간 빌려주는 것이 더 불확실하므로 그만큼의 위험 보상을 받아야 하기 때문이지요. 그래서 장기채권의 금리가 단기채권보다 높고,

신용이 낮은 사람일수록 더 높은 이자를 내야 하는 것입니다.

그리고 금리는 위험을 반영합니다. 은행에서 돈을 빌릴 때와 대부업체에서 돈을 빌릴 때 금리가 크게 차이 나는 이유가 여기에 있습니다. 은행에서 돈을 빌릴 수 있는 사람은 신용도가 높습니다. 즉, 빌린 돈을 제때 갚을 가능성이 크기 때문에 금리가 낮습니다. 반면, 신용이 낮은 사람은 돈을 빌릴 때 더 큰 위험 프리미엄을 부담해야 하지요.

이처럼 이자율이 높다는 것은 그만큼 위험이 크다는 신호입니다. 투자 세계에서도 마찬가지입니다. 수익률이 높은 상품은 언제나 그만큼의 위험을 안고 있습니다. 따라서 투자자는 금리가 높아지는 이유를 단순히 수익의 기회로만 보지 말고, 그 뒤에 숨은 시장 불안과 위험 인식의 증가를 함께 읽어야 합니다.

금리와 주가의 관계

시중의 금리는 단순히 '돈의 값'이 아닙니다. 경제 전체의 유동성과 심리를 반영하는 체온계 같은 존재입니다. 돈이 많고 신용이 완화된 시기에는 금리가 하락하고, 자금이 부족해 신용이 경직될 때는 금리가 상승합니다. 금리와 주가는 보통 서로 반대 방향으로 움직입니다. 즉, 금리가 오르면 주가가 하락하고, 금리가 내리면 주가가 상승하는 경향이 있습니다. 그 이유는 3가지 측면에서 설명할 수 있습니다.

기업의 자금조달 비용이 늘어납니다 ▶ 금리가 오르면 기업이 빌린 자금에 대한 이자 부담이 커지고, 이는 곧 수익성 악화로 이어집니다. 기업의 이익이 줄면 자연히 주가도 하락합니다.

136

투자자 자금이 이동합니다 ▶ 금리가 상승하면 투자자들은 안전한 예금이나 채권으로 옮겨갑니다. 반면 금리가 낮을 때는 수익을 찾아 주식시장으로 자금이 유입됩니다.

금리는 경기의 흐름을 반영합니다 ▶ 정부가 금리를 내린다는 것은 경기 침체가 길어지고 있다는 의미입니다. 반대로 금리 인상은 경기가 살아나고 있다는 신호로 받아들여집니다. 즉, 단기적으로는 금리 인상이 주가에 부담이 되지만, 장기적으로는 경기 회복의 징후로 작용하기도 합니다.

이렇듯 금리는 경제 심리와 자금의 방향, 기업의 체력을 동시에 반영하기 때문에 주식시장에서는 늘 금리의 움직임을 주목합니다.

만기 스프레드와 신용 스프레드

금리 차이를 통해 경제의 방향을 가늠할 수도 있습니다. 금리 차이를 스프레드Spread라고 하고, 크게 만기 스프레드Maturity Spread와 신용 스프레드Credit Spread로 나뉩니다.

만기 스프레드는 장기 금리와 단기 금리의 차이입니다. 경기가 좋아질 때는 기업들이 장기투자를 위해 장기 자금을 더 많이 빌리므로 장기 금리가 상승하고 스프레드가 커집니다. 반대로 경기 침체가 우려될 때는 단기 자금에 대한 수요가 커져 장·단기 금리가 비슷해지거나, 심할 경우 장기 금리가 단기 금리보다 낮아지는 역전 현상이 나타납니다. 이때 시장에서는 이를 경기 침체의 신호로 받아들입니다.

신용 스프레드는 신용도가 낮은 기업의 채권금리와 국공채나 우량채의 금리 차이를 말합니다. 스프레드가 벌어진다는 것은 안전한 자산으로 자금이 몰리고, 불안한 기업에는 돈이 흐르지 않는다는 뜻입니다. 반대로 스프레드가 좁아진다면 시장에서 위험을 감수하려는 심리(위험선호)가 커지고 경기가 회복되고 있다는 의미입니다.

즉, 만기 스프레드가 커지고 신용 스프레드가 줄어들수록 경제는 활력을 되찾고, 이는 주식시장에도 긍정적인 신호가 됩니다.

금리, 채권, 주가의 순환 구조

금리와 채권의 관계는 반대입니다. 금리가 오르면 채권 가격은 떨어지고, 금리가 내리면 채권 가격은 오릅니다. 채권의 이자율이 상승하면(가격 하락) 투자자들은 채권의 매력에 끌려 자금을 옮기지만, 시간이 지나면 채권시장이 포화해 다시 자금이 주식시장으로 이동합니다.

또한 경기 사이클 측면에서도 금리와 주가의 순환이 나타납니다. 기업들이 경기가 좋아질 것으로 예상하면 설비투자와 채권 발행을 늘려 자금을 조달합니다. 채권 발행이 늘어나면 공급 과잉으로 채권 가격이 떨어지고 금리가 상승합니다. 즉, 금리 상승은 경기 회복의 신호가 될 수 있는 것이지요.

반대로 경기가 나빠지면 기업들은 투자를 줄이고 채권 발행도 감소합니다. 이때 채권 가격은 오르고 금리는 하락합니다. 이 과정에서 소비와 고용이 줄고, 기업의 실적이 나빠지면서 주가도 떨어집니다.

이런 순환 구조를 보면 주가는 경기의 선행지표, 금리는 후행지표라는 말이 이해됩니다. 경기가 좋아질 때는 주가가 먼저 오르고, 금리가 그 뒤를 따라 움직입니다.

금리가 오를 때는 모든 주식이 나빠지는 건 아닙니다. 은행·보험 같은 금융주는 금리 상승 시 수익이 오히려 늘어납니다. 반면 성장주(IT·바이오 등)는 미래 이익의 현재가치가 줄어 상대적으로 약세를 보입니다. 금리 흐름에 따라 '수혜 업종과 피해 업종'을 구분하는 눈이 필요합니다.

환율이 움직이면 어떤 일이 벌어지나요?

우리나라는 전형적인 개방경제Open Economy에 속합니다. 개방경제란 한 나라의 경제활동에서 수출과 수입의 비중이 크다는 뜻이며, 해외와의 교류가 큰 경제에서는 환율이 시장 전체에 매우 큰 영향을 미칩니다.

환율이란 서로 다른 통화 간의 교환 비율입니다. 우리나라 원화 1원을 기준으로 다른 나라 통화가 얼마만큼 교환되는지를 나타내는 것이지요. 환율을 이해하려면 원화 가치와 외화 가치가 같은 방향으로 움직이지 않는다는 점을 기억하는 것이 중요합니다.

한 걸음 더

환율은 외국인 수급을 읽는 가장 빠른 지표입니다
일반적으로 환율이 오르는 순간 외국인은 팔기 시작하고, 환율이 떨어지는 순간 외국인은 사기 시작합니다. 외국인 매매를 예측하려면 뉴스보다 환율을 먼저 보세요

환율이 오르거나 내릴 때 통화가치의 변화는 다음과 같습니다.

> 1달러 = 1,300원에서 1,400원으로 환율이 상승하면
> → 달러 가치는 상승, 원화 가치는 하락
> 1달러 = 1,300원에서 1,200원으로 환율이 하락하면
> → 달러 가치는 하락, 원화 가치는 상승

환율이 변하면 경제에는 금융적 경로와 실물적 경로 2가지를 통해 영향을 미칩니다.

금융적 경로: 국제 자본의 이동 ▸ 국제 자본시장에서 돈은 통화 강세국으로 이동한다는 원칙이 있습니다. 어떤 통화가 강세를 보인다는 것은 그 나라 자산에 투자하면 환차익을 얻을 가능성이 크다는 뜻이기 때문입니다. 우리나라 원화를 기준으로 환율이 변할 때 금융시장에서 어떤 일이 발생하는지 살펴보겠습니다.

환율 상승(원화 약세/달러 강세)

→ 외국인 투자 자금이 한국에서 빠져나감

→ 주식·채권 매도가 발생

→ 주가 하락/금리 상승

환율 하락(원화 강세/달러 약세)

→ 외국인 투자 자금이 한국으로 유입

→ 주식·채권 매수가 증가

→ 주가 상승/금리 하락

환율이 오르면 달러 자산의 매력이 높아지기 때문에 외국 자본은 한국 시장에서 빠져나가고, 환율이 내리면 원화 자산의 매력이 높아져 외국 자본이 한국에 유입됩니다.

실물적 경로: 수출·수입 시장의 변화 ▶ 환율은 나라 간 상품 거래에도 직접적인 영향을 미칩니다.

환율 상승

→ 한국 상품이 해외 소비자에게 더 싸게 보임

→ 수출 증가/수입 감소

→ 무역수지 흑자 확대

→ 달러 유입

→ 주가 상승/금리 하락

환율 하락

→ 한국 상품이 상대적으로 비싸 보임

→ 수출 감소/수입 증가

→ 무역수지 적자

→ 달러 유출

→ 주가 하락/금리 상승

고수의 팁 ▶ **장단기 금리차 역전+환율 상승은 위험 신호입니다**

두 지표가 동시에 악화하면 국내시장에 대한 외국인의 신뢰가 빠르게 약해진다는 뜻입니다. 이 조합이 보일 때 현금 비중을 늘리는 것이 최선의 방어입니다.

수출 호재보다 중요한 것은 원자재가격과 환율의 조합입니다. 원화 약세가 수출에는 좋지만 원자재가격까지 상승하면 기업 실적에는 오히려 부담이 됩니다. 환율＋원자재＋유가, 3가지는 반드시 함께 확인해야 합니다.

환율이 상승하면 우리나라 제품이 가격 경쟁력을 얻기 때문에 수출이 늘고, 수입은 오히려 줄어들어 무역수지가 개선됩니다. 반대로 환율이 하락하면 수출이 둔화하고, 수입이 늘어나 무역수지 적자가 커지게 됩니다. 금융 효과와 실물 효과를 표로 정리하면 다음과 같습니다.

환율 변동에 따른 금융 효과 vs 실물 효과

	금융적 효과	실물적 효과
환율 상승	주가 하락/금리 상승	주가 상승/금리 하락
환율 하락	주가 상승/금리 하락	주가 하락/금리 상승

환율 변동은 단기적으로 금융적 효과가 먼저 나타납니다. 금융시장은 속도가 매우 빠르기 때문에 환율만 움직여도 외국인 매매가 즉시 반응합니다. 그래서 환율이 오르면 외국인 매도가 나오고, 환율이 내리면 외국인 매수가 유입되면서 주가가 빠르게 움직이게 됩니다. 반면 실물적 효과는 시간이 걸립니다. 기업의 수출계약, 생산량 조정, 해외 주문 변화 등이 반영되기까지는 보통 6개월에서 1년 정도의 시차가 존재합니다.

또한 최근 기업 생산품이 고노화되고 세분화되면서 환율이 실물에 미치는 영향은 과거보다 감소했습니다. 우리나라의 경우 자동차·철강처럼 가격 경쟁력이 중요한 산업만 환율 영향이 크고, 대부분의 첨단 산업은 환율 민감도가 낮아지고 있습니다.

투자 관점에서 환율이 변하면 금융적 효과를 중심으로 대응 전략을 세우는 것이 중요합니다. 특히 외국인 투자자들은 대부분 포트폴리오 단위로 움직이기 때문에 환율 하락(원화 강세 → 외국인 매수 유입) 시에는 시가총액 상위 종목 중심의 투자 전략이 가장 효과적입니다.

1997년 외환위기 이후 우리나라는 자유변동환율제를 채택했습니다. 그 결과 환율은 우리 주식시장에 가장 강력한 영향을 미치는 변수 중 하나가 되었고, 환율 변동이 어떤 결과를 초래하는지 이해하는 것은 투자에 매우 중요한 기초가 되었습니다.

이 모든 내용을 표로 다시 정리하면 다음과 같습니다.

환율 변동이 경제에 미치는 영향

	환율 상승(원화가치 하락)	환율 하락(원화가치 상승)
국제 자본시장의 자금 동향	외국자본 유출	외국자본 유입
수출시장에의 영향	무역수지 흑자	무역수지 적자
수출기업에 미치는 영향	수출 증가(매출 증가)	수출 감소(매출 감소)
수입기업에 미치는 영향	수입단가 상승(비용 상승)	수입단가 하락(비용 하락)
해외 자산 보유 기업	해외 자산가치 상승(이익)	해외 자산가치 하락(손실)
해외 부채 보유 기업	해외 부채가치 상승(손실)	해외 부채가치 하락(이익)

물가와 주가는 어떤 관계가 있나요?

07

물가와 물가지수의 의미

물가란 시장에서 거래되는 모든 상품의 가격을 일정한 기준에 따라 평균한 종합적인 가격 수준을 의미합니다. 이 물가의 움직임을 수치로 쉽게 확인할 수 있도록 만든 것이 물가지수입니다. 보통 100을 기준 시점으로 계산하기 때문에 물가지수가 120이면 기준 시점보다 물가가 20% 오른 것이고, 물가지수가 95이면 기준 시점보다 물가가 5% 내린 것입니다.

물가가 오르면 기업이 보유한 자산가치가 상승하는 긍정적 요소도 있습니다. 그러나 지속적인 물가 상승(인플레이션)은 기업의 원가 부담을 높이고, 높은 자산가격으로 인해 투자를 위축시키며, 정부의 금리 인상 정책까지 더해져 기업의 이익이 감소하고 주가가 하락하는 요인이 됩니다.

투자자 입장에서도 물가가 오르면 구매력 손실이 발생하므로 금융자산보다 부동산이나 금 등 실물자산으로 자금이 이동하기 쉽습니다. 이 역시 주식 매수 수요를 줄여

한 걸음 더

물가 상승이 본격화되면 성장주보다 가치주가 강합니다
금리가 오르면 할인율 상승으로 성장주의 가치가 떨어집니다. 반면, 이미 저평가된 가치주는 상대적으로 방어력이 높아집니다.

주가에 부정적으로 작용합니다.

경기 호황기에는 실물경제의 확장에 맞춰 물가가 완만하게 상승하는 경향이 있습니다. 이때 기업은 제품가격 인상으로 매출이 증가하며 단기적으로는 수익이 개선되기도 합니다. 그러나 물가 상승이 장기화되면 금리 상승 → 기업의 이자비용 증가, 실질소득 감소 → 소비 위축 등 이런 요인들이 누적되며 기업 실적과 주가 모두 하락하게 됩니다.

물가를 움직이는 2가지 핵심 요인

물가도 결국 하나의 가격이기 때문에 수요와 공급의 영향을 받습니다. 이를 크게 수요견인형 인플레이션Demand-Pull Inflation과 비용상승형 인플레이션Cost-Push Inflation으로 나눌 수 있습니다.

수요견인형 인플레이션을 일으키는 요인

요인	설명
통화량 증가	유동성이 늘어나면 구매 여력이 높아져 수요가 증가하고, 공급이 못 따라갈 경우 물가가 상승함
소득 증가	소득이 늘면 소비가 확대되고, 이로 인해 가격이 상승함
생산기술·설비 증설	생산능력이 확대되면 공급이 늘어 물가가 오히려 하락하는 요인으로 작용함

수요견인형 인플레이션은 보통 경기 호황기에 나타나며, 기업 실적과 주가가 함께 개선되는 경우가 많습니다.

비용상승형 인플레이션을 일으키는 요인

요인	설명
원자재가격 상승	원자재를 대부분 수입하는 한국은 국제 원자재가격이 오르면 즉시 물가가 상승함
환율 변동	원화 약세(환율 상승)는 수입 원가 상승으로 이어져 물가를 올림
임금 상승	생산성 증가 없이 임금만 오르면 제조원가가 상승해 물가를 끌어올림
기타 비용	세금 인상, 금리·유통비용 상승, 임대료 상승 등도 기업의 원가를 높여 물가 상승을 유발

비용상승형 인플레이션은 보통 경기 둔화기나 불황기에 나타나며, 기업 실적 악화 → 주가 하락으로 이어지는 경우가 많습니다.

인플레이션과 디플레이션

인플레이션은 물가가 지속적으로 상승하는 현상입니다. 인플레이션이 심해지면 화폐의 구매력이 떨어져 가계의 소비 여력이 축소되고, 기업 실적도 악화됩니다.

반대로 디플레이션Deflation은 물가가 하락하는 동시에 경기 후퇴가 함께 나타나는 상태입니다. 소비 위축 → 기업 수익 악화 → 실업 증가 → 소비 감소로 이어지는 악순환의 고리가 만들어질 수 있어 매우 위험한 경제 상황으로 분류됩니다. 이 때문에 한국은행을 비롯한 각국 중앙은행은 물가 안정을 최우선 정책 과제로 삼고 있으며, 중앙은행을 "인플레이션 파이터"라고 부르기도 합니다.

물가 상승이 경제에 미치는 영향

영향	설명
실질소득 감소	물가가 오르면 명목소득이 같아도 실질 구매력은 떨어짐. 가계 소비 여력 감소로 이어짐
소득·부의 불균형 확대	물가 상승은 금융자산 보유자에게 불리하고, 부채가 많은 주체(기업·정부)에게 유리해 부의 재분배 왜곡을 일으킴
국제 경쟁력 약화	국내 물가가 오르면 수출가격이 상대적으로 높아져 수출이 줄고, 수입이 늘어 경상수지가 악화됨

물가를 정확히 이해하는 것은 경제정책, 경기 흐름, 기업 실적, 투자 전략까지 폭넓은 영역에서 매우 중요한 출발점입니다.

고수의 팁 ▶ 통화량이 늘어나면 주가는 어떻게 될까요?

통화량이란 시중에 실제로 돌아다니는 돈의 양을 말합니다. 한국은행은 물가와 금리, 성장률 등을 고려해 통화량을 조절하며, 이를 통해 경기를 안정시키는 것이 통화정책의 핵심 목표입니다. 통화량이 늘어나면 시중 자금이 많아지고 금리가 내려가며, 기업과 개인이 돈을 빌리기 쉬워집니다. 그 결과, 투자가 늘고, 생산과 소비가 활발해지면서 경제가 성장하게 됩니다.

이 과정은 여러 경로를 거쳐 나타납니다. 금리가 낮아지면 설비투자가 늘고, 환율이 상승해 수출이 증가합니다. 은행의 대출이 늘어 기업의 현금흐름이 좋아지고, 특히 중소기업은 자금 사정이 완화되어 경영이 활기를 띱니다. 즉, 통화량 증가는 단기적으로는 금리 하락 → 투자 확대 → 경기 회복의 흐름으로 이어집니다.

그렇다면 통화량 증가는 주가에 어떤 영향을 미칠까요? 일반적으로 통화량이 늘면 유동성이 풍부해지고 투자심리가 개선되어 주가가 상승합니다. 돈이 많아지면 예금보다 주식이 더 매력적으로 보이기 때문이지요. 기업 입장에서도 자금조달 비용이 줄어 실적이 개선될 가능성이 높습니다.

하지만 통화량이 지나치게 많아 실물경제로 흘러가지 않고 물가만 자극한다면, 오히려 인플레이션 압력으로 금리가 다시 오르고 주가가 하락할 수도 있습니다. 결국 통화량이 늘어나더라도 그 돈이 '어디로 흘러가느냐'가 주가를 결정하는 셈입니다.

원자재가격과 주가는 어떤 관계가 있나요?

08

우리나라는 해외 경제에 대한 의존도가 높고, 자원이 부족한 구조를 가지고 있습니다. 특히 산유국이 아니기 때문에 국제유가를 포함한 원자재가격 변동에 매우 민감하게 반응합니다. 원자재가격이 상승하면 기업의 제조원가가 증가하고, 이는 곧바로 경제 전반에 충격을 줍니다. 그중에서도 원유가격 변화는 기업 실적과 산업 경쟁력에 직접적인 영향을 미치는 핵심 변수입니다.

> 원자재가격의 상승 → 제조원가의 상승 → 기업 수익성의 악화 → 주가 하락
> 원자재가격의 하락 → 제조원가의 하락 → 기업 수익성의 호전 → 주가 상승

기업이 직면하는 가장 큰 과제는 상승한 제조원가를 제품가격에 얼마나 전가할 수 있는지입니다. 일부 기업은 원가 상승만큼 제품가격을 올릴 수 있어 수익성에 큰 타격을 받지 않습니다. 반면 경쟁이 치열한 산업의 기업들은 가격 인상이 어렵기 때문에 매출은 그대로인데 원가만 올라 수익성이 크게 악화될 수 있습니다.

원자재가격 변동에 따른 기업 간 차이는 경쟁 강도, 제품의 대체 가능성, 브랜드 파워 등에 의해 크게 달라지며 경쟁이 치열할수록 원가 상승이 이익 훼손으로 이어지는 경우가 많습니다.

원자재가격을 움직이는 요소들

원자재의 수요공급 동향 ▶ 세계 경제가 호황을 보이면 기업들이 생산 확대를 위해 원자재 확보에 나서면서 가격이 상승합니다. 반대로 세계 경제가 불황이면 원자재 수요가 줄어 가격이 하락합니다. 원자재가격은 세계 경기의 방향을 즉각적으로 반영합니다. 경기 확장기에는 원자재가격이 상승하고, 경기 수축기에는 하락하는 흐름을 보입니다.

달러화의 가치 ▶ 대부분 원자재는 달러로 결제되기 때문에 달러 가치가 오르내리면 원자재가격도 함께 움직입니다. 달러 가치가 하락하면 동일한 원자재라도 더 많은 달러가 필요해지기 때문에 원자재가격이 상대적으로 상승하는 효과가 나타납니다. 달러 가치가 상승하면 반대로 원자재가격이 하락하거나, 상승 폭이 제한되기도 합니다.

예를 들어 달러 발행량이 늘어 달러 가치가 희석되면 유가가 동일하게 100달러라고 하더라도 실질 가치는 낮아진 것과 같습니다. 따라서 원자재가격은 달러 가치와 밀접한 상관관계를 가집니다.

국제 유동성 ▶ 경기 침체를 막기 위해 주요국이 돈을 풀면 시장의 유동성이 증가하고 원자재가격이 상승하는 경향이 있습니다. 코로나19 팬데믹 직후 실제로 미국의 본원통화는 2020년 약 4조 5,000억 달러에서 2022년 9조 달러까지 두 배 증가했습니다. 이 시기 국제유가는 배럴당 120달러를 넘어서며 급격히 상승했습니다. 시중에 넘치는 돈은 원자재가격을 밀어 올리는 힘이 됩니다.

지정학적 위험 ▶ 전쟁·분쟁·해상 통제 등 국제 정치적 위험은 원자재 공급을 감소시키고 가격을 급등시키는 요인이 됩니다. 중동 지역에서 전쟁이 발발하거나 호르무즈 해협 통항이 통제되면 유조선이 움직이기 어려워지고, 이는 즉시 유가 상승으로 이어집니다. 러시아-우크라이나 전쟁 역시 글로벌 공급망을 흔들어 원자재가격 상승을 유발한 대표적인 사례입니다.

산유국의 재정균형 유가 수준 ▶ 산유국의 재정 부담이 커지면 예산을 맞추기 위해 산유량을 조절하고, 이는 국제유가에 영향을 줍니다. 중동 산유국들은 세금을 낮게 유지하는 대신, 석유 판매로 국가 재정을 운영합니다. 따라서 재정 균형을 맞추기 위해 필요한 재정 균형 유가가 있으며, 이는 산유량 조절의 기준이 됩니다. 2025년 말 기준, 주요 산유국의 재정균형 유가는 배럴당 약 90달러 수준으로 알려져 있습니다.

환율 ▶ 원화 약세(환율 상승)는 수입 원자재 비용을 증가시키고, 원화 강세(환율 하락)는 수입 가격을 낮춥니다. 원자재 대부분을 수입에 의존하는 우리나라 특성상 환율 변동은 원자재가격에 직접적인 영향을 미칩니다. 환율이 상승하면 원유·철광석·구리 등의 수입 단가가 즉각 오르고, 환율 하락은 수입 물가를 안정시키는 역할을 합니다.

거시경제지표와 주가와의 관계

거시지표	주가에 대한 영향	비고
경기변동	주가는 경기에 선행 회복기 : 주가↑, 활황기 : 주가 ↗ 후퇴기 : 주가↓, 침체기 : 주가 ↘	경기선행지수로 예측하고 동행지수 및 후행지수로 확인
경제성장률	경제성장률↑ ⇒ 주가 ↑	성장의 내용이 중요(실질성장인가, 명목성장인가)
통화량	완만한 통화 증가 => 주가↑ 급격한 통화 증가 => 주가↓	통화량은 주가에 직접 영향을 주기도 하지만 채권시장의 이자율을 통해 영향을 주기도 함
물가	물가 안정 ⇒ 주가↑ 물가 불안 ⇒ 주가↓	주식은 인플레이션 헤지 기능이 약한 금융 상품
금리	금리↑ ⇒ 주가↓	주식과 채권의 대체관계에서 본 상황. 경기 측면에서 본다면 주가와 금리는 동행하는 경우도 있음
환율	완만한 통화가치 상승 ⇒ 주가↑	최근 외환시장은 단기자금의 유출입으로 영향을 받음
경상수지	경상수지 흑자 ⇒ 주가↑	경상수지 규모 및 추세가 중요
부동산	부동산가격↑ ⇒ 주가↓	단기적 : 상호 대체관계 장기적 : 동반관계
원자재가격	원자재가격↑ ⇒ 주가↓	원가 상승으로 인한 기업실적 축소에 주목

시장을 읽는 사람은 뉴스를 다르게 봅니다!
매일 챙겨야 할 10가지 경제 뉴스

경제 뉴스를 꾸준히 읽는 습관은 투자 감각을 키워주고, 시장 전체의 흐름을 이해하는 데 큰 도움이 됩니다. 다만 모든 뉴스를 다 볼 필요는 없습니다. 시장에 실제로 영향을 주는 핵심 신호만 잡아도 충분합니다. 다음은 초보 투자자라면 반드시 챙겨봐야 할 10가지 경제 뉴스입니다.

① 절세 상품 뉴스: 세금이 곧 수익입니다

세금을 얼마나 아끼느냐가 실제 수익률을 좌우합니다. IRP, ISA, 청년형 장기 펀드 등 정부가 내놓는 절세 상품은 이자소득세나 배당소득세가 비과세되거나 세액공제가 가능한 상품입니다. 이런 상품을 잘 활용하면 예금보다 훨씬 높은 실질 수익률을 얻을 수 있습니다. 절세 상품은 매년 새롭게 출시되거나 조건이 바뀌므로, 새해 초 절세 상품 관련 기사는 반드시 확인하는 것이 좋습니다.

② 경제지표 뉴스: 숫자보다 방향을 보세요

GDP, 산업생산, 물가, 소비지수 같은 경제지표는 경제의 체온을 보여줍니다. 지표가 한두 달 하락한다고 불안해하기보다는 3개월 이상 같은 방향으로 움직이는지, 추세의 전환점을 살펴보는 것이 중요합니다. 이런 흐름을 꾸준히 관찰하면 경기의 상승과 하락 시기를 예측할 수 있습니다.

③ 중앙은행의 금리 뉴스: 기준금리는 시장의 심장박동입니다

한국은행의 기준금리 결정, 미국 연준의 금리 정책은 시장의 유동성과 투자심리에 직접적인 영향을 줍니다. 금리가 오르면 돈은 채권으로, 금리가 내리면 주식으로 이동합니다. 따라서 금리 인상 또는 인하 발표 시 "이번이 마지막일까, 시작일까"를 판단하는 것이 중요합니다. 기준금리 뉴스는 향후 시장의 방향을 예측하는 가장 기본적인 단서입니다.

④ 시중 자금 뉴스: 돈이 움직이는 곳이 답입니다

투자금이 어디로 향하는지를 보면 시장의 흐름을 알 수 있습니다. 예탁금이 늘면 주식시장에, 예금이 늘면 채권이나 부동산 시장에 돈이 몰립니다. 이처럼 부동자금의 움직임은 유동성의 방향을 알려주는 신호입니다. 돈의 흐름을 따라가면 시장의 다음 주제와 기회가 보입니다.

⑤ 외국인 투자자 뉴스: 글로벌 자금의 방향을 확인하세요

외국인은 국내 증시의 중요한 투자 주체입니다. 외국인 순매수는 코스피의 상승을, 순매도는 하락을 이끌 가능성이 높습니다. 달러 강세 때는 외국인이 매도를, 원화 강세 때는 매수를 늘리는 경향이 있습니다. 외국인 매매 동향 기사는 시장 분위기를 읽는 가장 빠른 지표입니다.

⑥ 국제기구 및 글로벌 금융정책 뉴스: 세계의 룰이 바뀌는 순간입니다

IMF, BIS, FSB 등 국제금융기구의 정책 발표는 어렵게 느껴질 수 있지만, 그 안에는 '다음 금융위기'의 신호가 담겨 있습니다. 예를 들어 BIS(국제결제은행)가 은행 자기자본비율을 조정하면 각국 은행의 건전성과 신용도가 달라질 수 있습니다. 세계의 금융질서가 바뀌는 흐름을 읽어두면, 위기에도 흔들리지 않습니다.

⑦ 환율 뉴스: 환율은 모든 산업의 기초 체력입니다

원화가 약세를 보이면 수출기업은 웃지만, 수입기업은 타격을 받습니다. 자동차·반도체 업종이 오를 때 항공·유통 업종은 하락할 수도 있습니다. 환율은 기업의 실적뿐 아니라 물가, 소비, 투자심리에까지 영향을 줍니다. 따라서 하루의 등락보다 환율의 방향성과 지속성을 살펴보는 것이 중요합니다.

⑧ 정부 정책 뉴스: 정책의 방향이 곧 산업의 미래입니다

정부는 시장의 가장 큰 플레이어입니다. 어떤 산업을 지원하고, 어떤 산업을 규제할지에 따라 시장의 판도가 달라집니다. 신재생에너지, 이차전지, 반도체, 바이오, 헬스케어 등 정부의 정책 키워드는 곧 다음 시장의 성장 키워드가 됩니다. 정부 정책

관련 뉴스는 반드시 챙겨보는 것이 좋습니다.

⑨ 산업 트렌드 뉴스: 기술과 소비가 기회를 만듭니다

산업의 변화는 정부 정책뿐 아니라 소비와 기술의 변화에서 비롯됩니다. AI, 전기차, 친환경, 우주산업, 헬스케어 등 새로운 산업이 떠오를 때 그 흐름 속에서 기회가 생깁니다. 소비 트렌드, 기술 혁신, 세대의 관심사를 살피면 미래의 성장 산업을 미리 찾아낼 수 있습니다.

⑩ 부동산 및 자산시장 뉴스: 돈의 온도를 재보세요

주식과 부동산은 단기적으로는 반대로 움직이지만, 장기적으로는 함께 오르내립니다. 부동산시장이 활황이면 건설·철강·자재 관련 주가 오르고, 신도시 개발이나 재건축 이슈가 생기면 부동자금이 다시 움직입니다. 부동산 뉴스는 자산시장의 유동성을 확인하는 온도계입니다.

경제 뉴스는 단순한 정보가 아니라 투자의 언어입니다. 뉴스를 꾸준히 읽는 사람은 숫자보다 방향을 보고, 기사 제목보다 흐름을 읽습니다. 하루에 10개의 뉴스를 꾸준히 읽는 습관을 들이세요. 처음에는 어렵더라도 어느 날부터는 뉴스가 보이기 시작할 것입니다.

시장은 뉴스를 통해 자신을 드러냅니다. 그 신호를 읽을 줄 아는 투자자만이 한발 앞서 움직일 수 있습니다. 경제 뉴스는 시장의 나침반입니다. 매일 10분, 뉴스를 읽는 습관이 시장을 배우는 시작입니다.

4장

종목을 고르는 눈: Q&A로 쉽게 이해하는 재무제표와 핵심 개념

워런 버핏의 눈으로 기업을 읽다

워런 버핏이 찾고자 했던 주식

투자의 대가 워런 버핏은 오늘날 주식투자의 교과서라 불릴 만큼 많은 투자자에게 영감을 준 인물입니다. 버핏과 관련된 책이 유난히 많은 이유도 그가 남긴 투자 원칙과 사례가 수십 년이 지나도 여전히 유효하기 때문입니다. 하지만 실제로 버핏의 투자법을 완전히 이해하는 사람은 많지 않습니다. 그 이유는 버핏가家의 투자 노하우가 철저한 가문의 비밀이었기 때문입니다.

버핏에게는 아들 둘과 딸 하나가 있는데, 집안에 들어오는 며느리들에게조차 "버핏가의 투자 비밀을 절대 외부에 발설하지 않는다"라는 각서를 받았다고 합니다. 그런데 이 비밀은 둘째 며느리 메리 버핏이 이혼 후 펴낸 책《워런 버핏, 주식투자 이렇게 하라Buffettology》를 통해 일부 공개되었습니다.

메리 버핏은 책에서 버핏이 특별히 선호했던 기업 유형, 즉 톨브릿지Toll-Bridge형 기업의 개념을 소개했습니다.

톨브릿지형 기업의 특징

버핏이 선호한 톨브릿지형 기업은 말 그대로 다리 위 톨게이트처럼 돈이 자동으로 들어오는 사업 구조를 가진 기업입니다. 서울의 강남과 강북을 잇는 다리가 단 하나뿐이고, 그 다리 가운데 톨게이트가 있다고 가정해봅시다. 사람들은 이 다리를 건너지 않으면 이동 자체가 불가능하기 때문에 톨게이트를 운영하는 기업은 자연스럽게 독점적 이익을 얻게 됩니다. 이것이 톨브릿지형 기업의 가장 큰 특징입니다.

첫째, 독점적 사업 구조를 가지고 있습니다. 경제학적으로 기업의 수익성이 가장 높은 구조는 독점입니다. 독점기업은 가격을 마음대로 조정할 수 있고, 그 결과 정상 이윤을 훨씬 초과하는 이익을 거둘 수 있습니다.

둘째, 미래 사업을 위한 재투자가 거의 필요 없습니다. 기업이 성장하려면 설비투자와 마케팅 비용이 필수지만, 톨브릿지형 기업은 구조적으로 재투자가 많이 필요하지 않습니다. 즉, 벌어들이는 돈을 거의 그대로 잉여현금흐름Free Cash Flow으로 남길 수 있습니다. 예를 들어 어떤 기업이 연 40조 원의 영업이익을 낸다고 해도 미래 사업을 위해 20조 원을 재투자해야 한다면 실제로는 연 20조 원의 이익을 내는 기업으로 보아야 한다는 것이 버핏의 관점입니다. 반면 톨브릿지형 기업은 재투자 필요가 적기 때문에 잉여현금흐름 대부분을 배당, 자사주 매입, M&A 등으로 활용할 수 있습니다.

정리하자면 톨브릿지형 기업은 '독점적 지위+재투자 부담이 적은 구조=지속적이고 안정적인 수익성'이라는 특징을 가지고 있고, 버핏은 이를 소비자 독점형 기업이라고 불렀습니다.

소비자 독점형 기업을 찾아라

소비자 독점형 기업은 톨브릿지형 기업을 일상 언어로 표현한 개념입니다. 버핏은 특히 상표가치가 높고 단기간 안에 소비되는 제품을 가진 기업을 주목했습니다. 이유는 간단합니다. 상표 충성도가 높은 제품은 광고하지 않아도 소비가 일어나고, 단기간에 반복 소비되는 제품은 꾸준한 매출을 만들어주기 때문입니다.

과거 동양정밀OPC의 가정용 전화기는 내구성이 너무 좋아 고장도 나지 않았습니다. 좋은 제품이었지만 교체 수요가 거의 없었기 때문에 결국 회사는 도산했습니다. 기업은 '좋은 제품'보다 '꾸준히 팔리는 제품'을 갖고 있어야 살아남을 수 있다는 것을 보여주는 사례입니다.

버핏이 말한 소비자 독점형 기업의 두 번째 유형은 사람들에게 꼭 필요한 서비스를 제공하지만, 설비·인력에 큰 비용이 들지 않는 기업입니다. 예를 들어 해충 방제, 가사 도우미 파견, 잔디 관리, 경비 파견 등이 이에 해당합니다. 한국에서는 세스코나 인력 파견업체들이 비슷한 구조를 가지고 있습니다.

버핏이 대표적인 소비자 독점형 기업으로 꼽은 기업은 코카콜라입니다. 전 세계적인 브랜드 가치와 강력한 소비자 충성도를 바탕으로 수십 년간 음료시장의 절대 강자로 군림해왔습니다. 1980년 이후 2021년까지 코카콜라는 9,767%의 수익률을 기록하며 버핏이 말한 톨브릿지형 기업의 전형으로 평가받고 있습니다.

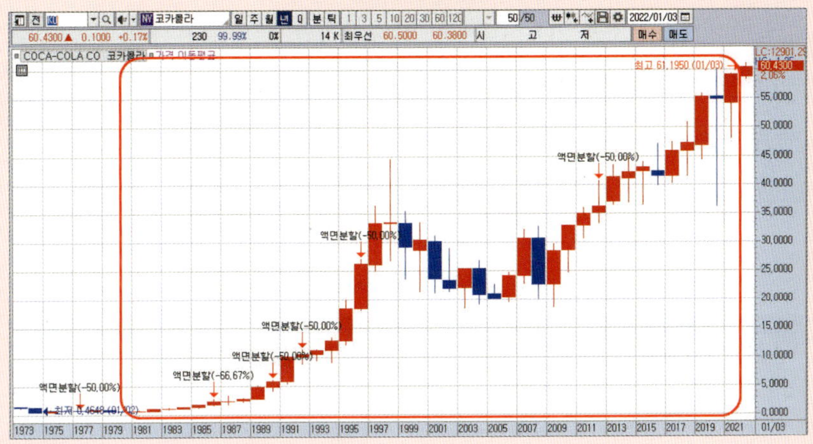

LTPG 기업을 찾아라

버핏이 말한 완벽한 톨브릿지형 기업을 찾는 일은 결코 쉽지 않습니다. 버핏조차도 그런 기업을 발굴하는 데 늘 어려움을 겪었다고 고백할 정도입니다. 그러나 그렇다고 해서 종목 선택을 포기할 수는 없습니다. 투자자는 시장 안에서 장기적으로 이익을 꾸준히 낼 수 있는 기업을 찾는 노력을 계속해야 합니다.

여기서 주목할 개념이 LTPG 기업입니다. LTPG Long-Term Profitable Growth 란 "장기적으로 수익성 있는 성장을 지속하는 기업"을 말합니다. 기업의 이익이 한 해 건너 흑자와 적자를 반복한다면 미래 실적 예측이 어렵고 이익의 질이 낮은 기업입니다. 반대로 오랜 기간 꾸준히 이익이 증가하는 기업은 불황에도 버티고 호황에는 더 크게 성장하는 안정적 체력을 가지고 있다고 볼 수 있습니다.

이때 중요한 기준이 제품의 라이프사이클입니다. 휴대폰처럼 라이프

사이클이 짧은 산업에서는 한번 제품이 실패하면 기업 실적 전체가 흔들립니다. LG전자는 2G 시대에는 잘나갔지만, 스마트폰시장 대응에 실패하면서 장기적으로 수익성 있는 성장을 이어가지 못했습니다. LG전자 주가는 장기간 추세적 상승을 하지 못하고 등락을 반복했는데, 이는 LTPG 기업이 아닌 기업의 전형적인 모습입니다.

LG전자 월봉 차트

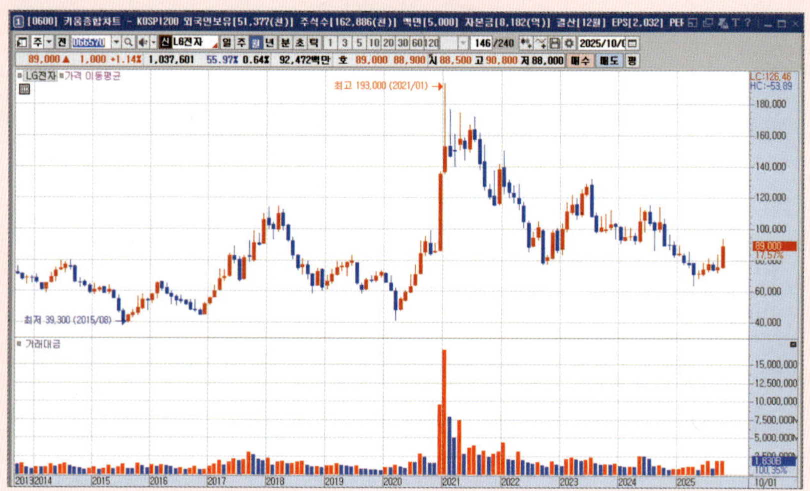

반면 음식료업체처럼 라이프사이클이 긴 제품을 가진 기업은 장기적으로 안정적인 매출과 이익을 유지할 수 있습니다. 예를 들어 농심의 신라면, 새우깡, 오리온의 초코파이, 빙그레의 바나나맛 우유, 그리고 참치캔으로 유명한 동원F&B는 수십 년간 꾸준히 사랑받는 제품을 보유하고 있습니다. 동원F&B는 2008년 11월부터 2015년 8월까지 무려 3,195%의 주가 상승을 이뤘으며, LTPG 기업의 대표적인 성공 사례로 꼽힙니다.

동원F&B 월봉 차트

농심 역시 오랜 기간 꾸준히 사랑받는 제품력을 기반으로 추세적인 주가 상승 흐름을 유지했습니다.

농심 연봉 차트

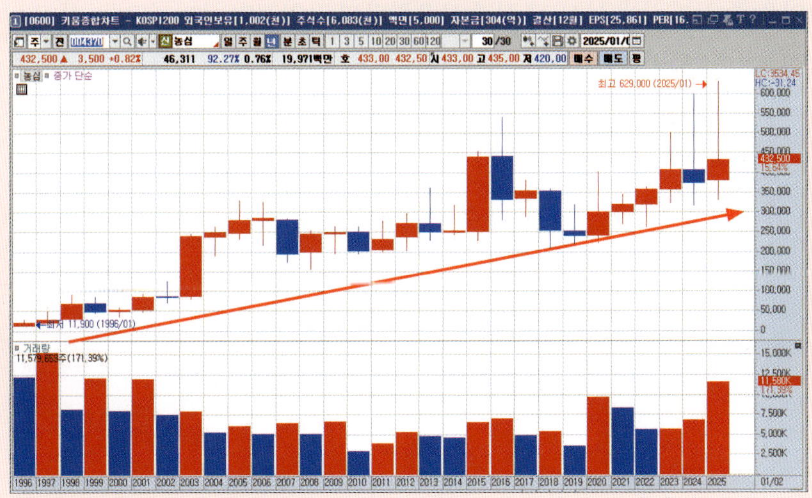

결국 투자자가 집중해야 할 기업은 다음 두 유형입니다.

① 라이프사이클이 긴 제품을 가진 기업
② 새로운 제품을 지속적으로 성공시키며 장기적 성장을 이어가는 기업

이런 기업이 바로 LTPG 기업이며, 장기 투자자가 반드시 챙겨야 할 종목군입니다.

주식투자는 좋은 주식을 찾는 작업

주식투자의 성공은 결국 좋은 기업을 찾아내는 능력에서 출발합니다. 경기 상황과 산업 환경 또한 중요하지만, 가장 핵심은 톨브릿지형 기업, LTPG 기업 같은 '질 좋은 기업'을 먼저 찾는 일입니다.

이런 기업을 찾아냈다면, 그다음 단계는 시장이 공포에 흔들릴 때 느긋한 마음으로 '싸게 사서 오래 보유하는 것'입니다. 버핏이 그랬듯, 좋은 기업을 좋은 가격에 사서 긴 시간 보유한다면 장기적인 복리 수익은 자연스럽게 따라옵니다.

가치투자, 저평가 종목 찾기
가치투자가 정확히 뭔가요?

본격적으로 종목을 선정하려 할 때 많은 투자자가 "가치투자를 하고 싶다"라고 말합니다. 그렇다면 지금 우리 시장에서 말하는 가치투자란 정확히 무엇을 의미할까요?

일반적으로 가치투자는 기업의 가치를 성장가치, 배당가치, 자산가치 등으로 나누어 따져보고, 그 가치에 비해 저평가된 종목, 즉 주가가 실제 가치보다 싸게 형성된 종목을 매수하는 전략을 말합니다. 좀 더 단순하게 말하면 기업이 가진 내재가치 대비 과도하게 낮은 가격에 거래되는 주식을 찾는 것이라고 할 수 있습니다. 넓게 보면 재무제표를 분석해 기업의 가치를 평가하는 투자법은 모두 가치투자라고 할 수 있지만, 진정한 가치투자의 관점에서는 조금 나른 의미가 담겨 있습니다.

가치투자는 단순히 기업의 수익 모멘텀을 따라가는 것이 아니라, 기업의 가치가 유지되는 동안 묵묵히 보유하면서 '장기적인 복리 수익'을 노리는 투자법입니다. 기업의 수익 모멘텀은 외부 요인에 따라 급변할 수 있습니다. 이 급변 가능성 자체가 투자 리스크가 되기 때문에 많은 가치투자자가 기업의 과거 재무 데이터에서 평균적 실적, 정상 이익, 장기 성장률 등을 기준으로 장기투자를 설계합니다.

통계적으로 대부분의 경제·사회적 현상은 평균으로 회귀하는 성향이 있습니다. 가치투자는 이러한 평균 회귀의 원리를 바탕으로, 장기간 복리 수익률을 극대화하는 방식이라고 이해할 수 있습니다. 즉, 복리라는 시간의 힘을 적극 활용하는 투자법이 가치투자인 셈입니다.

진정한 가치투자는 복리의 힘을 이용하는 투자입니다

이를 더 쉽게 이해할 수 있는 유명한 예가 있습니다. 1626년 인디언들이 뉴욕의 맨해튼을 단 24달러 상당의 장신구와 구슬에 넘겼다는 일화입니다. 현대의 시각으로 보면 매우 어리석어 보일 수 있지만, 만약 그 24달러를 복리로 투자했다고 가정하면 이야기는 완전히 달라집니다.

연 8%로 380년간 투자했다면 그 가치는 120조 달러가 넘고, 연 6%라면 992억 달러, 연 4%라면 7,126만 달러에 불어납니다. 단 2%의 차이로 장기간 누적된 결과가 얼마나 극적으로 달라지는지 보여주는 대표적 사례입니다. 다음 표는 1억 원을 기준으로 5%, 10%, 15%, 20%의 복리

1억 원에 대한 복리 계산(단위: 원)

	5%	10%	15%	20%
10년	162,889,463	259,374,246	404,555,774	619,173,642
20년	265,329,771	672,749,995	1,636,653,739	3,833,759,992
30년	432,194,238	1,744,940,227	6,621,177,196	23,737,631,380

수익률로 투자했을 때의 금액을 비교한 것입니다.

이 계산에서 볼 수 있듯이 1억 원을 연 5%로 10년 투자하면 1억 6,288만 원이 되지만, 같은 금액을 연 20%로 30년 투자하면 237억 원이 됩니다. 수익률의 차이가 오랜 시간 누적될 때 얼마나 큰 차이를 만드는지 명확하게 드러납니다. 따라서 가치투자는 결국 얼마나 높은 복리수익률로, 얼마나 오래 투자할 수 있는가에 관한 문제로 귀결됩니다. 복리수익률을 극대화하는 것이 가치투자의 핵심이며, 장기적인 복리를 가능하게 하는 기업을 찾는 것이 진정한 가치투자의 목표입니다.

가장 높은 복리수익률을 만드는 조건은?

그렇다면 복리수익률을 극대화할 기업은 어떤 기업일까요?

정답은 간단합니다. 지속적으로 높은 ROE(자기자본이익률)를 기록하는 기업입니다. ROE가 높다는 것은 기업이 주주의 자본을 얼마나 효율적으로 사용해 이익을 창출하고 있는지 보여주는 지표입니다.

장기간 높은 ROE를 유지한다는 것은 기업의 경쟁력, 브랜드 파워, 제품력, 시장 지위가 탄탄하다는 의미입니다. 이러한 기업은 불황에도 쉽게 흔들리지 않고, 호황에는 더 크게 성장할 수 있습니다. 가치투자의 본질은 바로 이 점에 있습니다. 사업 전망이 좋고, 높은 ROE를 안정적으로 유지할 수 있으며, 장기간 수익성 있는 성장을 이어갈 수 있는 기업, 즉 복리수익률이 높은 기업을 찾아내는 것. 그것이 가치투자의 기본이자 첫걸음입니다.

주도주·테마주는 가치투자일까요?

　시장에서는 주도주나 테마주를 좇는 것이 마치 가치투자인 것처럼 여겨지는 경우가 있습니다. 실제로 특정 시기에는 4대강 테마주, 항공우주 테마주, 원자력 테마주 등이 시장을 주도하며 단기간 높은 수익률을 기록하기도 했습니다. 하지만 이러한 종목들은 기업의 내재가치와 무관한 경우가 많으며, 실제 실적을 지속적으로 낼 수 있는지 확인해보면 장기 가치투자 관점에서는 부합하지 않는 경우가 대부분입니다.

　물론 시장에서 아직 제대로 평가받지 못한 기업이 나중에 주도주가 되는 사례도 있습니다. 이런 경우에는 가치투자 관점과 맞닿아 있는 면이 있지만, 대부분의 테마주는 일시적 수요와 기대심리에 기반한 경우가 많습니다. 따라서 테마주 추세를 가치투자로 오해해서는 안 됩니다.

　투자 과정에서 방향이 흔들릴 때마다 가장 먼저 돌아봐야 하는 것은 기본 원칙입니다. 가치투자의 핵심은 단순합니다. 좋은 기업을 찾고, 가능한 한 오랫동안 복리로 투자하는 것. 기업의 본질적 가치가 훼손되지 않는 한, 가치투자는 시간이 지나며 그 성과를 보여주는 투자법입니다. 언제나 기본으로 돌아가 기업의 본질과 장기 경쟁력을 점검하는 태도가 가치투자의 가장 중요한 출발점입니다.

어떤 기업을 골라야 하는 걸까요?

주식투자는 간단히 말하자면 '어떤 종목을 어느 시점에 사서 어느 시점에 파느냐'에 모든 것이 달려 있습니다. 그런데 이 간단한 말에서 성공을 끌어내기가 참 어려운 것이 주식투자입니다. 앞에서 시장을 읽는 법을 익혔다면, 이제는 한 단계 더 들어가 어떤 기업의 주식을 매수해야 하는가, 즉 종목 선정을 배우는 단계입니다. 기업 선택은 매우 중요하면서도 결코 쉽지 않은 과정이지만, 기본 원칙을 알고 접근하면 누구나 스스로 좋은 기업을 찾아낼 수 있습니다.

그렇다면 종목을 선택할 때 반드시 확인해야 하는 기본 요소는 무엇일까요? 차근히 살펴보겠습니다.

기업의 능력을 파악하세요

기업이 투자할 만한 가치를 갖고 있는지 판단하기 위해서는 기업이 가진 능력, 즉 경쟁력과 지속 가능성을 먼저 평가해야 합니다. 이를 위해 다음 요소들을 꼭 확인할 필요가 있습니다.

경영진의 능력 ▶ 기업의 성장과 방향성은 결국 경영진의 역량에서 비롯됩니다. 경영진은 어떤 철학과 원칙으로 기업을 운영하고 있는지, 시장에서는 그들의 리더십을 어떻게 평가하는지 신문, 인터뷰, 업계 반응 등을 통해 살펴보세요. 또한 기업 내부의 노사관계가 안정적인지도 중요한 판단 기준이 됩니다.

신제품 개발 능력 ▶ 기업이 영속적으로 성장하려면 끊임없이 새로운 제품과 서비스를 창출해야 합니다. 소비자가 지속적으로 관심을 갖고 반복 소비를 이어갈 수 있어야 기업의 매출도 꾸준히 유지됩니다. 이 능력이 취약하면 기업은 단기적인 성공에도 불구하고 쉽게 쇠퇴할 수 있습니다.

시장점유율 ▶ 최근 경제는 갈수록 승자독식 구조로 움직이고 있습니다. 시장점유율이 높은 기업은 규모의 경제를 실현할 수 있고, 브랜드 인지도·마케팅·유통망 등에서 경쟁사보다 훨씬 유리합니다. 따라서 시장점유율은 기업 경쟁력을 판단할 때 가장 먼저 확인해야 할 요소입니다.

상표 충성도 ▶ 브랜드 가치가 큰 기업은 경기 침체에도 안정적인 매출과 이익을 유지할 가능성이 높습니다. 상표 충성도는 재무제표에 숫자로 드러나지 않지만, 기업의 장기적 수익성을 결정짓는 핵심 요소입니다.

물론 이러한 요소들은 정확한 숫자로 평가하기 어렵습니다. 삼성그룹 이재용 회장의 리더십이 얼마의 가치를 가지는지, SK텔레콤의 시장점유율을 어떻게 금액으로 환산할 수 있는지 판단하기는 쉽지 않습니다. 그러나 숫자로 표현하기 어렵다고 해서 중요하지 않은 것이 아닙니다. 실제로 장기적으로 성공한 기업들은 이런 비정량적 경쟁력을 반드시 갖고 있습니다.

기업의 주력 상품을 확인하세요

기업이 어떤 제품을 판매하며, 그 제품이 지금 시장에서 얼마나 잘 팔리는지도 중요한 요소입니다. 특히 전체 매출에서 해당 제품이 차지하는 비중을 반드시 확인해야 합니다.

예를 들어 인공지능^{AI} 시대에는 방대한 데이터를 처리하기 위한 GPU(그래픽처리장치)뿐 아니라 HBM(고대역폭 메모리) 반도체가 필수입니다. 우리나라의 대표 반도체 기업인 삼성전자와 SK하이닉스의 매출 비율을 비교해보겠습니다.

삼성전자의 총매출에서 반도체가 차지하는 비중은 약 36.91%(2024년 기준)이지만, SK하이닉스는 매출의 100%가 반도체입니다. 따라서 AI 시대에 반도체 수요가 폭발적으로 증가한다면 SK하이닉스가 삼성전자보다 이익 증가율 면에서 훨씬 큰 수혜를 받을 가능성이 높습니다. 특히 HBM 분야에서 SK하이닉스의 기술력이 더 우수하다고 평가받고 있습니다.

한 걸음 더

재무제표는 최소 3년 이상 흐름으로 보세요. 단기 실적은 왜곡될 수 있습니다. 하지만 흐름은 기업의 본질을 숨기지 않습니다.

이를 HTS의 기업분석 메뉴에서 쉽게 확인할 수 있습니다.

홈 → 투자정보 → 기업분석 → 기업 개요

기업의 재무제표는 필수입니다

기업은 일정 기간에 해당하는 재무 상태, 경영 성과, 현금흐름을 공시할 의무가 있습니다. 투자자는 이 재무제표를 꼼꼼히 확인해야 합니다.

손익계산서에서 확인할 것

당기순이익이 꾸준히 흑자인가?

소비가 줄어드는 시기라도 매출이 증가하고 있는가?

기업 경쟁력을 보여주는 영업이익은 증가하고 있는가?

재무상태표에서 확인할 것

부채비율이 지나치게 높지 않은가?

부도 위험을 방지할 만큼 충분한 유동자산을 갖고 있는가?

현금흐름표에서 확인할 것

영업활동현금흐름이 꾸준히 양(+)인가?

미래 투자를 위해 현금을 지출하고 있는가?

불필요한 부채를 줄이기 위해 노력하고 있는가?

HTS에서는 재무제표를 3년 이상 비교해볼 수 있고, 핵심 지표는 그래프로 정리되어 있어 시각적으로 파악하기 매우 용이합니다.

홈 → 투자정보 → 기업분석 → 재무제표

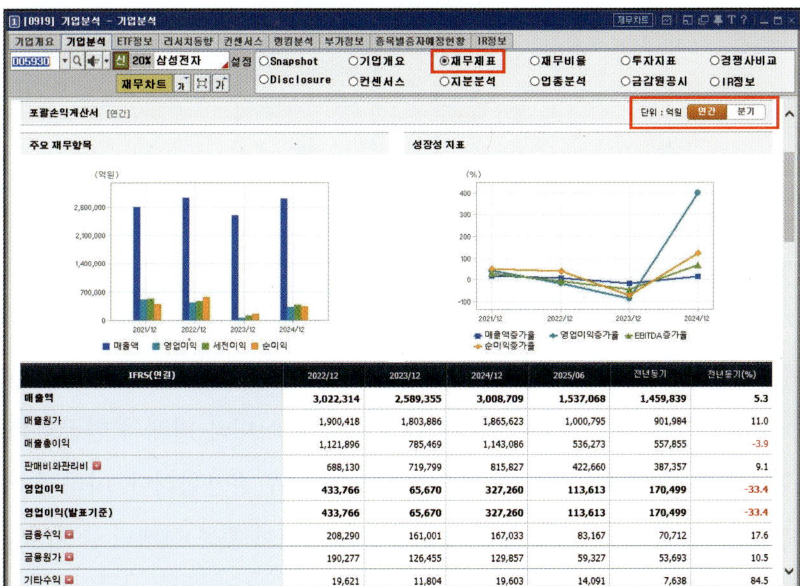

포괄손익계산서는 어떻게 보는 건가요?

종목을 선택하기 전 가장 먼저 확인해야 할 재무제표가 바로 포괄손익계산서입니다. 포괄손익계산서는 일정 기간(보통 1년, 반기, 분기 단위) 동안 기업이 벌어들인 영업 성과, 즉 기업이 얼마만큼의 이익을 냈는지를 보여주는 핵심 문서입니다.

포괄손익계산서는 해당 회계기간의 실적뿐 아니라 미래의 현금흐름, 수익 창출 능력, 이익의 질을 파악하는 데도 매우 유용합니다. 따라서 어떤 항목에서 이익이 발생했는지를 분석하는 것이 종목 선택의 출발점입니다.

영업이익을 꼭 확인하세요

포괄손익계산서에서 가장 먼저 확인해야 할 지표는 영업이익입니다. 영업이익은 기업이 본업으로 얼마나 돈을 벌고 있는지를 보여주는 지표로, 이자비용·세금 등을 제외한 순수한 영업활동의 성과를 의미합니다.

영업이익이 흑자라면 기업이 본업을 통해 확실히 돈을 벌고 있다는 의미이고, 적자라면 영업 자체에서 문제가 있다는 뜻입니다. 영업이익은 다음과 같이 계산합니다.

영업이익 = 매출액 - 매출원가 - 판매관리비

기업이 지속적으로 성장하려면 본업에서 안정적으로 이익을 창출해야 합니다. 본업의 경쟁력이 약해지면 어떤 기업이든 성장을 지속할 수 없기 때문입니다. 예를 들어 삼양식품의 포괄손익계산서를 보면 2022년부터 영업이익이 크게 증가하는 모습을 확인할 수 있습니다. '불닭볶음면'의 글로벌 인기에 힘입어 영업이익이 급증했고, 이는 주가 상승으로 직결된 대표적인 사례입니다.

한 걸음 더

영업이익은 기업의 체력입니다

매출보다 더 중요한 것은 본업에서 남기는 영업이익입니다. 영업이익이 꾸준히 증가하는 기업만이 장기적으로 살아남습니다.

삼양식품 포괄손익계산서 요약

IFRS(연결)	2022/12	2023/12	2024/12	2025/06	전년동기	전년동기(%)
매출액	**9,090**	**11,929**	**17,280**	**10,821**	**8,102**	**33.6**
매출원가	6,578	7,762	10,048	5,817	4,542	28.1
매출총이익	2,512	4,167	7,232	5,004	3,560	40.6
판매비와관리비	1,608	2,692	3,786	2,463	1,864	32.2
영업이익	**904**	**1,475**	**3,446**	**2,541**	**1,696**	**49.8**
영업이익(발표기준)	**904**	**1,475**	**3,446**	**2,541**	**1,696**	**49.8**
금융수익	25	58	105	103	49	109.9
금융원가	49	122	290	48	102	-53.0
기타수익	341	393	477	307	196	56.5
기타비용	225	295	223	506	76	565.4
종속기업,공동지배기업및관계기업관련손익	24	55	2	1	1	-5.0
세전계속사업이익	**1,020**	**1,563**	**3,516**	**2,398**	**1,764**	**35.9**
법인세비용	217	297	804	568	396	43.4
계속영업이익	803	1,266	2,713	1,830	1,368	33.8
중단영업이익						
당기순이익	**803**	**1,266**	**2,713**	**1,830**	**1,368**	**33.8**
지배주주순이익	798	1,263	2,720	1,837	1,371	34.0
비지배주주순이익	5	3	-7	-6	-2	적자지속

2022년부터 2025년까지 삼양식품의 월봉을 보면 이런 흐름을 명확히 알 수 있습니다.

삼양식품 월봉 동향

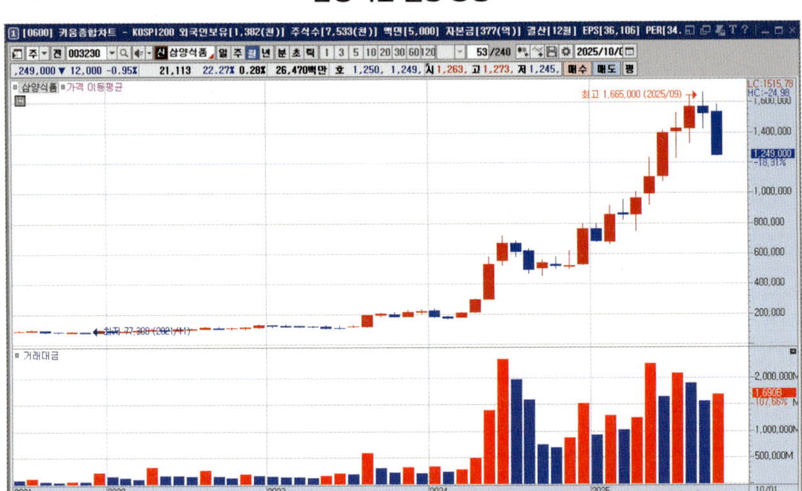

HTS에서 포괄손익계산서 확인하기

HTS에서는 과거 4년간의 포괄손익계산서를 한눈에 비교할 수 있는 기능을 제공합니다. 이를 통해 실적이 증가 추세인지, 감소 추세인지 쉽게 확인할 수 있습니다. 중요한 것은 흑자냐 적자냐를 보는 것뿐 아니라, 이익이 증가하고 있는가, 아니면 줄어들고 있는가를 판단하는 것입니다.

이익 추세는 해당 기업의 미래 수익성을 가늠하는 핵심 지표입니다. 일반적으로 경기 변동 폭이 작은 미국 시장에서는 최근 10년간의 영업이익 흐름을 확인하지만, 우리나라처럼 경기 변동성이 큰 국가는 최근 5년 정도의 추세를 보는 것으로도 충분합니다.

이 추세를 가장 정확하게 확인할 수 있는 방법은 바로 그래프입니다.

제시된 화면에서는 매출액, 영업이익, 당기순이익, 영업이익 증가율 등 핵심 항목의 장기 추세를 시각적으로 비교할 수 있습니다. 특히 우측으로 갈수록 영업이익이 꾸준히 증가하고 있다면 그 기업은 미래 성장 가능성이 큰 기업으로 평가할 수 있습니다.

일부 기업의 실적은 계절적 흐름을 갖고 있습니다. 예를 들어 졸업·입학 시즌에 수요가 급증하는 여행산업, 여름철에 판매량이 폭발하는 빙과류·유제품 시장 등이 이에 해당합니다. 이처럼 계절성이 존재하는 기업은 전분기 대비QoQ가 아니라 전년동기 대비YoY로 비교해야 합니다.

빙그레의 경우 여름철 실적이 압도적으로 높기 때문에 4분기 대비 1분기를 비교하면 왜곡된 판단을 하게 됩니다. 따라서 계절성 기업은 반드시 전년동기 대비로 실적을 확인해야 합니다.

한 걸음 더

계절성 기업은 전년 동기 대비를 보세요
빙그레처럼 계절적 요인이 큰 기업은 분기별 비교만 부면 실적이 왜곡됩니다. 반드시 계절 흐름을 읽어야 합니다.

계절에 따른 실적 변동 확인

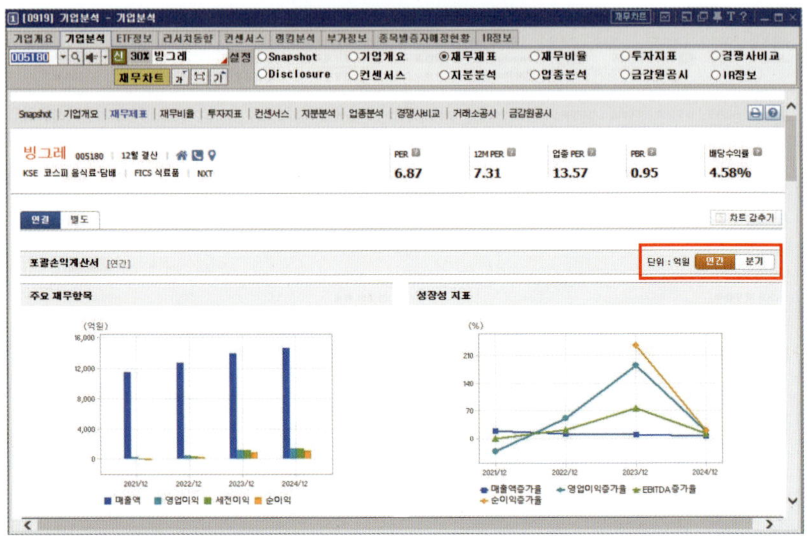

재무상태표
재무상태표는 어떻게 보는 건가요?

재무상태표는 특정 시점에서 기업이 보유한 자산, 부채, 자본의 상태를 한눈에 보여주는 표입니다. 투자자는 이 표를 통해 기업의 유동성, 재무적 안전성, 수익성, 위험성 등을 종합적으로 평가할 수 있습니다.

삼성전자 재무상태표(단위: 억 원)

IFRS(연결)	2022/12	2023/12	2024/12	2025/06
자산	4,484,245	4,559,060	5,145,319	5,048,752
유동자산	2,184,706	1,959,366	2,270,623	2,121,607
비유동자산	2,299,539	2,599,694	2,874,697	2,927,145
기타금융업자산				
부채	936,749	922,281	1,123,399	1,053,132
유동부채	783,449	757,195	933,263	844,026
비유동부채	133,301	165,087	190,136	209,106
기타금융업부채				
자본	3,547,496	3,636,779	4,021,921	3,995,620
지배기업주주지분	3,451,861	3,532,338	3,916,876	3,886,941
비지배주주지분	95,635	104,441	105,045	108,679

유동자산의 규모를 살펴보세요

재무상태표에서 가장 먼저 봐야 할 부분은 자산의 구성입니다. 자산은 크게 유동자산과 비유동자산으로 나눠집니다. 유동자산은 기업이 1년 이내에 현금화할 수 있는 자산으로 현금 및 단기예금, 유가증권, 매출채권(외상매출금·받을어음), 재고자산 등이 대표적입니다. 이 중 재고자산은 결국 매출을 거쳐야 현금화되므로 유동자산 안에서도 가장 유동성이 떨어지는 자산입니다.

유동자산이 많다는 것은 기업이 단기적인 위기에 처했을 때 부도 위험이 낮다는 의미입니다. 다만 수익률이 낮은 자산이 대부분이기 때문에 필요 이상으로 많은 유동자산을 보유하는 것이 반드시 좋은 것만은 아닙니다.

비유동자산에서는 감가상각비에 주목하세요

비유동자산은 기업이 1년 내 현금화할 수 없는 자산입니다. 건물, 토지, 기계장치, 장기 금융 상품, 투자 유가증권 등이 여기에 속합니다. 비유동자산에서 중요하게 봐야 하는 항목이 바로 감가상각비입니다. 감가상각비는 기계·건물 등의 가치가 시간이 지나며 소모되는 만큼을 비용으로 배분하는 과정이며, 동시에 미래의 교체를 대비해 현금을 내부에 축적하는 기능도 합니다.

예를 들어 1억 원짜리 기계를 10년 동안 감가상각한다면 해마다 1,000만 원을 비용으로 처리해 장부가치를 줄여갑니다. 이때 감가상각비는 실제로 현금이 외부로 빠져나가지 않는 비현금 비용이기 때문에 기업 내부에는 그만큼 현금이 쌓이는 효과가 생깁니다. 이러한 이유로 감가

180

상각비는 기업의 미래 재투자 여력과 현금 창출 능력을 판단하는 데 매우 중요한 항목입니다.

유동부채의 규모를 꼭 확인하세요

다음으로 살펴볼 것은 부채 구조입니다. 재무상태표를 보면 기업이 자금을 타인자본(부채)으로 조달했는지, 자기자본으로 조달했는지 구체적으로 파악할 수 있습니다. 일반적으로 자기자본 비중이 높을수록 안전한 기업으로 봅니다. 이를 확인하는 가장 기본적인 지표가 부채비율입니다.

부채비율 = 부채총계 ÷ 자본총계

우리나라에서는 명확한 기준이 있는 것은 아니지만 대체로 부채비율이 200% 미만이면 안정적이라고 판단합니다. 다만 업종마다 기준이 다르며, 특히 금융업종은 특성상 부채비율이 높게 나옵니다.

유동부채는 1년 내 갚아야 하는 부채로 단기 차입금, 매입채무 등이 여기에 해당합니다. 반면 비유동부채는 장기 차입금, 사채 등 1년 이후에 갚는 부채입니다. 여기서 반드시 기억해야 할 원칙이 있습니다. 유동부채 > 유동자산이면, 부도 위험이 매우 커진다는 점입니다. 유동부채는 1년 안에 상환해야 하는데, 현금화가 가능한 자산이 부족하면 회사는 상환 부담을 견디기 어렵습니다. 이를 만기 불일치라고 하며, 기업 부도의 주요 원인이 됩니다.

가치투자의 창시자 벤저민 그레이엄도 초기에 "유동자산으로 모든 부채를 상환할 수 있는 기업에 투자하라"고 강조했습니다. 그만큼 부채 구조는 기업의 생존을 좌우하는 핵심 요소입니다.

증자 여부를 꼭 확인하세요

기업이 자금을 조달할 때 부채가 아닌 증자로 자금을 모으는 경우가 있습니다. 증자가 반드시 나쁜 것은 아니지만, 증자는 주식 수가 늘어나는 만큼 주당 가치EPS의 희석이 발생합니다. 주가가 예상보다 높은 구간에서 기업이 증자를 결정하는 경우도 많은데, 이때는 기존 주주의 가치가 희석되기 때문에 증자를 한 기업은 단기적으로 주가 탄력성이 떨어지는 경향이 있습니다. 따라서 종목을 분석할 때 최근 증자 여부를 꼭 확인해두어야 합니다.

자본잉여금을 통해 무상증자 가능성을 살펴보세요

자본 항목에서는 자본금·자본잉여금·이익잉여금을 함께 살펴봐야 합니다. 자본금은 '발행주식수×액면가'로 구성되고, 자본잉여금은 액면가를 초과해 주식을 발행할 때 발생하는 잉여금입니다. 예를 들어 액면가 5,000원인 주식을 1만 원에 발행하면 5,000원은 자본금, 나머지 5,000원은 자본잉여금이 됩니다.

자본잉여금은 사용처가 제한적입니다. 결손 보전과 무상증자 재원 외에는 사용할 수 없습니다. 따라서 자본잉여금이 많은 기업일수록 무상증자를 실시할 가능성이 크다고 판단할 수 있습니다.

이익잉여금은 기업이 벌어들인 이익 중 배당하지 않고 남겨둔 금액으로, 유보율(잉여금÷자본금)이 높을수록 재무적으로 안정되고 위기 대응 능력이 높은 기업으로 평가할 수 있습니다.

현금흐름표는 어떻게 보는 건가요?

기업이 부도 위험 없이 안정적으로 운영되기 위해서는 현금 관리가 무엇보다 중요합니다. 아무리 매출과 이익이 좋아 보여도 실제 현금이 부족하다면 기업은 언제든 위기에 빠질 수 있습니다. 일정 기간 기업에 현금이 어떻게 들어오고 나갔는지를 보여주는 문서가 바로 현금흐름표입니다. 현금흐름표는 기업의 활동을 영업활동·투자활동·재무활동 3가지로 구분해 각각의 활동에서 현금이 어떻게 변했는지를 파악하도록 구성되어 있습니다.

기업활동에 따른 현금흐름 이해하기

영업활동 현금흐름 ▶ 영업활동 현금흐름이 (+)라는 것은 기업이 본업으로 현금이 잘 들어오고 있다는 의미입니다. 여기에 감가상각비처럼 현금이 실제로 빠져나가지 않는 비용을 더해주면 기업이 본업을 통해 창출한 실질적인 현금의 규모를 파악할 수 있습니다. 반대로 사채상환이익처럼 현금 유입 없이 장부상에만 수익을 기록하는 항목도 있는데, 이런 항목은 수익에서 제외해 현실적인 현금흐름을 판단해야 합니다.

한 걸음 더

투자활동 현금흐름이 마이너스라고 무조건 나쁜 것은 아닙니다

영업활동 현금흐름이 음(-)인 기업은 조심해야 하지만, 설비투자·연구개발처럼 미래를 위한 투자는 장기적으로는 가장 큰 수익을 만들 수 있습니다.

투자활동 현금흐름 ▸ 투자활동 현금흐름이 (-)라면 기업이 설비투자나 M&A 등 미래 성장을 위해 돈을 쓰고 있다는 뜻입니다. 좋지 않아 보일 수 있지만, 건전한 투자는 장기 성장의 필수조건일 수도 있습니다. 반대로 투자활동 현금흐름이 (+)라면 기업이 투자했던 자산을 매각해 현금을 회수한 경우입니다.

재무활동 현금흐름 ▸ 재무활동 현금흐름이 (-)라면 기업이 차입금을 상환하거나 배당을 지급한 것입니다. 즉, 부채가 줄어들고 재무 안정성이 좋아지는 흐름으로 해석할 수 있습니다. 반면 재무활동 현금흐름이 (+)라면 차입이 늘어났거나, 증자를 통해 자금을 조달했다는 의미입니다. 장기적으로 재무적 부담이 커질 수 있으므로 주의가 필요합니다.

삼성전자 현금흐름표(단위: 억 원)

IFRS(연결)	2022/12	2023/12	2024/12	2025/06
영업활동으로인한현금흐름	**621,813**	**441,374**	**729,826**	**339,410**
당기순손익	556,541	154,871	344,514	133,393
법인세비용차감전계속사업이익				
현금유출이없는비용등가산	497,297	483,129	518,542	299,020
(현금유입이없는수익등차감)	166,562	117,933	89,072	48,733
영업활동으로인한자산부채변동(운전자본변동)	-169,989	-54,587	-15,676	-32,822
*영업에서창출된현금흐름	717,286	465,479	758,309	350,858
기타영업활동으로인한현금흐름	-95,472	-24,105	-28,483	-11,448
투자활동으로인한현금흐름	**-316,028**	**-169,228**	**-853,817**	**-241,735**
투자활동으로인한현금유입액	274,660	507,188	57,444	44,726
(투자활동으로인한현금유출액)	590,688	676,416	911,261	286,461
기타투자활동으로인한현금흐름				
재무활동으로인한현금흐름	**-193,900**	**-85,931**	**-77,972**	**-147,484**
재무활동으로인한현금유입액	2,720	25,001	62,763	20,037
(재무활동으로인한현금유출액)	98,476	12,287	31,848	117,699
기타재무활동으로인한현금흐름	-98,144	-98,645	-108,887	-49,822

이상적인 현금흐름 패턴은 무엇일까요?

현금흐름이라는 관점에서 보면 영업활동 현금흐름은 (+)이고 재무활동 현금흐름은 (-)인 기업이 가장 안정적인 구조를 갖고 있다고 볼 수 있습니다. 즉, 본업에서 꾸준히 현금을 벌고 있으며 부채는 차근차근 감축하는 기업은 재무 구조가 탄탄한 우량형 기업일 가능성이 높습니다.

투자활동 현금흐름은 기업의 상황에 따라 해석이 달라질 수 있습니다. 불황기에도 투자가 활발하다면 '성장 의지'의 신호일 수 있고, 반대로 투자 없이도 이익이 나는 기업은 현금 창출력이 뛰어난 알짜기업일 수 있습니다.

현금흐름표의 3가지 흐름(영업·투자·재무)을 조합하면 8가지 유형으로 기업을 분류할 수 있습니다.

한 걸음 더

현금흐름표는 거짓말을 하지 않습니다
매출·이익은 회계적으로 조정이 가능하지만, 현금흐름은 실제 돈의 이동을 보여주기에 기업의 진짜 체력을 나타냅니다.

현금흐름 패턴에 따른 기업 유형

현금흐름 패턴	1	2	3	4	5	6	7	8
영업활동	+	+	+	+	-	-	-	-
투자활동	+	-	+	-	+	-	+	-
재무활동	+	-	-	+	+	+	-	-
기업 유형	현금 비축형	우량형	부채 상환형	성장형	사업 부진형	급성장형	매각형	현금 소진형

각 유형의 특징을 간단히 살펴보면 다음과 같습니다.

현금비축형 ▶ 현금 유동성이 풍부한 기업으로, 이를 기반으로 인수합병 또는 신규 사업 진출의 타당성을 반드시 검토해야 합니다.

우량형 ▸ 영업활동 현금흐름이 지속적으로 양호한 '캐시카우^{Cash Cow}' 기업입니다. 본업 경쟁력이 안정적으로 유지되는지가 핵심입니다.

부채상환형 ▸ 사업 규모를 축소하고 부채를 갚으며 재정비하는 기업입니다. 업종의 미래 전망과 구조조정의 타당성을 살펴야 합니다.

성장형 ▸ 적극적인 설비투자와 관계기업 지분 확보 등이 특징입니다. 성장의 방향과 투자 타당성을 면밀히 검토해야 합니다.

사업부진형 ▸ 영업활동 현금흐름이 부진한 기업입니다. 부진의 원인과 개선 가능성이 있는지를 가장 먼저 확인해야 합니다.

급성장형 ▸ 사업 초기 빠르게 성장하는 기업으로, 차입이나 증자로 버티는 구조일 수 있습니다. 영업활동 현금흐름이 언제 흑자로 돌아설지가 핵심 포인트입니다.

매각형 ▸ 자산 매각으로 현금을 마련하는 기업으로 매우 위험한 유형입니다. 추가로 매각할 자산이 없으면 파산 위험이 커집니다.

현금소진형 ▸ 유보된 현금으로 연명하는 형태입니다. 현금이 소진되면 부도 위험이 급격히 커지므로 경영진의 사업 전환 역량이 중요합니다.

재무비율을 통해 종목을 선정한다고요?

06

가치 있는 주식을 찾는 일은 의외로 직관에서 출발합니다. 워런 버핏이 "길에서 뚱뚱한 사람을 보면 몸무게를 재지 않아도 알 수 있다"라고 말했듯, 기업 역시 몇 가지 핵심 요소만 확인하면 좋은 기업인지 아닌지 어느 정도 가늠이 됩니다. 하지만 좋은 기업을 '찾는 것'과 '그 기업의 실제 가치를 판단하는 것'은 별개의 문제입니다. 좋은 기업이라고 판단했다면 다음 단계는 그 기업의 가치를 수치로 따져보는 일입니다. 기업의 가치를 구성하는 대표 요소는 다음 4가지입니다.

한 걸음 더

재무비율은 '단일 값'보다 '흐름'을 보세요
5년 이상 우상향하는 흐름이 있는지 확인해야 기업의 본질이 드러납니다.

수익가치	자산가치
수익성이 다른 기업에 비해 뛰어난 기업	자산가치가 다른 기업에 비해 뛰어난 기업
배당가치	성장가치
배당률이 다른 기업에 비해 뛰어난 기업	성장잠재력이 다른 기업에 비해 뛰어난 기업

이 4가지 가치를 실제로 판단하는 데 필요한 도구가 바로 재무비율입

니다. 재무비율은 재무제표를 바탕으로 만들어진 지표로 기업의 유동성, 안정성, 수익성, 성장성, 활동성을 종합적으로 평가하는 데 매우 유용합니다. HTS에서는 다음 경로에서 주요 재무비율을 확인할 수 있습니다.

홈 → 투자정보 → 리서치 → 기업분석 → 재무비율

IFRS(연결)	2021/12	2022/12	2023/12	2024/12	2025/06
안정성비율					
유동비율	247.6	278.9	258.8	243.3	251.4
당좌비율	200.6	212.2	190.6	187.8	190.9
부채비율	39.9	26.4	25.4	27.9	26.4
유보율	32,906.5	38,360.3	39,256.9	43,743.3	43,513.4
순차입금비율					
이자보상배율	119.7	56.9	7.1	36.2	35.0
자기자본비율	71.5	79.1	79.8	78.2	79.1
성장성비율					
매출액증가율	18.1	8.1	-14.3	16.2	5.3
판매비와관리비증가율	9.3	11.8	4.6	13.3	9.1
영업이익증가율	43.5	-16.0	-84.9	398.3	-33.4
EBITDA증가율	29.5	-4.0	-45.2	66.6	-7.8
EPS증가율	50.4	39.5	-73.6	132.3	-19.8
수익성비율					
매출총이익율	40.5	37.1	30.3	38.0	34.9

각 지표 옆의 아이콘을 누르면 계산식과 항목별 세부 내용이 표시되므로 초보 투자자도 어렵지 않게 활용할 수 있습니다.

유동성 비율: 단기 위험을 감당할 수 있는 기업인가?

유동성 지표는 기업이 단기 부채를 얼마나 쉽게 상환할 수 있는지를 보여주는 지표입니다. 대표 지표로는 유동비율과 당좌비율이 있습니다.

재무비율	계산 방법	내용
유동비율	(유동자산 ÷ 유동부채) × 100	단기 부채의 경우 차입한 후 상환하는 기간이 비교적 짧기 때문에 현금흐름이 그만큼 빠릅니다. 기업의 단기 채무 상환능력 측정 지표입니다.
당좌비율	(당좌자산 ÷ 유동부채) × 100	일시적인 재무위기에 처해 있을 때 현금을 동원할 수 있는 능력을 측정하는 지표입니다. 당좌비율이 높을수록 기업이 긴박한 상황에서도 쉽게 현금을 동원할 수 있다는 뜻입니다.

유동비율은 너무 낮아도 문제지만, 지나치게 높아도 문제입니다. 유동자산이 많다는 것은 단기 위험을 버틸 여력은 있다는 뜻이지만, 반대로 말하면 수익을 내지 못하는 자산을 많이 들고 있다는 의미가 될 수도 있기 때문입니다.

안정성 비율: 기업이 장기적으로 버틸 체력을 갖췄는가?

안정성 비율은 기업의 중장기 재무 건전성을 평가하는 지표입니다. 대표 지표로는 부채비율과 이자보상비율이 있습니다.

부채비율은 낮을수록 좋고, 이자보상비율은 높을수록 좋습니다. 특히 이자보상비율이 1배 미만이면 영업이익으로 이자조차 갚지 못하는 좀비기업으로 분류됩니다. 3년 연속 이자보상비율이 1 미만이면 한계기업으로 분류되며 위험도가 크게 증가합니다.

재무비율	계산 방법	내용
부채비율	(타인자본 ÷ 자기자본) × 100	기업이 자기자본에 비해 얼마나 많은 부채를 사용하는지 측정하는 지표입니다. 이 비율이 지나치게 높아지면 기업의 위험이 증가하는 것으로 판단할 수 있습니다. IMF 외환위기 이후 당국에서는 기업들의 부채비율을 200% 이하로 유지할 것을 권고하고 있습니다.
이자보상 비율	영업이익 ÷ 이자비용	기업이 자신의 본업으로 벌어들인 영업이익으로부터 이자를 얼마나 갚을 수 있는지 측정하는 지표입니다. 이 비율이 높을수록 채권자들이 안심할 수 있고, 주주들 입장에서도 기업이 안정적임을 확인할 수 있습니다. 특히 이자보상비율은 부도 가능성을 측정하는 데 매우 중요하게 사용됩니다. 이자보상비율이 1배 미만인 종목을 좀비기업이라고도 부릅니다.

수익성 비율: 기업의 수익능력을 정교하게 체크하기

수익성 비율은 기업이 얼마나 효율적으로 이익을 내는지를 보여줍니다. 대표 지표로는 자기자본이익률ROE, 매출액순이익률, 주당순이익EPS 등이 있습니다.

수익성은 무조건 높을수록 좋습니다. 특히 ROE는 주식투자자가 가장 중요하게 봐야 하는 지표로, 장기 복리수익률에 직접적으로 연결됩니다. 매출액순이익률이 높다는 것은 기업이 가격 결정력을 가지고 있다는 뜻이므로 경쟁력이 강한 기업임을 의미합니다.

재무비율	계산 방법	내용
자기자본 이익률	(순이익 ÷ 자기자본) × 100	자기자본이익률은 주주들의 투자 자본인 자기자본 총액을 얼마나 효율적으로 활용했는지를 측정하는 지표입니다. 특히 주주 자본에 대한 이익률을 의미한다는 점에서 주식투자자는 반드시 확인해야 합니다.
매출액 순이익률	순이익 ÷ 매출액	기업의 매출액 중에서 이익률이 차지하는 비율을 말하는 것으로 기업이 어느 정도의 가격 결정력을 갖고 있는지 확인할 수 있는 지표입니다. 만약 매출액순이익률이 낮다면 이는 기업이 가격 경쟁을 치열하게 하고 있다는 방증입니다. 반대로 매출액순이익률이 높으면 독점적인 이익을 얻을 수 있는 능력이 있다는 깃으로 핀딘할 수 있습니다.
주당순이익	순이익 ÷ 발행주식수	주당순이익은 기업이 발행한 주식 1주당 어느 정도의 이익을 얻었는지 측정하는 지표입니다. 서로 다른 기업 간에도 주식 1주의 수익력을 통해 비교할 수 있다는 점에서 유용합니다.

활동성 비율: 기업의 자산을 얼마나 효율적으로 굴리는가?

활동성비율은 기업의 자산이 얼마나 효율적으로 회전하고 있는지를 보여주는 지표입니다. 대표적인 지표는 총자산회전율, 매출채권회전율, 재고자산회전율입니다.

재무비율	계산 방법	내용
총자산 회전율	매출액 ÷ 총자산	기업이 투자한 자산에 의해 생기는 매출액을 측정하는 지표입니다. 이 비율이 높을수록 자산을 활용한 매출액이 높다고 판단해 기업이 더욱 효율적으로 영업을 수행하고 있다는 의미로 해석합니다. 그러나 이 비율이 지나치게 높은 경우에는 총자산에 대한 투자가 부족하다는 것으로 해석할 수도 있습니다. 따라서 적정 수준의 회전율을 유지하는 것이 필요합니다.
매출채권 회전율	매출액 ÷ 매출채권	매출액을 현금으로 전환하는 속도를 측정하는 지표로 대금회수 정책과 자산 활용도를 파악할 수 있습니다. 일반적으로 이 비율이 높을수록 기업이 효율적으로 영업을 수행하고 있다는 것입니다.
재고자산 회전율	매출액 ÷ 재고자산	기업이 보유하고 있는 재고자산의 판매 속도를 측정하는 지표입니다. 이 지표가 높을수록 기업의 재고자산 관리 상태가 매우 효율적이라고 할 수 있습니다. 그러나 지나치게 높으면 재고가 부족하다는 의미로 해석되어, 추가적인 매출의 기회를 충분히 누리지 못하는 상황으로 판단할도 수 있습니다.

매출채권회전율이 낮으면 현금흐름이 흔들립니다

외상대금 회수가 늦어지면 영업이익이 실제 현금으로 이어지지 않습니다.

　활동성 비율은 대부분 높을수록 좋습니다. 특히 매출채권회전율이 높다는 것은 외상매출금이 빠르게 회수되고 있다는 뜻으로, 현금흐름이 안정적이며 대손 위험도 낮다는 것을 의미합니다.

성장성 비율: 미래 가치가 커지는 기업인가?

성장성 비율은 기업의 외형과 이익이 얼마나 빠르게 증가하고 있는지를 보여주는 지표입니다. 대표적으로 총자산 증가율, 매출액 증가율, 주당순이익 증가율(EPS 성장률) 등이 있습니다.

재무비율	계산 방법	내용
총자산 증가율	[(당기 총자산 ÷ 전기 총자산) - 1] × 100	총자산이 어느 정도 증가했는지 측정하는 지표로 기업가치의 증가 정도를 확인할 수 있습니다.
매출액 증가율	[(당기 매출액 ÷ 전기 매출액) - 1] × 100	매출액이 전년에 비해 어느 정도 증가했는지 측정하는 지표입니다. 매출액 증가율이 높게 나타나면서 순이익이 증가한다면, 기업이 빠른 속도로 성장하고 있다고 판단할 수 있습니다.
주당순이익 증가율	[(당기 주당순이익 ÷ 전기 주당 순이익)- 1] × 100	기업의 주당순이익이 증가하는 정도를 보여주는 지표입니다. 기업이 지속적으로 이익을 증가시킨다는 것은 그만큼 수익성을 확보하고 있다고 판단할 수 있습니다.

이 3가지 지표가 고르게 높게 나타나는 기업이 이상적입니다. 만약 셋 중 하나만 높아야 한다면, 요즘처럼 소비가 둔화한 시대에는 매출액 증가율이 높은 기업이 더 좋은 선택이 될 수 있습니다. 매출이 꾸준히 늘어나는 기업은 불황에도 버티는 힘이 있기 때문입니다.

경영 성과가 좋은 종목은 어떻게 찾나요?

07

증권투자는 크게 채권투자와 주식투자로 나눌 수 있습니다. 채권에 투자하는 사람들은 기업의 재무 상태에 가장 큰 관심을 둡니다. 기업이 이익을 많이 내더라도 채권투자자는 정해진 이자만 받을 뿐이므로 그 기업이 부도 위험 없이 상환 능력을 갖추고 있는지가 핵심이기 때문입니다. 하지만 주식투자자는 시각이 완전히 달라야 합니다. 주식은 기업의 성과가 좋아질수록 수익이 커지기 때문에 채권투자자와는 비교할 수 없을 만큼 기업의 수익성과 성장성에 직접적인 영향을 받습니다. 따라서 주식투자자는 반드시 기업의 수익성을 면밀히 들여다봐야 합니다.

이때 가장 중요한 지표가 ROE_{Return On Equity}, 자기자본이익률입니다. ROE는 기업이 주주에게 받은 자본으로 얼마나 효율적으로 이익을 창출하고 있는지를 보여주는 지표입니다.

$$ROE = (순이익 \div 자기자본) \times 100$$

ROE가 높다는 것은 기업이 수익성이 뛰어나고, 보유 자산을 효율적으로 사용하고 있으며, 부채를 무리하게 늘리지 않아도 좋은 성과를 내고 있다는 뜻입니다. 즉, ROE는 기업의 종합건강검진표와 같은 지표입니다. 이런 이유로 ROE는 주식투자자들이 가장 먼저 확인해야 할 핵심 지표로 꼽힙니다. 워런 버핏은 ROE가 15% 이상인 기업에 주목했고, 윌리엄 오닐은 17% 이상인 기업에 투자하라고 강조했습니다. 좋은 종목을 찾고 싶다면 ROE를 확인하는 것부터 시작해야 합니다.

ROE의 함정도 함께 봐야 합니다

ROE는 높을수록 좋다고 알고 있지만, 수식을 자세히 들여다보면 반드시 그렇지는 않다는 사실을 알 수 있습니다.

$$ROE = 매출액이익률 \times 총자산회전율 \times (1 + 부채비율)$$

ROE가 높게 나타나는 이유는 크게 3가지입니다.

1) 매출액이익률이 높다. → 제품 하나를 팔아도 많은 이익이 남는다.
2) 총자산회전율이 높다. → 자산을 효율적으로 굴려 매출을 많이 만든다.
3) 부채비율이 높다. → 타인자본을 활용해 레버리지 효과를 얻는다.

문제는 세 번째입니다. 부채를 늘리면 ROE는 인위적으로 높아질 수 있지만, 위험도 함께 증가합니다. 경기가 좋을 때는 높은 ROE가 좋아 보이지만, 경기가 나빠지면 부채 부담과 이자비용이 기업을 압박해 오히려 도산 위험이 커질 수 있습니다. 따라서 부채를 거의 늘리지 않으면서 꾸준히 높은 ROE를 유지하는 기업이 진짜 좋은 회사입니다.

ROE를 평가할 때는 반드시 매출액이익률, 총자산회전율, 부채비율 이 세 요소를 함께 들여다봐야 합니다.

ROE로 좋은 기업 찾기 체크리스트

1. ROE 수준 체크

☐ ROE가 15% 이상인가?

☐ 최소 3년 이상 꾸준히 유지되고 있는가?

☐ 최근 ROE가 상승추세인가, 하락추세인가?

2. ROE 구성 요소 체크

① 매출액이익률

☐ 영업이익률·순이익률이 꾸준히 높게 유시뇌고 있는가?

☐ 제품 가격 결정력(브랜드·점유율)이 있는가?

② 총자산회전율

☐ 자산을 효율적으로 굴려 매출을 만들어내는가?

☐ 총자산 대비 매출성장률이 충분한가?

③ 부채비율

☐ 부채비율이 과도하게 높지 않은가?

☐ ROE 상승이 부채 증가 때문은 아닌가?

☐ 이자보상비율이 안정적으로 1 이상인가?

3. 수익의 질 체크

☐ 현금흐름표에서 영업현금흐름이 꾸준히 (+)인가?

☐ 감가상각비를 제외한 실제 현금 창출 능력이 탄탄한가?

☐ 장부상의 이익이 아니라 현금이 실제로 쌓이고 있는가?

4. 지속 가능성 체크

□ 기업의 비즈니스 모델이 장기적으로 유지 가능한가?

□ 업종 특성상 ROE 유지가 가능한 구조인가?

□ 경쟁자가 쉽게 진입할 수 없는 진입장벽이 있는가?

5. 위험 신호 체크

□ ROE가 상승하는데 부채비율·차입금이 함께 증가하고 있는가?

□ 일시적 요인(일회성 이익, 환율 효과, 자산매각)으로 ROE가 높아진 것은
   아닌가?

□ 이자보상비율이 감소하고 있지는 않은가?

6. 최종 판단 체크

□ ROE가 높고 꾸준하며, 재무 구조도 건강한가?

□ ROE 상승 요인이 '부채'가 아니라 '수익성 강화' 때문인가?

□ 업종 내에서 ROE가 상위권인가?

□ 장기 보유에 적합한 질적 경쟁력을 갖추었는가?

ROE 좋은 기업의 조건:

높은 ROE × 낮은 부채 × 꾸준한 현금흐름 × 지속 가능한 경쟁력

이 4가지가 모두 충족되면 그 기업은 장기 복리수익률이 뛰어난 진정한 가치주입니다.

이익 가치가 높은 종목은 어떻게 찾나요?

08

주가수익비율, 즉 PER Price Earning Ratio 은 기업의 주가를 그 기업의 주당 순이익 EPS 으로 나눈 값입니다.

PER = 주가 ÷ 주당순이익(EPS)

PER은 기업이 벌어들이는 이익 대비 시장이 그 기업에 얼마의 가격을 매기고 있는지를 보여주는 지표입니다. 이 말은 곧 PER이 낮을수록 이익에 비해 주가가 저평가되어 있다는 의미로 해석할 수 있습니다.

그래서 주식시장에서는 흔히 "저PER주에 투자하면 높은 수익을 기대할 수 있다"라고 말합니다. 이유는 간단합니다. 우수한 실적을 내고 있음에도 시장에서 아직 관심을 받지 못하는 기업들은 주가가 과도하게 낮게 형성되는 경우가 많습니다. 하지만 시장은 결국 저평가된 기업의 가치를 정상적으로 평가하려는 힘을 가지고 있습니다. 따라서 저PER주는 시장이 정상화되는 과정에서 높은 수익률을 가져오는 경우가 많습니다.

예를 들어 살펴보면 이해가 쉽습니다. 2024년 12월 결산 기준 삼성전자의 주당순이익이 4,590원이었을 때, 당시 주가는 최고 8만 7,800원, 최저 4만 9,900원을 기록했습니다. 이를 토대로 계산한 PER은 17.74배에서 10.08배까지 분포했습니다. PER이 낮다는 것은 결국 기업의 수익력은 높지만, 시장은 이를 충분히 반영하지 못하고 있다는 뜻입니다.

PER은 어떤 경우에 낮아지고, 어떤 경우에 높아질까요?

PER의 변화는 아주 단순한 논리에서 출발합니다. 주당순이익이 같다면 주가가 낮을수록 PER이 낮아지고, 주가가 같다면 주당순이익이 높을수록 PER은 낮아집니다. 즉, 저PER주는 '수익력 대비 시장에서 싼 주식'이라고 정의할 수 있습니다.

하지만 PER이 낮다고 무조건 좋은 것은 아닙니다. 우리나라 증시가 외국인에게 개방된 1992년, 시장에는 이른바 '저PER주 혁명'이 일어났습니다. 외국인 투자자들이 PER이 낮은 종목들을 집중 매수했고, 해당 종목들의 주가는 단기간에 2배 이상 상승했습니다. 당시 투자자들은 모두 저PER주 찾기에 열을 올렸습니다. 그러나 동시에 신한인터내셔날, 양우화학처럼 PER이 낮았음에도 부도난 기업도 있었습니다. 즉, PER은 유용한 지표이지만 절대적인 지표는 아니라는 것입니다.

왜 이런 현상이 발생할까요? 바로 PER의 성질 때문입니다. PER이 낮은 기업은 다음 2가지 가능성을 모두 포함하고 있습니다.

- **진짜 저평가된 우량기업**
- **위험 때문에 시장에서 외면받고 있는 부실기업**

　　또한 기업의 성장성이 낮아져 시장의 기대가 사라지면 이익이 일정하더라도 주가가 하락해 PER이 낮아집니다. 결국 PER이 낮다는 것만으로 투자 결정을 해서는 안 된다는 결론이 나옵니다. PER은 반드시 다른 지표와 함께, 기업의 재무 상태와 성장성까지 종합적으로 검토해야 안전합니다.

PER에 영향을 주는 요인들

배당성향 ▶ 기업이 배당을 적게 주면 투자자들은 실망해 주식을 매수하지 않습니다. 그 결과, 주가가 하락해 PER이 낮아집니다. 하지만 배당성향이 낮다는 것은 기업 내부에 유보금을 많이 쌓고 있다는 의미이기도 하므로 유보율과 함께 판단해야 합니다.

위험계수 ▶ 기업의 위험이 커지면 투자자들이 매도하면서 주가가 떨어지고 PER이 낮아집니다. 반대로 위험이 낮아지면 주가가 오르고 PER은 높아집니다.

성장률 ▶ 성장성이 높은 산업, 미래 수익이 기대되는 기업은 시장 기대가 반영되어 PER이 높아지는 경향이 있습니다. 성장 산업의 PER이 전반적으로 높은 이유가 바로 이것입니다. 따라서 PER이 낮다고 무조건 지평기라고 단정할 수 없고, PER이 높다고 고평가라고 단정할 수도 없습니다. 배경을 읽어야 합니다.

PER로 미래 주가를 예측할 수 있을까요?

신문에서 국가 간 PER을 비교하며 "한국은 미국보다 PER이 낮으니 저평가되어 있다"는 기사를 종종 볼 수 있습니다. 하지만 이런 단순 비교는 매우 위험합니다. 국가마다 위험도, 성장률, 금리 수준, 산업 구조가 다르기 때문입니다.

PER로 미래 주가를 예측하는 가장 간단한 방법은 다음 수식에서 출발합니다.

$$주가 = 주당순이익 \times PER$$

예를 들어 한 기업의 주당순이익이 2,000원이고 PER을 15배로 적용한다면 적정주가는 3만 원입니다. 만약 시장에서 2만 원에 거래되고 있다면 저평가 구간으로 판단할 수 있습니다. 문제는 'PER에 어떤 값을 적용할 것인가?'입니다. 일반적으로 다음 3가지를 활용합니다.

- 기업의 과거 평균 PER
- 동종 산업의 평균 PER
- 비슷한 위험도를 가진 기업군의 평균 PER

이 3가지는 HTS의 투자 지표 메뉴에서 쉽게 확인할 수 있습니다.

주가관련 지표 (단위 : 억원, 배)

IFRS 연결	2021/12		2022/12		2023/12		2024/12		2025/06	
	최고	최저	최고	최저	최고	최저	최고	최저	최고	최저
주가 (원)	91,000	68,800	78,900	52,600	78,500	55,400	87,800	49,900	61,800	51,000
시가총액	6,099,040	4,634,681	5,305,928	3,530,154	5,198,938	3,722,817	5,814,198	3,332,351	4,072,851	3,388,556
PER	15.75	11.91	9.79	6.53	36.84	26.00	17.74	10.08		
PBR	2.09	1.58	1.55	1.04	1.51	1.07	1.52	0.86	1.06	0.88

기업가치 지표 (단위 : 억원, 주, %, 배)

IFRS 연결		2021/12	2022/12	2023/12	2024/12	2025/06
Per Share						
EPS	(원)	5,777	8,057	2,131	4,950	1,920
EBITDAPS	(원)	12,643	12,143	6,659	11,094	5,071
CFPS	(원)	10,819	13,815	7,823	11,226	5,308
SPS	(원)	41,163	44,494	38,120	44,293	22,767
BPS	(원)	42,611	50,817	52,002	57,930	58,114
Dividends						
DPS(보통주,현금)(원)		1,444	1,444	1,444	1,446	732
DPS(1우선주,현금)(원)		1,445	1,445	1,445	1,447	732
배당성향(현금)(%)		25	18	68	29	

09

EV/EBITDA
현금흐름이 좋은 종목은 어떻게 찾나요?

앞에서는 기업의 가치를 평가하기 위해 사용하는 다양한 지표들을 살펴보았습니다. 하지만 모든 지표가 항상 유효한 것은 아닙니다. 기업이 지속적으로 손실을 내거나 자본잠식 상태에 들어간 경우에는 많은 지표가 의미를 잃게 됩니다. 특히 PER 지표는 당기순이익을 기반으로 계산해야 하는데, 우리나라 회계 환경에서는 당기순이익이 여러 요인에 따라 왜곡될 수 있습니다.

주당순이익EPS을 구하기 위해서는 '매출총이익 → 영업이익 → 경상이익 → 세전이익 → 당기순이익'의 모든 단계를 거쳐야 합니다. 이 과정에서 영업외비용, 특별손실, 세금 등의 변수로 인해 당기순손실이 발생하면, PER은 아예 계산조차 불가능해지는 문제가 생깁니다. 이런 이유로 기업의 본질적 영업활동이 얼마나 잘되고 있는지를 중심으로 평가하는 방식이 필요해졌고, 그 대안으로 주목받는 지표가 바로 EV/EBITDA 입니다.

EV와 EBITDA는 무엇을 의미할까요?

먼저 EV_{Enterprise Value}는 기업의 총가치를 의미합니다. 때로는 FV_{Firm Value}라고도 부릅니다. 이론적으로 EV는 기업의 자기자본 시장가치와 부채의 시장가치를 더해 계산합니다.

> EV = 시가총액(우선주 포함) + 순부채
> 시가총액 = 발행주식수 × 주가
> 순부채 = 총차입금 − 현금·예금

다음으로 EBITDA는 영업이익에 감가상각비(유형자산)와 감모상각비(무형자산)를 더한 값입니다.

> EBITDA = 영업이익 + 감가상각비 + 감모상각비

EBITDA는 실제 현금이 빠져나가지 않는 비용을 제외한 것으로, 기업이 본업을 통해 벌어들이는 현금흐름_{Cash Flow}을 나타내는 지표로 해석할 수 있습니다.

EV/EBITDA는 간단히 말해 기업의 총가치_{EV}를 영업현금흐름_{EBITDA}으로 나누어, 그 기업이 벌어들이는 현금 대비 시장에서 얼마나 평가되고 있는지 보여주는 비율입니다. 이 비율이 낮을수록 주가가 과소평가되어 있을 가능성이 크고, 기업이 창출하는 현금에 비해 가치가 싸다는 의미가 됩니다. 예를 들어 EV/EBITDA가 5배라면 "이 기업을 인수했을 때 본업에서 벌어들이는 현금으로 원금을 회수하는 데 5년이 걸린다"는 뜻입니다. 10배라면 10년이 걸리는 셈입니다.

한 걸음 더

EV/EBITDA는 저평가의 힌트지만, 위험의 힌트이기도 합니다
수치가 낮다고 바로 매수하지 말고 주가 하락의 원인이 위험 증가 때문인지 반드시 확인하세요

EV/EBITDA에도 함정은 있다

PER 지표는 유용하지만, 손실이 나는 기업은 PER이 음수(-)가 되어 아예 사용할 수 없고, 당기순이익은 회계 조작(분식회계)의 영향을 받을 위험이 있습니다. 반면 EBITDA는 영업활동의 결과를 중심으로 계산하기 때문에 회계상 조작 가능성이 비교적 낮고, 기업 본업의 경쟁력을 더 투명하게 보여줍니다. 따라서 EV/EBITDA는 PER의 단점을 보완하는 지표로 널리 사용됩니다.

그러나 이 지표 역시 주의할 점이 있습니다. 기업의 위험도가 높아져 주가가 급락하면 EV/EBITDA가 낮게 나타날 수 있는데, 이 경우는 저평가가 아니라 고위험의 신호일 수 있습니다. 즉, EV/EBITDA가 낮다고 무조건 좋은 기업이 아니라는 점을 꼭 기억해야 합니다.

고수의 팁 ▶ 분식회계란 무엇인가요?

분식회계는 재무 상태나 경영 실적을 실제보다 좋게 보이도록 조작하는 회계 행위입니다. 예를 들어 창고에 쌓여 있는 재고의 가치를 실제보다 크게 부풀리거나 판매되지 않은 상품의 매출전표를 발행해 매출채권을 인위적으로 늘리는 방식 등이 있습니다. 분식회계는 투자자의 판단을 왜곡시키고 기업의 재무 정보에 대한 신뢰를 무너뜨리며 탈세 및 법적 문제로 이어질 수 있어 법으로 엄격히 금지됩니다.

자산가치가 높은 종목은 어떻게 찾나요?

10

PER이 기업의 수익력에 대한 시장의 평가라면 주가순자산비율, PBRPrice Book-value Ratio은 기업의 순자산가치가 시장에서 얼마나 평가되고 있는지를 알려주는 지표입니다. 기업의 순자산은 말 그대로 '총자산-총부채=자기자본', 즉 기업이 지금 당장 청산한다고 가정했을 때 자산으로 부채를 모두 갚고 남는 주주들의 몫, 바로 잔여재산이 순자산입니다.

재무상태표를 보면 자산에서 부채를 뺀 나머지가 곧 이 회사의 순자산이며, 이 순자산을 발행주식수로 나눈 값이 BPSBook-value Per Share(주당순자산가치)입니다.

PBR은 다음과 같이 계산합니다.

$$\text{PBR} = \text{주가} \div \text{주당순자산가치(BPS)}$$

따라서 주가가 낮거나 BPS가 높은 기업은 PBR이 낮게 나타나고, 이는 곧 기업의 순자산 대비 시장에서 저평가된 상태로 해석할 수 있습니다.

PBR에도 함정이 있습니다

PBR은 PER와 함께 자산주 분석에 널리 사용되는 지표입니다. 하지만 'PBR이 낮다 → 싸다 → 매수!'라는 단순한 공식으로 접근하면 낭패를 볼 수 있습니다. 왜냐하면 PBR은 다양한 요인들이 복합적으로 작용해 결정되기 때문입니다.

PBR을 결정하는 요인들

요인	해설
배당성향	기업이 배당을 적게 주면 투자자의 매수·매도 심리가 약해져 주가가 떨어지고 PBR도 낮아집니다. 이때 중요한 것은 배당이 아니라 유보율(이익잉여금) 입니다.
위험계수	기업 위험이 커지면 주가가 하락하고, 그에 따라 PBR도 자연스럽게 낮아집니다.
이익성장률	성장률이 낮은 기업은 높은 평가를 받기 어렵기 때문에 PBR도 낮게 형성됩니다.
ROE(자기자본이익률)	ROE가 높으면 투자자들의 매수세가 붙어 주가가 오르고, 그 결과 PBR도 높아집니다. 반대로 ROE가 낮으면 PBR 역시 떨어집니다.

결국 PBR은 하나의 숫자만 보고 판단해서는 안 되는 지표입니다. 기업의 배당정책, 위험 수준, 성장률, ROE 등이 얽혀 나타나는 결과이기 때문입니다.

PBR-ROE 분석

PBR을 효과적으로 활용하는 방법 중 하나는 PBR과 ROE를 함께 분석하는 방식입니다. 이 두 지표는 서로 강하게 연결되어 있기 때문에 과대평가(비싸다)와 과소평가(싸다)를 판단하는 데 매우 유용합니다.

PBR-ROE 모형을 통한 과대·과소 판단

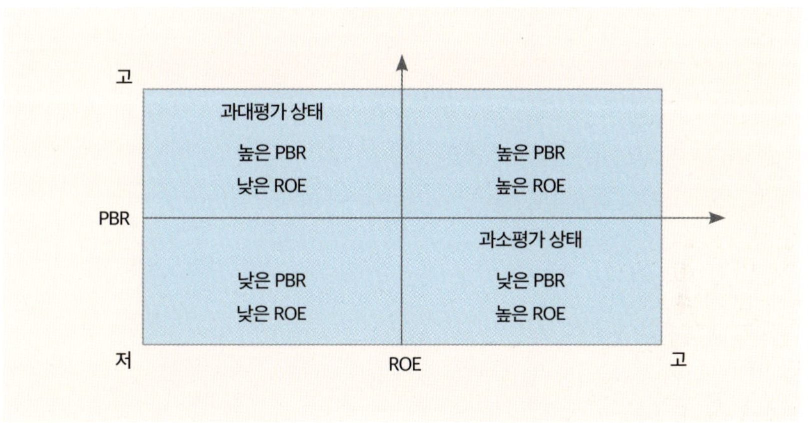

해석은 간단합니다.

- ROE는 낮은데 PBR만 높음 → 자산가치에 비해 주가가 과도하게 높음 → 매도 신호

• ROE는 높은데 PBR이 낮음 → 자산가치 대비 주가가 저평가 → 매수 기회

PBR은 재무제표의 장부가치(순자산)를 기반으로 하기 때문에 상대적으로 객관적인 지표지만, 회사 회계의 투명성이 전제되어야 합니다. 또한 신문이나 리포트에서 흔히 보듯 저PBR이 싸다는 단순 공식으로 접근해서는 안 됩니다. PBR은 유보율, 위험, 성장률, ROE 이 4가지 요소가 얽혀 만들어지는 결과이므로 기업에 대한 정확한 판단이 선행되어야 합니다.

11

주가매출액비율(PSR)
매출가치가 높은 종목은 어떻게 찾나요?

앞에서 기업의 가치를 평가하는 여러 지표를 살펴보았습니다. 그러나 현실에서는 PER이나 PBR을 사용할 수 없는 기업들이 종종 존재합니다. PER은 주가를 주당순이익EPS으로 나눈 값인데, 기업이 적자를 내면 EPS가 음수(-)가 되어 PER 자체가 계산되지 않습니다. PBR 역시 자본잠식 상태이거나 갓 창업한 기업처럼 순자산가치가 정확히 산정되지 않는 경우에는 기업가치를 판단하는 데 한계가 있습니다.

또 하나 중요한 문제는 회계조작(분식회계)의 위험입니다. 2000년대 이후 국내외에서 발생한 대형 회계 부정 사건들이 보여주듯, 기업들은 때때로 자신의 이익을 더 좋아 보이게 만들기 위해 회계를 조정하는 경우가 있습니다. 이런 상황에서는 당기순이익 기반의 PER은 온전히 믿기 어렵습니다. 그래서 시장에서는 기업의 본질적인 영업상태를 보다 객관적으로 평가할 수 있는 지표를 찾게 되었고, 그 대안으로 등장한 것이 바로 주가매출액비율, PSRPrice Sales Ratio 입니다.

PSR은 어떤 지표인가요?

매출액은 기업의 이익보다 변동 폭이 훨씬 작고, 영업외손익이나 회계 조정의 영향을 상대적으로 덜 받습니다. 그만큼 기업의 본질적 영업활동을 가장 순수하게 보여주는 지표입니다. 그래서 PSR은 PER의 단점을 보완할 수 있는 지표로 평가됩니다. PSR은 다음과 같이 계산합니다.

> **PSR = 주가 ÷ 주당 매출액**

해석은 매우 단순합니다.

- 주가가 동일한 수준이라면 주당 매출액이 높은 기업 → 낮은 PSR → 저평가 가능성
- 주당 매출액이 동일한 수준이라면 주가가 낮은 기업 → 낮은 PSR → 저평가 가능성

즉, PSR이 낮다는 것은 기업의 매출 능력 대비 주가가 싸다는 뜻입니다. PSR은 코스닥시장이 성장하던 IT 버블 시기, 수익을 내기 어려웠던 벤처기업들의 가치를 평가하는 데 특히 많이 사용되었습니다. 지금도 저평가된 비인기 종목을 발굴하는 데 효과적인 지표로 활용되고 있습니다.

PSR에 영향을 주는 요인들

PSR 역시 PER·PBR과 마찬가지로 여러 요인이 복합적으로 작용해 결정됩니다.

212

배당성향 ▸ 배당을 적게 주면 투자자의 관심이 줄어 주가가 하락하고, 그 결과 PSR도 낮아집니다. 이때 중요한 것은 배당보다 유보율(이익잉여금)이 높아지는 점입니다.

위험계수 ▸ 기업의 위험이 커지면 주가가 하락하고 PSR도 낮아집니다.

이익성장률 ▸ 성장성이 높으면 주가가 빠르게 반영되므로 PSR이 높아집니다. 반대로 성장성이 낮으면 PSR이 낮아집니다.

마진(매출순이익률) ▸ 마진이 높으면 투자자들의 선호로 주가가 오르고 PSR도 높아집니다. 반대로 마진이 낮으면 주가가 약세를 보이고 PSR이 낮아집니다. 정리하면, PSR도 단순히 낮다고 좋은 것이 아니라, 마진·성장률·위험·배당정책을 함께 살펴야 올바른 판단이 가능합니다.

PSR-마진 분석

PSR을 활용한 대표적인 실전 분석법이 바로 PSR-마진 모형입니다. 해석은 다음과 같습니다.

- PSR이 높은데 마진이 낮음 → 매출 대비 이익이 낮은데도 주가만 높은 경우 → 과대평가 구간 → 매도 신호
- PSR이 낮은데 마진이 높음 → 매출 대비 이익이 충분한데도 시장에서 저평가된 경우 → 과소평가 구간 → 매수 기회

특히 신경제 기업, IT기업, 초기 성장기업처럼 순이익이 불안정한 기업

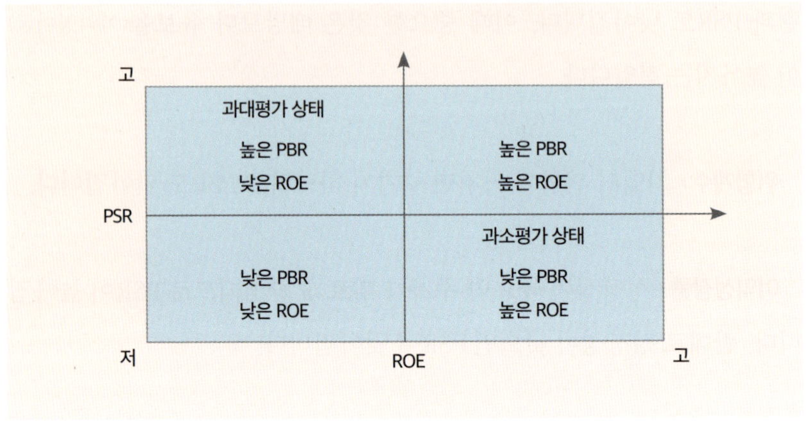

을 평가할 때 PSR은 매우 유효한 지표입니다. 하지만 PSR 역시 단순한 숫자 비교로 접근하면 위험합니다. 반드시 마진과 함께 종합적으로 판단해야 합니다.

PER, EV/EBITDA, PBR, PSR을 활용한 투자 전략

실전 투자에서 가장 폭넓게 사용되고, 또 가장 유용한 지표는 PER과 PBR입니다. EV/EBITDA는 기본적으로 PER과 유사한 개념이기 때문에 두 지표를 서로 보완하여 판단하면 더욱 정밀한 분석이 가능합니다. 일반적인 활용 전략은 다음과 같은 흐름을 따릅니다.

경기가 좋고 시장이 활황일 때는 PER 중심 전략이 가장 효과적입니다. 상승 초입에는 대체로 PER이 낮아 저평가된 종목이 먼저 오르기 시작합니다. 부담 없이 접근할 수 있다는 심리가 작용하고, 경기가 회복될 것이라는 기대가 빠르게 반영되기 때문입니다. 그러나 시장이 과열 단계로 넘어가면 상황이 달라집니다. 제약·바이오·IT처럼 성장성을 크게 평가받는 업종, 즉 PER이 높은 기업들이 오히려 더 강하게 상승하는 흐름이 나타납니다. 활황장에서는 결국 싸서 오르는 종목보다 성장 기대가 반영되는 종목의 상승 폭이 더 커지는 경우가 많습니다.

반대로 경제가 부진하고 시장이 침체되어 있을 때는 기준이 완전히 달라집니다. 이 시기에는 기업의 미래 이익보다 자산의 안전성이 더 중요한 판단 기준이 됩니다. 그래서 PBR이 낮은 기업, 즉 자산 대비 저평가된 종목이 시장을 견디는 힘이 더 강하고, 때로는 반등의 중심이 되기도 합니다. 불황기 투자에서는 "얼마나 벌 수 있는가?"보다 "얼마나 버틸 수 있는가?"가 핵심입니다. 이를 판단할 수 있는 지표가 바로 PBR입니다.

한편 PSR은 활용 범위가 다소 제한적인 지표입니다. 매출을 기준으로 기업을 평가하는 만큼 스타트업, 벤처기업, 초기 성장기업처럼 실적이 아직 안정적이지 않은 기업을 분석할 때 유용합니다. 그러나 일반적인 상장기업 분석에서는 실효성이 떨어지기 때문에 일반 투자에서는 제한적으로 사용하거나 배제해도 무방합니다. HTS에서는 이런 지표들을 종목별 랭킹 형태로 쉽게 확인할 수 있어 시장 국면에 따라 어떤 기준을 우선해야 하는지 빠르게 점검할 수 있습니다.

정리해보면 활황장에서는 PER·EV/EBITDA, 침체장에서는 PBR, 특수한 성장 상황에서는 PSR 중심으로 시장 상황과 기업 특성에 맞게 지표를 선택하는 것이 가장 실전적인 투자 전략이라고 할 수 있습니다.

No	종목명	시장	부채비율	유보율	매출액증가율	EPS증가율	ROA	ROE	EPS	BPS	PER	PBR	EV/EVITA
1	SK이터닉스	유	176.92	3,496.42					699	7,193	17.23	1.68	11.20
1	HS효성	유	13.00	2,855.68					610	147,784	48.94	0.20	327.89
1	한화비전	유	3.14	1,973.04					-39	10,365	N/A	3.05	N/A
1	GS피앤엘	유	0.30	3,845.26					-26	39,453	N/A	0.56	N/A
5	한창	유	완전잠식	N/A	-98.86	적지	-29.35	완전잠식	-966	-908	N/A	N/A	N/A
5	태영건설	유	521.18	147.54	-21.19	흑전	1.10	완전잠식	180	1,238	13.36	1.95	N/A
5	DH오토넥스	유	93.88	N/A	-12.59	흑전	165.75	완전잠식	7,276	557	0.27	3.56	N/A
8	헥시큐어하이트론	유	102.23	N/A	19.54	적지	-147.49	-357.16	-1,051	384	N/A	7.66	N/A
9	롯데관광개발	유	2,103.06	125.79	27.45	적지	-10.54	-215.96	-2,496	1,129	N/A	6.78	46.10
10	삼부토건	유	2,116.78	N/A	-15.35	적지	-29.97	-205.87	-526	64	N/A	14.76	N/A
11	금호전기	유	252.42	28.40	1.18	적지	-31.79	-170.62	-204	642	N/A	1.46	N/A
12	코마스	유	4,231.55	14.64	7.06	적지	-11.32	-146.13	-2,661	573	N/A	15.70	N/A
13	국보	유	708.62	10.77	-14.16	적지	-31.41	-138.45	-1,587	554	N/A	3.81	N/A

종목관리를 쉽게 할 수 없을까요?

주식시장은 하루에도 수천, 수만 가지의 정보가 생성되고 사라지는 곳입니다. 따라서 주식투자를 시작한 순간부터 정보가 곧 돈이라는 사실을 뼈저리게 느끼게 됩니다. 하지만 시장에서 떠도는 정보가 실제로 도움이 되는 진짜 정보인지, 누군가 의도적으로 흘린 가짜 정보인지 판별하는 일은 결코 쉽지 않습니다. 주식시장은 수많은 투자자가 자신만의 이익을 위해 경쟁하는 곳이기 때문에 때로는 남을 속여 이익을 얻으려는 사람들도 많습니다. 이런 이유로 올바른 정보는 스스로 찾고, 검증할 수 있는 능력이 필요합니다.

정보 중 가장 기본이자 핵심은 기업 관련 정보입니다. 어떤 기업인지, 최근 몇 년간 실적 흐름은 어떠했는지, 애널리스트들의 평가와 시상의 시각은 어떤지 등 이 모든 것을 한눈에 확인할 수 있는 도구가 바로 우리가 매일 마주하는 HTS입니다. HTS는 단순히 주가 조회만 하는 도구가 아닙니다. 시간을 조금만 들여 차근히 살펴보면 투자자가 활용할 수 있는 정보의 보물창고가 됩니다.

HTS에서 기업 정보를 찾는 방법

기업을 분석할 때 가장 먼저 확인할 것은 기업의 기본 정보입니다. HTS에서는 다음과 같은 경로에서 손쉽게 기업 개요를 볼 수 있습니다.

홈 → 투자정보 → 기업분석 → 기업 개요

주 소	경기도 수원시 영통구 삼성로 129 (매탄동)				
설 립 일	1969/01/13	대표이사	전영현		
상 장 일	1975/06/11	종업원수	129,480		
결 산 월	12	전화번호	031-200-1114		
그 룹 명	삼성	주거래은행	우리은행		
업 종	통신 및 방송 장비 제조업				
주요상품	부문간 내부거래 제거 등/디지털 콕핏, 카오디오, 포터블 스피커 등/스마트폰용				

주주명	주권의 수(주)	지분율(%)	주주형태	주주수	지분율(%)
삼성생명보험(외	1,192,351,828	20.14	기관투자자	4	17.83
국민연금공단	458,637,667	7.75	개인/법인	856	10.12
BlackRock Fund	300,391,061	5.07	주요외국인주주	17	5.07
삼성전자 자사주	91,833,777	1.55	자사주	1	1.55
이병철	408,650	0.01			

기업 개요 화면에서는 기업의 주소, 설립일, 상장일, 주거래은행, 주요 주주 및 지분 구조 등 기본적인 정보를 확인할 수 있습니다. 여기서 특히 주목해야 할 것은 설립일입니다. 기업이 오래 존재했다는 것만으로도 매우 중요한 경쟁력이 됩니다. "100개의 기업 중 95개는 망하고 5개만 살아남는다"는 말이 있듯, 사업을 시작해 궤도에 올리는 일은 쉽지 않습니다. 또한 사업이 자리를 잡았다고 하더라도 경기의 부침을 견디지 못하고 사라지는 기업은 셀 수 없이 많습니다. 실제로 국내 상장기업의 평균 상장 연수는 약 18년으로 알려져 있습니다. 즉, 상장기업조차 영속적으로 살

아남기 어렵다는 의미입니다. 그렇기에 긴 업력을 가진 기업은 불황을 버틸 힘이 있다는 점에서 높은 점수를 줄 수 있습니다.

기업 개요 화면에서는 매출 추이도 그래프와 함께 확인할 수 있고, 최근 증자 여부는 자본금 변동 현황 또는 최신 공시를 통해 알 수 있습니다. 또한 투자 주체별 매매 동향에서는 외국인·기관·개인의 수급 흐름도 파악할 수 있습니다.

Snapshot으로 핵심 정보를 한눈에 보기

홈 ·› 투자정보 → 리서치 → 기업분석 → Snapshot

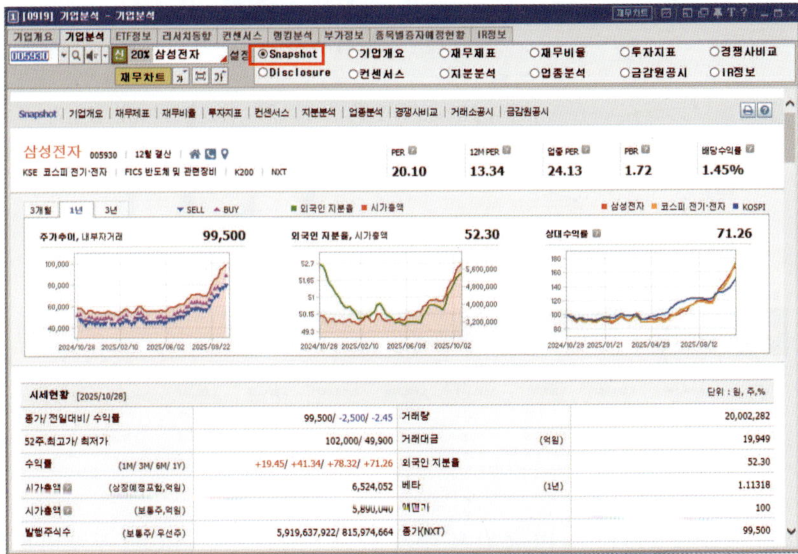

Snapshot에서는 주가 흐름, 시세 현황, 기관·운용사 보유 비중, 신용등급, 애널리스트 투자 의견 및 목표주가, 주요 재무 항목, 주요 투자 지표 등을 한 화면에서 볼 수 있어 매우 유용합니다. 또한 기업개요 버튼을 누

르면 최근 사업 연혁, 매출 구성, R&D 투자 현황, 직원 수 등 보다 상세한 정보를 확인할 수 있습니다.

Snapshot 화면은 하루 1번 꼭 체크합니다
주가·수급·평가·예측이 한눈에 정리된 화면은 종목 분석의 가장 효율적인 출발점입니다.

투자 지표 메뉴에서 PER, PBR 등 핵심 지표 확인

홈 → 투자정보 → 리서치 → 기업분석 → 투자지표

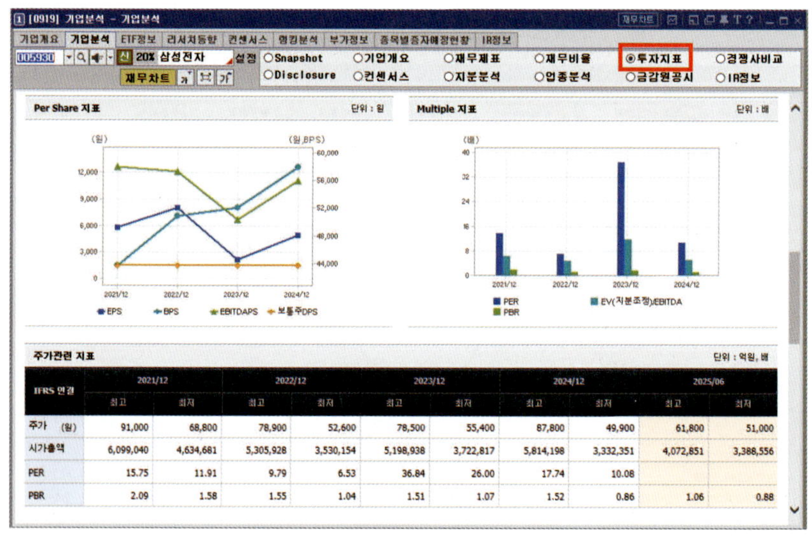

이 메뉴에서는 PER, PBR 같은 주가 관련 지표는 물론, ROE, 부채비율, 매출성장률 등 투자 의사결정에 필요한 지표들이 정리되어 있습니다. 종목을 비교하거나 빠르게 평가할 때 매우 유용합니다.

HTS에서 기업공시 확인하기

상장기업은 자금을 공개적으로 조달하는 만큼 자신들의 경영 상황을 주주에게 투명하게 공개해야 합니다. 이를 공시라고 합니다.

공시는 크게 발행시장 공시(증권신고서·사업설명서 등), 유통시장 공시(사업보고서·반기/분기보고서·수시공시·특수공시 등)로 나뉩니다. 특히 실적 변화(흑자 전환·적자 전환)나 합병·영업 양수도 같은 중요한 경영 이벤트는 주가에 민감하게 반응하기 때문에 반드시 확인해야 합니다.

또한 거래소가 기업에 사실 확인을 요구하는 조회공시, 기업이 투자자에게 직접 설명하는 IRInvestor Relations도 투자자 입장에서는 매우 중요한 공시 행위입니다. 공정공시 제도의 도입으로 특정 투자자만 먼저 정보를

홈 → 투자정보 → 리서치 → 기업분석 → Disclosure

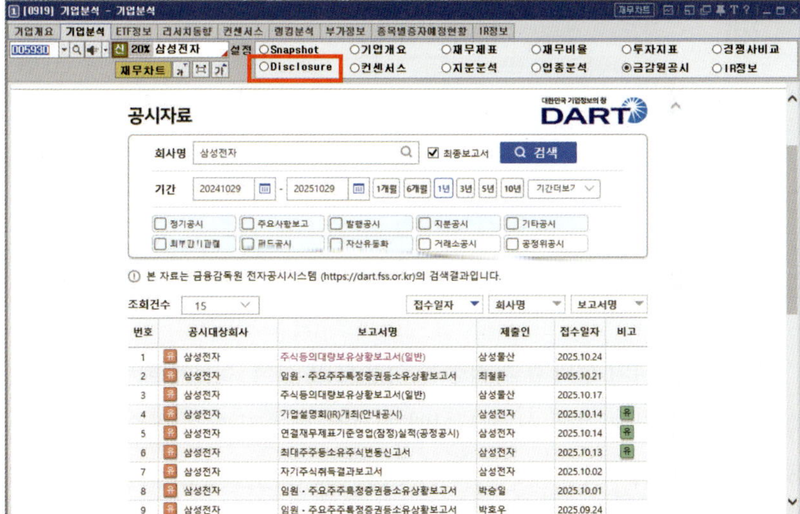

받아 이득을 보는 일이 없도록 기업들은 중요한 정보를 공개 전에 반드시 신고해야 합니다.

조건검색을 활용한 종목 선정

HTS에서 제공하는 조건검색 기능을 활용하면 투자자가 원하는 조건을 충족하는 종목을 빠르게 찾아낼 수 있습니다.

예를 들어 유가증권시장에서 PER 10배 이하, PBR 1.0배 이하, ROE 20% 이상인 종목을 찾고 싶다면, 조건검색 창에서 시장과 재무 조건을 입력하면 됩니다.

검색 결과는 다음과 같이 나타납니다.

조건검색 창

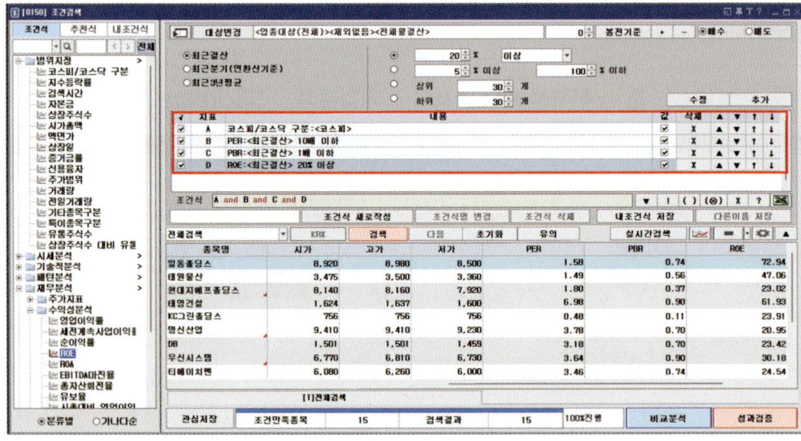

또한 영웅문4의 성과검증 기능을 이용하면 검색 조건에 해당하는 종목들이 과거 일정 기간에 실제로 어떤 성과를 냈는지 확인할 수 있습니다. 예시 결과에서는 해당 조건식을 만족하는 종목 포트폴리오가 동일 기간

종합주가지수 대비 16.94%의 초과 수익률을 기록했습니다. 이는 조건식의 유효성을 판단하는 데 매우 유용한 자료입니다.

성과검증(조건식)

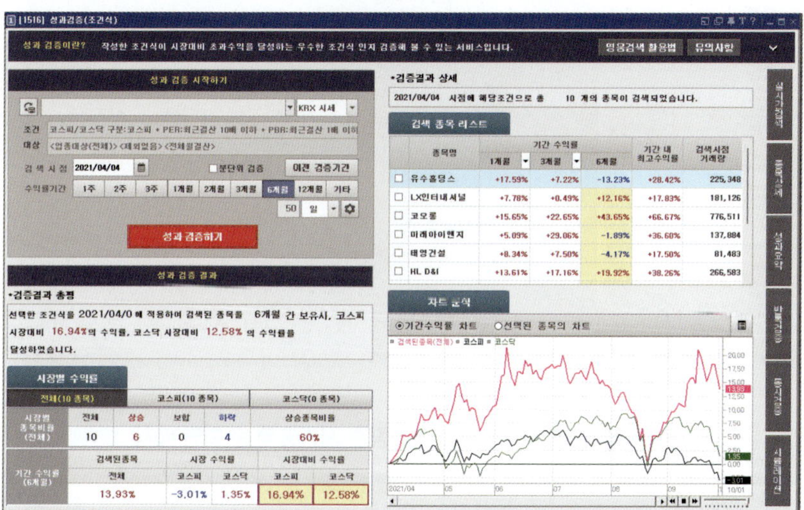

성과검증(조건식)

> **고수의 팁** ▶ 조건검색은 '나만의 필터'를 만들어주는 무기입니다

PER·PBR·ROE·부채비율 등을 조합하면 시간을 크게 줄이면서도 고품질 종목을 빠르게 발굴할 수 있습니다

HTS에서 관심종목 설정하기

모든 종목을 매수 대상에 두는 방식은 비효율적입니다. 먼저 관심송복 리스트를 구성해 꾸준히 지켜보는 것이 중요합니다.

원하는 대로 가로·세로 화면 분할을 설정한 후, 업종별·테마별·그룹사별·거래량순·시가총액 순으로 종목을 자유롭게 배치해 관리할 수 있습니다.

관심종목 초기화면

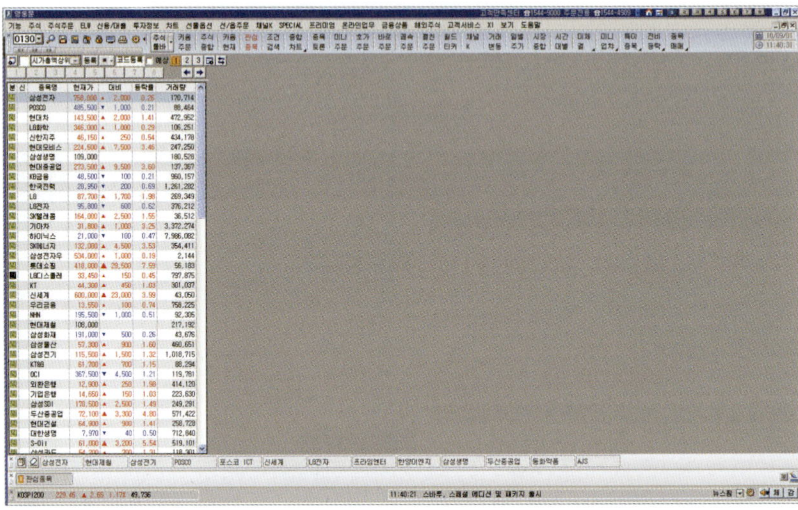

업종별·테마별·그룹사별·거래량순·시가총액 순 화면 배치

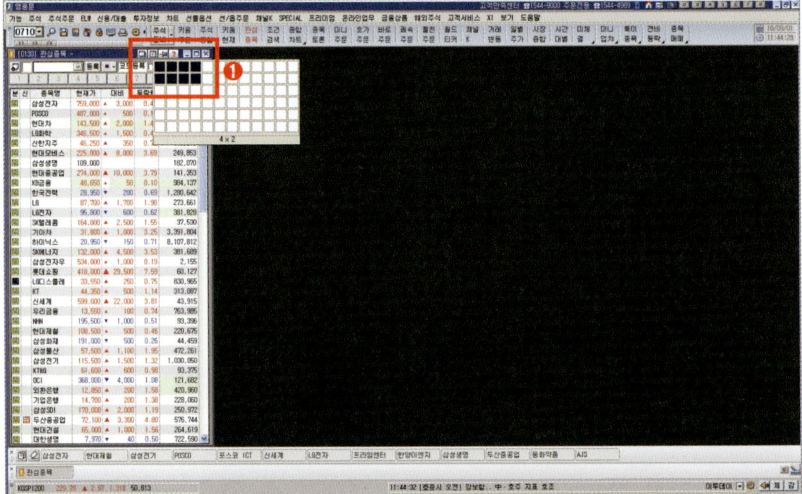

관심종목 최종 화면

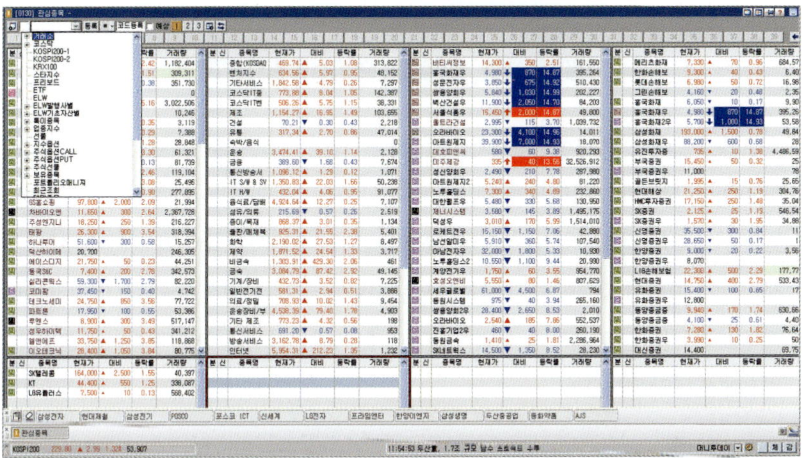

　　여기서는 가장 많은 형태인 가로 4칸, 세로 2칸의 분할 화면❶을 적용
했습니다. 관심종목은 단순히 매수 후보군을 추리는 용도뿐 아니라 업종
별 흐름, 테마별 반응을 빠르게 파악하는 데 큰 도움이 됩니다.

투자정보, 어떻게 얻어야 할까?

모바일 시대가 열리면서 투자자들이 접하는 정보의 양은 폭발적으로 증가했습니다. 이제는 정보가 부족해서가 아니라, 너무 많아서 문제가 되는 시대입니다. 문제는 그중 상당수가 검증되지 않은 정보이거나, 심지어 투자자를 속이기 위한 정보라는 점입니다. 따라서 지금의 투자 환경에서는 정보를 얼마나 많이 받느냐가 아니라, 어떤 정보가 '진짜'인지 가려낼 수 있는 능력이 훨씬 중요합니다. 그렇다면 어떤 정보가 투자에 도움이 될까요?

증권사 리서치센터 리포트: 가장 기본이자 가장 중요한 정보

투자자에게 가장 먼저, 그리고 가장 중요하게 살펴봐야 하는 정보는 바로 증권사 리서치센터가 발간하는 분석 보고서입니다.

자신이 거래하는 증권사의 리서치센터 홈페이지에서 일간·주간·월간 전망, 산업분석, 기업분석 보고서 등의 자료를 무료로 확인할 수 있습니다. 기업분석 보고서는 각 업종 담당 애널리스트가 기업을 직접 방문하고, 인터뷰를 진행하고, 재무 자료를 검토한 뒤 작성합니다. 따라서 가장 신뢰할 수 있는 1차 자료라고 할 수 있습니다.

번호	종목명	투자의견 (추천연혁)	제목	첨부	애널리스트	작성일	조회수	스크랩
11651	엘앤에프	Buy(Maintain)	엘앤에프(066970): 분기 흑자전환 달성 N		권준수	2025.10.30	386	
11650	삼성전기	Buy(Maintain)	삼성전기 (009150): 호황 아래 비수기는 없다 N		김소원	2025.10.30	287	
11649	삼양식품	Buy(Maintain)	삼양식품 (003230): 두려움이 곧 기회다 N		박상준	2025.10.30	450	
11648	우리금융지주	Buy(Maintain)	우리금융지주 (316140): 대규모 일회성 이익, 보험 자회사 편입 N		김은갑 외1명	2025.10.30	329	
11647	동아에스티	Buy(Maintain)	동아에스티 (170900) : 스마트한 도입, R&D 제외해도 상당한 저평가 N		허혜민	2025.10.30	1190	
11646	HK이노엔	Buy(Maintain)	HK이노엔(195940): 해외 진출이 멈추지 않는 탓일까 N		신민수	2025.10.30	1159	
11645	클래시스	Buy(Maintain)	클래시스(214150): 답답하니까 내가 뛰어버려 N		신민수	2025.10.29	705	
11644	지아이이노베이션	Not_Rated (Not_Rated)	지아이이노베이션 (358570) : 다케다와 이노반트가 쏘아 올린 IL-2 N		허혜민	2025.10.29	3111	

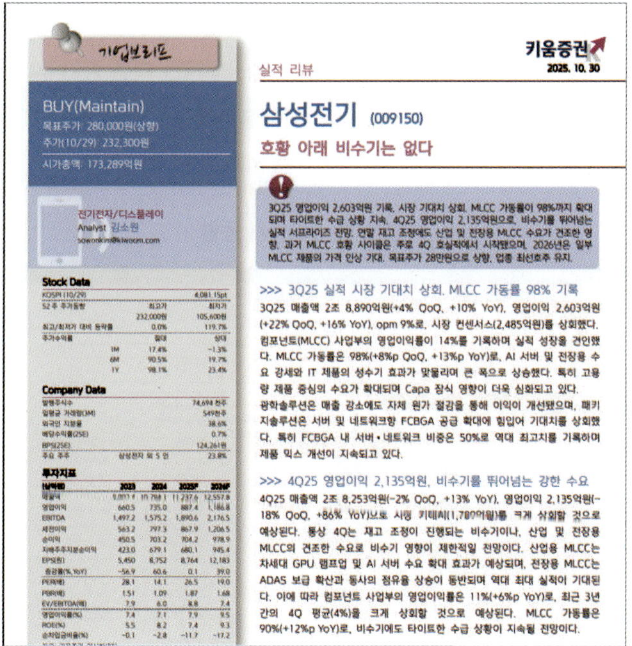

예를 들어 삼성전기에 대한 실적 리뷰 리포트를 살펴보면 다음과 같은 핵심 요지가 담겨 있습니다.

3Q25 실적은 시장 기대를 상회할 전망 — MLCC 가동률 98%

4Q25 영업이익은 2,135억 원 예상 — 비수기임에도 강한 수요 지속

호황 초입 진입 — 업종 내 최선호주 유지

이에 따라 목표주가를 23만 2,000원 → 28만 원으로 제시하며 '매수(Buy)' 의견을 유지했습니다.

이처럼 리포트는 기업의 핵심 실적, 향후 업황 전망, 전문가 의견, 목표주가를 한눈에 보여주기 때문에 종목 분석의 출발점으로 삼기에 가장 좋습니다. 또한 개별 종목 리포트뿐 아니라, 그 종목이 속한 업종 리포트도 반드시 함께 읽어야 합니다. 산업의 흐름을 이해해야 기업의 주가도 제대로 해석할 수 있기 때문입니다.

다른 증권사의 리포트 확인하기

자신이 거래하는 증권사의 리포트는 무료로 제공되지만, 다른 증권사에서 발간한 보고서는 HTS에서 직접 보기 어렵습니다. 이때 활용할 수 있는 기능이 HTS의 리서치 동향입니다.

기업분석 → 리서치 동향

추정기관	추정일자	적정주가
유안타증권	2025/10/22	260,000
한국투자증권	2025/10/22	240,000
대신증권	2025/10/21	260,000
현대차증권	2025/10/20	240,000
상상인증권	2025/10/15	230,000
미래에셋증권	2025/10/10	250,000
메리츠증권	2025/10/10	240,000
키움증권	2025/10/02	250,000
NH투자증권	2025/10/01	230,000
유진투자증권	2025/10/01	230,000

최근 리포트 목록

일자	제목	분량	작성자	제공처	투자의견	목표주가
25/10/30	삼성전기-계절적 비수기를 삭제하는 업황 진입	6	박준서	미래에셋증권	매수	320,000
25/10/30	삼성전기-국내 1위 MLCC, 기판 기업. AI 핵심 부품주	8	박헐우	SK증권	매수	305,000
25/10/30	삼성전기-업황이 좋을 때는 좀 더 즐겨도 된다	9	김종배	현대차증권	BUY	288,000
25/10/30	삼성전기-3Q25 Review 컨센상회, 고부가 제품 수요증가	5	최보영	교보증권	BUY	310,000
25/10/30	삼성전기-둔화된 계절성은 AI 덕분	8	김윤호	IBK투자증권	매수	270,000
25/10/30	삼성전기-3Q25 Review: 더할 나위 없습니다	7	박상현.홍예림	한국투자증권	매수	310,000

여기서는 동일 종목에 대해 여러 증권사가 발간한 리포트를 한꺼번에 비교할 수 있습니다. 그러나 HTS에서 확인할 수 없는 리포트도 많기 때문에 네이버 증권 리서치나 주요 포털 사이트를 활용하면 보다 폭넓은 자료를 얻을 수 있습니다.

네이버 증권 리서치

리서치

- 시황정보 리포트
- 투자정보 리포트
- 종목분석 리포트
- 산업분석 리포트
- 경제분석 리포트
- 채권분석 리포트

KRX 전자공시

상장법인 지분정보

아크로뱃 다운로드

종목분석 리포트　▸ 더보기

기업	제목	증권사	첨부	작성일
삼성전기	둔화된 계절성은 AI 덕분	IBK투자증권	📄	25.10.30
SK하이닉스	강력한 자신감 표출	iM증권	📄	25.10.30
삼성전기	국내 1위 MLCC, 기판 기업, AI 핵심 부품주	SK증권	📄	25.10.30
SK하이닉스	범상치 않은 범용 DRAM 가격 흐름	키움증권	📄	25.10.30
SK하이닉스	순풍에 돛 단 주가	IBK투자증권	📄	25.10.30
HD현대건설..	3Q25 Re, 불확실한 대외 여건 속 빛나는 성장	신한투자증권		25.10.30

산업분석 리포트　▸ 더보기

산업	제목	증권사	첨부	작성일
조선	한·미 핵잠수함 논의, 무한 확장되는 어젠더	신한투자증권		25.10.30
자동차	한국 자동차 관세 25%에서 15%로 인하	IBK투자증권	📄	25.10.30
자동차	관세율 인하를 반영하여 목표주가 상향	하나증권	📄	25.10.30
기타	영역 확장하는 습식세정장비 주목!	유안타증권	📄	25.10.30
기타	OHT+AMR=FA	유안타증권	📄	25.10.30
자동차	관세 폭풍이 끝나고 나면?	대신증권	📄	25.10.30

유튜브 채널 활용하기

유튜브는 또 하나의 중요한 정보원입니다. 하지만 이곳에는 투자자를 현혹하기 위한 과대광고, 부풀린 정보, 사실과 다른 주장이 너무나 많이 돌아다닙니다. 따라서 채널 선정 자체에 각별한 주의가 필요합니다. 신뢰할 만한 채널은 증권사 애널리스트가 직접 출연하거나 경제 전문 기자, 경제학자 등 전문가가 분석하는 콘텐츠 등이고, 반면 주식 리딩방, 문자 추천주 연계 채널, 금전거래를 유도히는 채널 등은 절대로 가까이해서는 안 됩니다. 비교적 신뢰할 수 있는 채널로는 박종훈의 경제 한 방(경제 흐름 분석), 삼프로TV(주식시장 현안 분석) 정도를 예로 들 수 있습니다.

최종적으로 종목을 고르는 법

대부분의 개인투자자가 가장 힘들어하는 것이 종목 선정입니다. 이때 반드시 경계해야 할 것이 있습니다. 바로 문자 메시지로 오는 종목 추천입니다. 이들 대부분은 작전주, 급등주, 중소형 테마주를 이용한 리딩방으로 사고가 발생할 가능성이 매우 큽니다. 단 한 번이라도 따라가서는 안 됩니다. 종목 선정은 반드시 본인이 직접 해야 합니다. 방법은 어렵지 않습니다. 경제 흐름을 판단하고 그 흐름에 적합한 업종을 고르고 그 업종 안에서 경쟁력이 가장 강한 기업을 선택하면 됩니다.

예를 들어 인공지능이 시대의 대세라면 자연스럽게 반도체 업종이 중심이 되고, 그 안에서는 삼성전자나 SK하이닉스가 1순위 후보가 됩니다. 이처럼 '거시경제 → 산업 → 종목'의 순서로 좁혀가는 방식이 가장 안전하고 실전적인 종목 선택의 원칙입니다.

5장

흐름을 읽는 기술: '차트'와 '추세'로 시장 판단하기

거래의 신神
혼마 무네히사가 만든 사케다 전법

혼마 무네히사(1717~1803)는 일본 에도시대, 쌀 거래 하나로 일본 경제를 뒤흔들었던 전설적인 거상이었습니다. 야마가타현 데와에서 태어나 23세에 혼마 가문의 양자로 들어간 그는 막대한 부를 일구었고, 그 규모는 혼마 가문을 에도시대 최고의 부호로 만들 만큼 압도적이었습니다. 오늘날 전 세계에서 널리 쓰이는 '캔들 차트' 역시 그가 고안한 것으로 알려져 있습니다.

그의 거래 감각은 당시 사람들로부터 '상인의 하늘', '거래의 신'이라는 별명을 얻을 정도로 뛰어났습니다. 혼마는 자신이 일본 사케다항에서 직접 체득한 거래 경험을 토대로 매매 원칙을 정리해냈는데, 이것이 바로 유명한 사케다 전법입니다. 사케다 전법은 삼산三山, 삼천三川, 삼병三兵, 삼공三空, 삼법三法의 5가지로 구성되며, 기술적 분석의 가장 원초적인 형태이자 오늘날 차트분석의 뿌리가 되었습니다.

삼산과 삼천

사케다 전법의 첫 번째 원칙은 삼산과 삼천입니다. 삼산은 3개의 봉우리가 이어진 3중 천장 패턴으로, 강한 하락 전환을 예고하는 신호로 해석됩니다. 특히 세 번째 봉우리가 전고점을 돌파하지 못할 경우 하락추세로의 전환이 확정되기 때문에 이 지점이 매도 타이밍이 됩니다. 전저점을 이탈하기 직전은 두 번째 매도 시점으로 판단하며, 결국 삼산이 완성되면 주가는 본격적인 하락국면으로 들어가는 경향이 있습니다.

반대로 삼천은 3개의 골짜기가 형성된 3중 바닥 패턴을 의미합니다. 삼산과는 정반대의 구조로, 대세 상승의 출발을 예고하는 신호입니다. 세 번째 저점에서 지지를 확인하는 순간이 첫 번째 매수 포인트이며, 이후 전고점을 돌파하는 순간 상승추세로의 전환이 확정됩니다. 삼천이 완성되는 패턴은 시장이 하락을 마무리하고 상승 동력을 확보했다는 중요한 시그널입니다.

삼산, 삼천 패턴

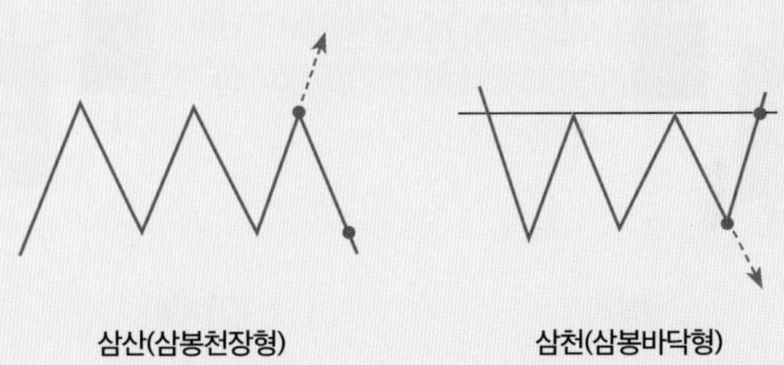

삼산(삼봉천장형)   삼천(삼봉바닥형)

삼병: 적삼병과 흑삼병

삼병은 연속된 3개의 캔들 흐름을 통해 시장의 방향성을 파악하는 원칙입니다. 적삼병은 저점을 높여가며 강한 양봉이 3회 연속 출현하는 패턴으로, 바닥권에서 나타나면 하락추세의 종료와 함께 강한 상승 전환 신호가 됩니다. 상승추세 중이라면 상승세가 계속된다는 의미이므로 투자자에게 매수의 근거를 제공합니다.

반면 흑삼병은 고점을 낮춰가며 음봉이 연속으로 나타나는 패턴으로, 상승추세가 끝나고 매수세가 소진되었음을 의미합니다. 이 패턴이 출현하면 주가는 급락하거나 조정국면으로 들어갈 가능성이 높기 때문에 매도해야 할 시점을 알려주는 강력한 신호가 됩니다.

적삼병과 흑삼병 패턴

적삼병   흑삼병

삼공: 상승삼공과 하락삼공

삼공은 갭Gap의 연속 출현을 통해 시장의 과열 또는 과매도 상태를 판단하는 원칙입니다. 상승삼공은 세 번 연속 갭 상승이 나타나는 것으로,

단기적으로 매수세가 과열되었음을 의미합니다. 캔들 차트는 기본적으로 갭을 메우려는 성질이 있기 때문에 상승삼공이 나타나면 조정 또는 하락이 발생할 가능성이 높습니다.

반대로 하락삼공은 3회 연속 하락 갭이 발생하는 패턴입니다. 이때 역시 갭을 메우려는 성질이 작용하여 주가가 상승으로 전환될 가능성이 커집니다. 즉, 하락삼공은 과매도 국면에서 매수세가 유입될 가능성을 시사하는 중요한 반전 신호입니다.

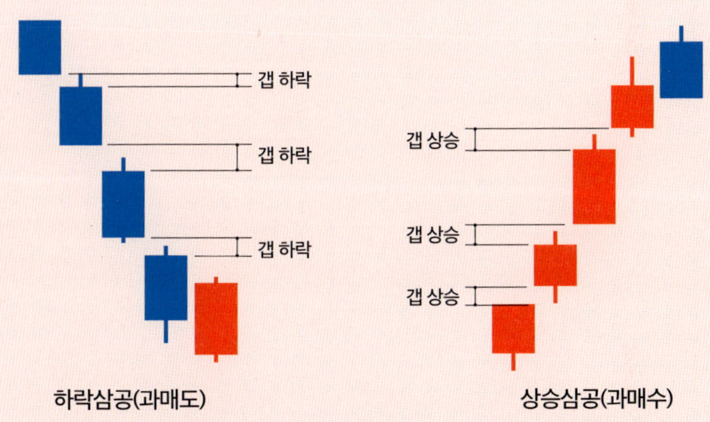

하락삼공과 상승삼공 패턴

삼법: 휴식의 원리

사케다 전법의 마지막 원칙인 삼법은 매수 또는 매도 이후 반드시 휴식과 관망의 시간을 가져야 한다는 철학입니다. 추세가 완전히 형성되기 전까지는 성급하게 움직이지 말고, 방향성이 명확히 드러날 때까지 기다려야 한다는 의미입니다. 삼법이 강조하는 핵심은 기다림입니다.

기술적 분석은 단순히 차트의 모양만 보는 것이 아니라, 그 안에 담긴 투자자들의 심리와 집단 감정을 읽어내는 과정입니다. 혼마는 "시세는 인간의 집단 감정이 만들어내는 파도"라고 말했습니다. 결국 차트를 읽는다는 것은 시장 참여자들이 느끼고 있는 두려움, 탐욕, 기대, 불안 같은 감정의 흐름을 이해하는 일입니다.

처음 기술적 분석을 접하면 캔들의 색과 형태를 해석하는 데 집중하기 쉽지만, 실력이 쌓일수록 차트 속에 담긴 심리의 방향성을 읽어내는 것이 중요해집니다. 이것이 바로 사케다 전법이 오늘날까지도 의미 있는 이유입니다.

왜 차트를 알아야 하죠?

01

차트를 통해 시장을 예측할 수 있습니다

주식시장에서는 과거의 주가와 거래량 정보를 이용해 의미 있는 자료를 만들어냅니다. 가장 대표적인 것이 차트입니다. 이렇게 주가와 거래량을 바탕으로 만든 차트를 통해 주가의 과거와 현재, 미래를 분석하는 방법을 기술적 분석이라 합니다. 과거의 주가 흐름으로 각종 패턴을 분석하고 지표를 만들어서 미래의 주가를 예측하려는 분석 방법이지요.

기술적 분석의 기본적인 목적은 차트의 흐름을 검토해서 주가의 규칙성을 찾아내는 것입니다. 여기에는 다음과 같은 속마음, 즉 가정이 숨어 있습니다.

첫째, 주가가 수요와 공급에 의해서만 결정된다는 것입니다. 주가는 사려는 세력과 팔려는 세력의 힘의 균형점에서 형성됩니다. 사려는 세력이 강하면 주가는 오르고, 팔려는 세력이 더 강하면 주가는 하락합니다.

둘째, 시장의 사소한 변동을 고려하지 않는다면 주가는 지속되는 추세에 따라 상당 기간 움직이는 경향이 있습니다. 사려는 세력이 강하면 주가가 상승하고, 팔려는 세력이 강하면 주가가 하락한다고 볼 때, 사려는 세력이 하루아침에 마음을 바꾸지 않는다면 일정 기간 그들이 우위인 기간이 형성됩니다. 이런 과정에서 주가는 상당 기간 상승하는 추세를 보입니다. 반대로 팔려는 세력이 더 강하면 역시 상당 기간 주가는 하락하는 추세를 보입니다.

셋째, 추세의 변화는 수요와 공급의 변동에 의해 일어납니다. 상승추세에서 하락추세로 변화가 일어난다는 것은 사려는 세력의 힘에 비해 팔려는 세력의 힘이 더 커졌다는 것을 말합니다. 수요와 공급, 힘의 판도가 바뀐 것입니다. 바로 이런 요인에 의해 주가의 추세가 변합니다.

차트는 미래를 예언하는 도구가 아닙니다
초보자들은 차트를 마치 예언서처럼 취급하는 경우가 많습니다. 하지만 차트는 미래가 아니라 현재 시장 참여자들의 심리를 보여주는 데이터입니다. 심리 흐름을 읽을 수 있다면 그 자체로 매매 타이밍을 찾는 데 큰 도움이 됩니다.

넷째, 수요와 공급의 변동은 그 발생 사유에 관계 없이 시장의 움직임을 나타내는 도표로 추적될 수 있습니다. 또한 도표에 나타나는 주가 모형은 스스로 반복하는 경향이 있습니다. 즉 모든 주가의 움직임은 그래프로 그려볼 수 있고, 과거에 나타난 특정 패턴은 미래에도 반복적으로 나타난다는 것입니다. 그러므로 과거의 주가 형태를 잘 관찰하고 주가의 상승과 하락을 사례별로 꼼꼼히 챙겨두는 것이 필요합니다.

이렇듯 기술적 분석은 "과거 속에 미래가 있다"라는 표어를 안고 투자자들에게 널리 사용되고 있습니다.

기술적 분석의 논쟁

기술적 분석에 대한 시각은 양극으로 나누어집니다. 시장을 어떤 시각에서 바라보는가에 따라 쓸모가 많다고 보는 사람도 있고, 전혀 쓸모없는 분석 방법으로 취급하는 사람들도 있습니다. 이 둘의 관점은 시장이 효율적인지 비효율적인지에 대한 생각의 차이입니다.

기본적 분석을 통해 알 수 있었던 것처럼 기업은 본질적인 가치가 있습니다. 애널리스트들은 여러 가지 방법을 통해 기업의 가치를 분석해놓았습니다. 그러나 실제 시장에서 수가가 그 가치를 정확히 반영하느냐에 대해서는 논란의 여지가 있습니다.

우선 시장이 비효율적이어서 기업의 가치와 주가가 정확하게 일치하지 않는다면, 시장에는 저평가된 종목과 고평가된 종목만 존재할 것입니다. 예를 들어 삼성전자의 본질가치를 계산해보니 10만 원이라는 주가가 나왔는데 현재 시장에서는 주가가 7만 원 선에서 움직이고 있다면, 이는 분명히 본질가치에 비해 저평가되어 있다고 볼 수 있습니다. 이런 경우에는 주가가 본질가치를 정확히 반영하지 않은 것입니다.

그러나 달리 생각해보면 10만 원이라고 계산한 본질가치가 삼성전자의 진정한 본질가치인지에 대해 의구심을 가질 수도 있습니다. 그 계산은 잘못된 것이고 실제로 시장에서 형성된 7만 원이 삼성전자의 진정한 가치가 아니냐는 주장이 나올 수 있는 것입니다.

이렇게 극명한 시각 차이를 보이는 것이 바로 시장의 효율성에 대한 논쟁입니다. 그렇다면 만약 시장이 효율적이라면 어떨까요? 주가가 기업의 가치를 적극적으로 반영하는 것이라면, 주가가 움직이는 것은 곧 기업의 가치가 바뀌고 있다는 것을 의미한다고 볼 수 있습니다. 그런데 이렇게 변화하는 기업의 가치를 투자자들은 어떤 식으로 확인할 수 있을까요? 바로 정보의 형태로 확인할 수 있습니다. 즉, 기업의 가치를 변화시키는 정보가 주가에 반영되고 투자자들은 이를 통해 주가의 움직임을 이해할 수 있다는 것입니다. 따라서 시장이 효율적이라면 기업의 가치를 변화시키는 정보들이 신속하고 정확하게 주가에 반영될 것입니다.

예를 들어 삼성전자가 새로운 스마트폰 모델을 개발했는데, 그것이 기업의 가치를 5% 정도 증가시킬 것으로 가정해봅시다. 이 경우 시장이 효율적이라면 정보가 나오는 즉시 삼성전자의 주가는 5% 상승을 보여야 합니다. 그러나 시장이 비효율적이라면 이 정보는 주가에 전혀 반영되지 않습니다. 또는 2% 정도만 오른다든지 아니면 7%나 올라간다든지 하는 상황이 나타납니다. 이후 시간이 흘러 종국에야 5% 상승으로 주가 수준을 찾아갑니다. 시장이 비효율적이라면 투자자들은 바로 이런 상황을 이용해서 수익을 얻게 됩니다.

이제 시장의 효율성과 기술적 분석을 연결해서 생각해봅시다. 주가는 모두 차트로 그릴 수 있고 과거 차트에 나타났던 것이 미래에도 반복적으로 나타난다고 하는 기술적 분석의 가정은 어떻게 되는 것일까요? 만약 시장이 효율적이라면 주가는 무작위로 움직이지, 과거에 나타났던 대로 움직이지 않는다는 말이 됩니다. 그러면 기술적 분석의 유용성은 사라집니다. 그렇지만 만약 시장이 비효율적이라면 기술적 분석을 통해 시장으로부터 수익을 얻을 수 있습니다.

최근 많은 사람의 이야기를 들어보면 결론은 이렇습니다. 시장은 대체로 효율적입니다. 하지만 비효율적인 측

절대로 '한 가지 지표'에 의존하지 말 것!
MACD, RSI, 이동평균선, 볼린저밴드… 초보자들은 지표 하나에 집착하기 쉽지만, 시장은 단일 지표로 설명되지 않습니다. 여러 지표를 조합해 '같은 방향'을 보여줄 때 매매 가능성이 커집니다. 또한 지표는 참고일 뿐, 판단의 전부가 되어서는 안 됩니다.

면이 분명히 존재합니다. 그것을 수치화한다면 적게는 70%, 많게는 80% 정도는 효율적이지만 나머지 20~30% 정도는 비효율적인 측면이 존재하는 것입니다. 최근에는 시장의 비효율적인 면을 인정하면서 기술적 분석의 존재가치도 인정받고 있습니다.

기술적 분석은 왜 유용할까요?

기술적 분석은 어떤 유용성이 있는지 알아봅시다.

첫째, 기본적 분석을 통해서 알 수 없는 것이 바로 시장 참여자들의 심리 상태입니다. 반면에 기술적 분석은 시장이 과열 상태인지 침체 상태인지를 알려줌으로써 시장에서의 심리분석을 가능하게 해줍니다.

둘째, 기본적 분석에서는 본질가치에 비해 저평가된 주식이나 과대평가된 주식을 알려줍니다. 하지만 언제 사고, 언제 팔아야 하는지, 즉 매매 시점은 알려주지 않습니다. 반면에 기술적 분석에서는 매매 시점을 정확하게 알려줍니다. 그러므로 기술적 분석에서는 매매 타이밍을 어떻게 잡아야 하는지를 반드시 확인해야 합니다.

이런 유용성에도 기술적 분석이 홀대받는 이유는 뭘까요? 앞서 살펴본 대로 시장은 효율적인 면이 많기 때문입니다. 그렇다면 과거의 패턴들을 열심히 연구하더라도 그것이 잘 들어맞지 않을 가능성이 크지요.

많은 사람이 같은 차트를 보고 있어도 의견이 통일되기는 어렵습니다. 차트에서 각자 추세선을 어떻게 그리느냐에 따라 달라지기 때문에 추세의 시작이 어디인지, 그리고 어떤 패턴이 나타나고 있는지, 앞으로 어떻게 될 것인지에 대해 의견이 다를 수 있습니다. 또한 기술적 분석은 시장 변화의 원인은 무시하고 가격의 움직임만 본다는 문제도 있습니다. 이는 아마 가장 치명적인 단점이 될 것입니다. 증권 관련 TV에 소위 전문가들이 나와서 분석하는 것을 가만히 보면 다음과 같은 장면을 흔히 볼 수 있습니다.

앵커: 유가는 앞으로 어떻게 될까요? 환율은요? 차트는요?
전문가: 차트 한번 보시죠.

각각의 변동 요인은 무시하고 모든 것을 차트로만 해석하는 것을 보면, 왜 경제 공부를 하는지 회의가 들 수도 있습니다. 이렇게 보면 차트만 공부하면 되나 싶어지기 때문입니다. 그러나 차트를 보는 것이 반드시 잘못된 것은 아닙니다. 주식시장에 상장된 종목 수는 2,500여 개나 됩니다. 많은 종목을 하나의 기준으로 판단하려고 할 때, 차트 분석은 어느 때보다 유용한 분석 방법이 될 수 있다는 점도 인정해야 합니다.

주식시장의 속설 중 "기껏해야 차트, 그래도 차트"라는 말이 있습니다. 시장의 효율성으로 볼 때 기술적 분석의 존재 의미가 반감되는 것은 사실이지만, 그렇다고 완전히 무용한 것은 아니라는 뜻입니다. 최근 학계나 업계에서는 기술적 분석도 유용하다고 인정받고 있습니다. 다만 매우 열심히 공부하고 분석해야 한다는 전제를 잊어서는 안 됩니다.

HTS에서 차트 보기 ▶ HTS에서는 다양한 형태의 차트가 제공되고 있습니다. HTS에서 [차트]를 클릭하여 그래프를 불러옵시다.

기본적인 차트에서 환경 설정을 바꾸려면 차트 툴바에서 톱니바퀴 모양을 눌러 자신에게 맞는 차트를 구성할 수 있습니다.

차트 환경 설정

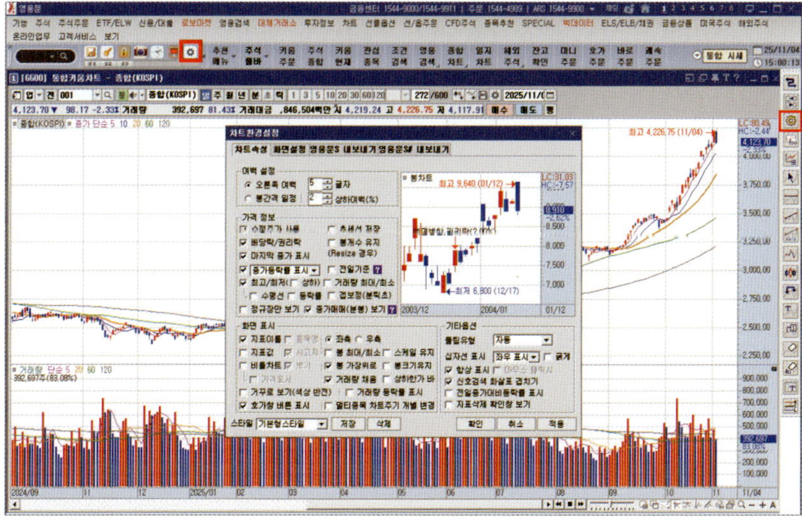

또한 차트의 유형을 바꾸려면 차트 형태 메뉴를 통해 새롭게 구성할 수 있습니다.

차트 형태 메뉴

기술적 지표를 추가하고 싶다면 빨간 박스 안의 아이콘을 클릭하거나 차트 화면의 빈 공간에 오른쪽 마우스 버튼을 클릭하세요. 다음과 같은 화면이 나타나면 원하는 지표를 선택하여 그래프에 추가할 수 있습니다.

지표 추가/전환

슈퍼개미들이 활용하는 차트 설정

1. 매물대차트

매물대차트는 지수 분석보다 개별 종목 분석에서 훨씬 강력한 효과를 발휘합니다. 주가가 상승하려면 매물대를 돌파해야 하고, 반대로 하락할 때는 매물대가 강한 지지선 또는 저항선으로 작용해야 합니다. 이 때문에 매물대 흐름을 파악하는 것은 슈퍼개미들이 기본적으로 수행하는 핵심 작업입니다. 매물대의 개수는 사용자가 자유롭게 설정할 수 있으며, 기본값은 10개로 되어 있지만 본인의 투자 스타일에 맞게 재설정해 사용하는 것이 좋습니다.

차트 형태 → 매물대차트

2. 일목균형표

슈퍼개미들이 많이 참고하는 또 하나의 핵심 차트가 일목균형표입니다. 일목균형표는 기술적 지표 중 가격 지표에 속하며, 차트 화면에서는 양운층과 음운층의 구름대로 시각화되어 표시됩니다. 일목균형표는 전환선, 기준선, 선행스팬 1, 선행스팬 2, 후행스팬의 5개 요소로 구성되며, 각 요소의 위치와 교차를 통해 추세와 매매 타이밍을 판단합니다.

기술적 지표 → 일목균형표

전환선이 기준선을 상향 돌파하거나 가격이 구름대 위에서 움직이면 매수 신호, 반대로 전환선이 기준선을 하향 돌파하거나 가격이 구름대 아래로 내려가면 매도 신호로 해석합니다. 후행스팬은 현재 가격 뒤에서 움직이며 과거 가격과의 관계를 보여주는 지표로, 추세 판단에 중요한 참고 자료입니다. 일목균형표를 이용한 매매 신호는 다음과 같이 정리할 수 있습니다.

1) 매수 신호

전환선이 기준선을 상향 돌파할 때(골든크로스)

가격이 선행스팬 1과 2로 구성된 구름대 위에서 움직일 때

2) 매도 신호

전환선이 기준선을 하향 돌파할 때(데드크로스)

가격이 구름대 아래로 내려갈 때

3) 추세 해석

양운층(상승추세): 선행스팬 1이 선행스팬 2보다 위에 있을 때

음운층(하락추세): 선행스팬 2가 선행스팬 1보다 위에 있을 때

일목균형표는 단순한 신호용 지표가 아니라, 시장의 균형과 흐름을 한눈에 파악할 수 있도록 설계된 종합 지표입니다. 숙련될수록 추세와 심리를 읽어내는 데 큰 힘을 발휘하므로 꾸준히 활용해보는 것이 좋습니다.

봉차트, 봉차트의 종류, 봉차트의 구조

봉차트는 무엇인가요?

차트를 통해 시장을 예측할 수 있습니다

투자자들이 가장 많이 사용하는 차트가 바로 봉차트Candlestick Chart입니다. 봉차트는 하루 동안의 주가 움직임을 시가, 종가, 고가, 저가로 표시합니다. 시가는 장이 시작될 때의 가격, 종가는 장이 마감될 때의 가격입니다. 고가는 하루 중 가장 비싼 가격, 저가는 가장 낮은 가격이지요.

하루 단위로 표시한 차트를 일봉, 일주일 단위는 주봉, 한 달 단위는 월봉이라 부릅니다. 일봉차트는 단기 흐름을, 주봉과 월봉은 중장기 추세를 파악하는 데 유용합니다. 우리나라에서 사용하는 봉차트는 일본식 표기법으로, 시가와 종가를 연결한 몸통과 고가와 저가를 표시한 꼬리(그림자)로 구성됩니다. 이 4가지 요소만으로도 하루 동안 시장에서 벌어진 심리전의 흐름을 읽을 수 있습니다.

한 걸음 더

봉차트, 왜 '심리의 기록'이라고 부를까요?
봉 하나에는 하루 동안 수천만 명의 매수·매도 판단이 담겨 있습니다. 시가보다 종가가 높다는 것은 하루 종일 '사자'가 우세했다는 뜻이고, 반대로 종가가 밀렸다면 '팔자'가 시장을 이긴 날입니다. 숫자가 아니라 심리의 흔적으로 차트를 보면 시장이 다르게 보입니다.

양봉과 음봉의 의미

봉차트는 종가가 시가보다 높으면 양봉, 낮으면 음봉으로 표시됩니다. 보통 양봉은 빨간색, 음봉은 파란색으로 구분하지요.

양봉은 매수세가 강했다는 뜻입니다. 몸통이 길수록 하루 동안 매수세가 시장을 주도했음을 의미합니다. 양봉의 위꼬리는 장중에 한때 고가에 닿았지만 매도세가 등장해 밀린 흔적이며, 아래꼬리는 저가에서 매수세가 들어와 반등했음을 뜻합니다. 따라서 꼬리의 길이가 길수록 장중 매수·매도 공방이 치열했다는 신호입니다.

반대로 음봉은 매도세가 우세했다는 의미입니다. 몸통이 길면 하락 압력이 컸다는 뜻이고, 꼬리의 해석은 양봉과 같습니다. 만약 양봉이 연속되면 매수세 강화, 음봉이 이어지면 매도세 강화로 해석할 수 있습니다. 이 단순한 봉의 조합이 쌓이면, 시장의 흐름과 투자심리를 읽는 강력한 도구가 됩니다.

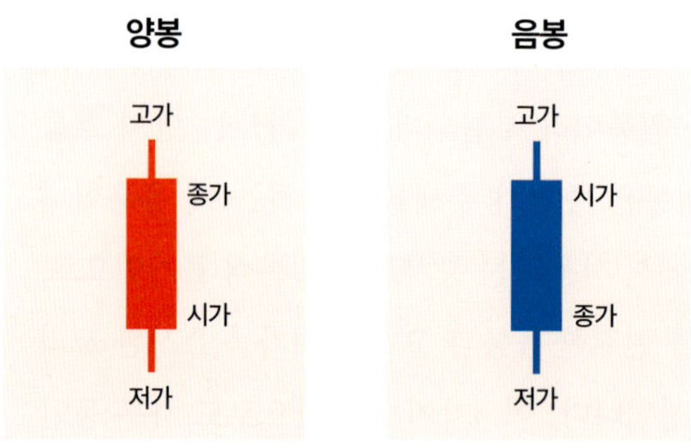

많은 사람이 오해하는 것이 있습니다. 양봉은 가격이 올랐을 때 그려진다고 생각하는 것입니다. 그러나 전날에 비해 주가가 상승 또는 하락했다는 의미가 아닙니다. 아침에 시작한 가격보다 올랐다면 당일 중 주가가 떨어졌더라도 양봉이 그려지는 것이고, 아침에 시작한 가격보다 떨어졌다면 당일 중 주가가 올랐더라도 음봉이 그려지는 것입니다.

봉차트로 매수세를 안다고요?

봉차트는 매수세 또는 매도세의 크기를 나타냅니다. 그래서 주가가 상승추세에 있을 때 매도세가 강해지는 봉이 나온다든지 주가가 하락추세에 있을 때 매수세가 강해지는 봉이 나오면, 시장의 추세가 바뀔 가능성이 커집니다. 또한 양선은 매수세의 활발함을, 음선은 매도세의 활발함을 의미하므로 시장에서 매수 세력이 매도 세력을 어떻게 극복하는지, 매도 세력이 매수 세력을 어떻게 제압하는지를 판단하는 것이 필요합니다. 일봉을 판단할 때 꼬리를 해석하는 것도 중요하지만 무엇보다 몸통의 크기를 기준으로 판단한다는 점을 꼭 기억해두세요.

주가 상승을 예고하는 봉 패턴

봉이 1개인 경우 ▶ 봉 하나로 주가 상승을 판단할 경우 양선, 몸통의 길이 그리고 아래꼬리가 달리는 경우 등이 중요한 단서가 됩니다. 따라서 망치형, 상승샅바형, 역전된 망치형 순으로 상승 가능성이 큽니다.

봉이 2개인 경우 ▸ 봉 2개로 주가 상승을 보는 경우 두 번째 양선의 크기에 따라 상승 가능성이 커집니다. 따라서 상승장악형, 관통형, 상승반격형, 상승집게형 순서로 상승 가능성이 커지고 상승잉태형보다는 상승격리형이 더 유의미한 상승지표가 됩니다.

봉이 3개인 경우 ▸ 봉이 3개인 경우는 샛별형이 가장 대표적인데, 봉의 개수가 많을수록 그 의미는 더 커집니다.

주가 상승 봉 패턴

봉 개수	명칭	내용	모양
봉이 1개인 경우	망치형	하락추세의 바닥에서 아래꼬리가 길게 나타나는 형태입니다. 장중에 크게 눌렸지만 결국 매수세가 강하게 들어와 되살아났다는 뜻으로, 하락 멈춤 → 반등 신호로 해석합니다.	
	상승 샅바형	시가가 저점에서 출발해 하루 종일 강하게 끌어올려 만든 긴 양봉 하나입니다. 초반부터 매수세가 압도했다는 의미로, 상승 전환 가능성이 매우 큰 패턴입니다.	
	역전된 망치형	위꼬리가 길고 몸통이 아래에 있는 형태로, 하락추세 끝에서 등장하면 매수세가 반격을 시도하고 있다는 초기 신호입니다. 강한 반등까지는 아니더라도 상승으로 돌아설 가능성을 보여줍니다.	

봉이 2개인 경우	상승장악형	첫날 작은 음봉, 다음 날 큰 양봉이 이를 완전히 덮어버리는 형태입니다. 매수세가 매도세를 단숨에 뒤집은 모습으로, 상승반전 패턴 중 신뢰도가 가장 높은 신호입니다.	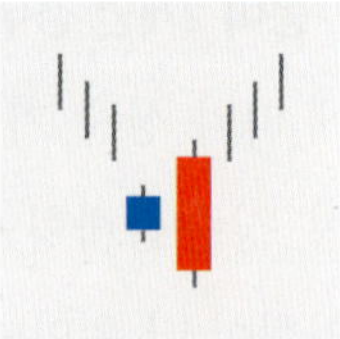
	관통형	첫날 긴 음봉이 나오고, 다음 날 시가는 낮게 시작했지만 전일 몸통의 절반 이상을 되돌린 양봉이 나옵니다. 강한 매수 반전력의 표시로, 상승 가능성이 높아지는 전환 신호입니다.	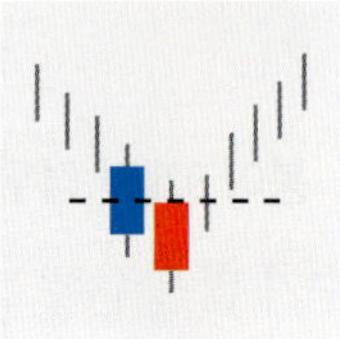
	상승잉태형	큰 음봉 속에 작은 양봉이 들어 있는 형태입니다. 하락추세가 약해지고 매수세가 살아나는 구간으로, 상승 전환의 초기 단계에서 자주 나타나는 패턴입니다.	
	상승반격형	첫날 음봉 종가와 거의 동일한 수준에서 둘째 날 양봉이 반격하듯 마감됩니다. 매도세의 힘이 약해지고 매수세가 균형을 맞추기 시작했다는 뜻으로, 반등 신호로 해석합니다.	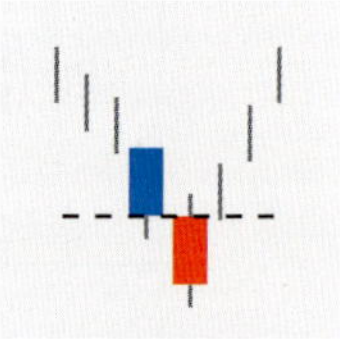
	상승격리형	상승추세 중 잠깐 음봉이 나왔다가, 다음 날 음봉의 시가와 같은 위치에서 다시 양봉이 시작되고 상승을 이어가는 패턴입니다. 중간 조정 후 상승추세 재개 신호입니다.	
	상승집게형	두 개의 봉이 거의 같은 저점을 찍고 상승하는 패턴입니다. 저점에서 매수 지지가 강하게 확인된 것으로, 하락 종료 신호로 해석됩니다.	
봉이 3개인 경우	샛별형	긴 음봉 → 작은 몸통(양·음 상관없음) → 큰 양봉의 3단 구조입니다. 매도세가 약해지고 매수세가 본격적으로 등장했다는 의미로, 전체 캔들 패턴 중 상승 반전 신호의 대표적이자 가장 신뢰도가 높은 패턴입니다.	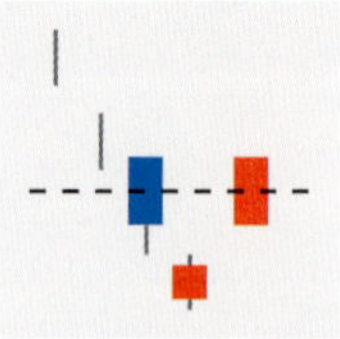

주가 하락을 예고하는 봉 패턴

봉이 1개인 경우 ▸ 봉이 하나인 경우 주가 하락을 판단하는 기준은 음선, 음선의 크기, 그리고 위꼬리가 달리는 경우 등이 중요한 단서가 됩니다. 따라서 하락샅바형, 교수형의 순서로 하락 가능성이 커집니다.

봉이 2개인 경우 ▸ 봉 2개로 주가 하락을 판단하는 경우 두 번째 음선의 크기에 따라 하락 가능성이 커집니다. 따라서 하락장악형, 먹구름형, 하락반격형, 하락집게형 순서로 하락 가능성이 커지고 하락잉태형보다는 하락격리형이 더 유의미한 상승 지표가 됩니다.

봉이 3개인 경우 ▸ 봉이 3개인 경우는 갭 발생 매도·매수의 극적인 반전을 보여줍니다. 따라서 까마귀형보다는 석별형이 더 강력한 하락 전환으로 매도 신호가 됩니다.

주가 하락 봉 패턴

봉 개수	명칭	내용	모양
봉이 1개인 경우	교수형	상승추세의 꼭대기에서 길게 늘어진 아래꼬리가 등장하는 패턴입니다. 매수세가 약해지고 장중 큰 매도 압력이 있었음을 의미해 하락 전환 가능성이 커지는 신호입니다.	
	하락샅바형	시가가 고점에서 형성된 뒤 하루 종일 밀려 긴 음봉 하나로 마감되는 형태입니다. 초반부터 매도세가 강하게 우위였다는 뜻으로, 하락 시작 신호로 해석합니다.	

	유성형	몸통이 아래에 있고 위꼬리가 길게 뻗은 형태로, 상승추세 끝에서 등장합니다. 고점에서 강한 매도세가 출현했음을 뜻하며, 상승 종료 후 하락 반전의 전조로 봅니다.	
봉이 2개인 경우	하락장악형	첫날 양봉을 다음 날 큰 음봉이 통째로 뒤덮는 패턴입니다. 매도세가 매수세를 완전히 잠식했다는 의미로, 하락 반전 신호 중 신뢰도가 매우 높은 형태입니다.	
	먹구름형	첫날 강한 양봉, 둘째 날 갭 상승 후 종가가 전일 몸통의 절반 아래까지 내려오는 형태입니다. 상승세가 강하게 꺾이는 패턴으로, 하락 전환 위험이 커지는 신호입니다.	
	하락잉태형	큰 양봉 속에 작은 음봉이 들어 있는 패턴입니다. 상승추세의 힘이 약해지고 있음을 의미하는 초기 하락 신호입니다.	
	하락반격형	첫날 양봉의 종가와 거의 같은 수준에서 둘째 날 음봉이 마감되는 패턴입니다. 매수세의 공격을 매도세가 정면에서 막아낸 형태로, 전환 가능성이 높아지는 시점입니다.	
	하락격리형	하락추세 중 잠깐 양봉이 나왔다가, 다음 날 양봉의 시가와 같은 자리에서 음봉이 출현하는 패턴입니다. 단기 반등 후 하락추세가 다시 이어진다는 신호입니다.	

	하락집게형	2개의 봉이 거의 같은 고점을 찍고 하락하는 패턴입니다. 고점에서 매도 저항이 강하게 확인된 것으로, 상승 종료 신호로 해석됩니다.	
봉이 3개인 경우	석별형	긴 양봉 → 작은 몸통 → 큰 음봉으로 이어지는 3단 구조입니다. 상승추세가 끝나고 매도세가 본격적으로 등장하는 형태로, 하락반전 신호 중 가장 강력한 패턴입니다.	
	까마귀형	연속된 3개의 긴 음봉이 계단식으로 이어지는 패턴입니다. 매도세가 압도적이며 하락추세가 강화되고 있음을 보여주는 강한 하락지속 신호입니다.	

매도세와 매수세가 균형을 이루는 봉 패턴

장중 등락을 거듭하던 주가가 시가 근처에서 마감하는 경우에는 십자형 봉차트가 발생합니다. 이는 매도세와 매수세가 균형을 이루는 것입니다. 십자형은 흔히 추세 반전의 신호로 인식되기도 하지만, 실제로는 추세 반전의 신호와 추세 지속의 신호로 동시에 인식됩니다. 따라서 십자형이 발생한 다음 날의 주가 움직임으로 반전인지 지속인지 판단하는 것이 필요합니다. 십자형의 경우 아래위의 꼬리가 길면 길수록 장중 투자심리가 매우 불안하게 움직인 것으로 볼 수 있습니다. 십자형으로 볼 수 있는 봉 패턴은 다음과 같습니다.

장족형 ▶ 시장이 급등락을 보인 이후 시가와 종가가 같게 된 것으로 심리가 불안정한 모습을 보입니다.

비석형 ▸ 시가, 저가, 종가가 같은 형태로 바닥권보다는 천장권에서 나타나면 더 신뢰할 만한 봉입니다.

잠자리형 ▸ 잠자리형은 급등국면에서 자주 발생하는 패턴으로 상승 과정에서 장중 매물을 소화하고 재차 상승할 때 주로 나타나는 봉입니다.

일자형 ▸ 강력한 상승 모멘텀으로 인해 시가, 저가, 고가, 종가가 모두 같은 봉입니다. 이는 소형주가 매일 상한가를 기록하는 과정에서 주로 발생합니다.

HTS에서 봉차트로 종목 검색하기 ▸ HTS에서는 다양한 형태로 종목 검색을 할 수 있습니다. 지금까지 살펴본 것 이외에도 수없이 많은 봉 패턴이 있는데 이들을 통해 종목을 검색할 수 있는 방법이 있습니다. 바로 조건검색을 통해 종목을 찾아내는 것입니다. 예를 들어 ❶ 조건검색으로 현재 시장에서 상승잉태형이 나타난 종목을 찾아봅시다. 상승반전형 메뉴 중 상승잉태형을 선택한 후 검색하면 됩니다.

❶ 조건검색 → 패턴분석 → 상승반전형 → 상승잉태형

　검색 결과 부분을 확인해볼까요? 직전일에 상승잉태형이 나타난 종목은 LG네트웍스, 빙그레, 에이프로젠, 풍산, 라파스 등 모두 16개 종목입니다.

　하나의 패턴만으로 확실치 않다면 복수의 조건을 통해 보다 엄격하게 종목을 검색할 수도 있습니다. 예를 들어 긴 양봉이 나온 것 중에서 양선이 3개가 나란히 나온 ❷ 적삼병의 조건을 추가해 종목을 검색하면 다음과 같습니다.

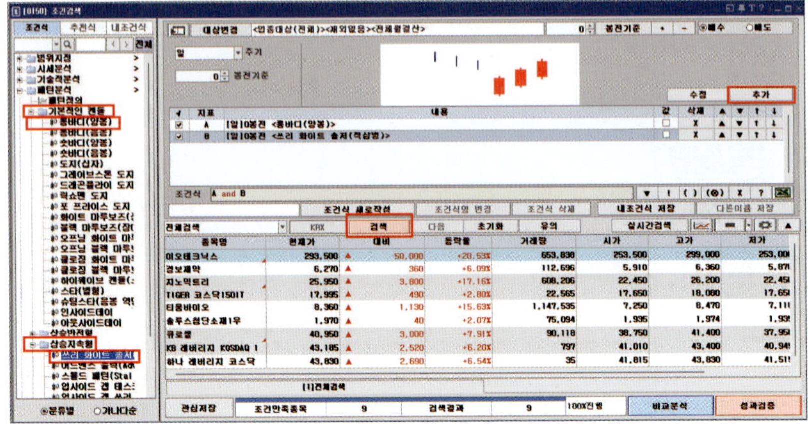

검색 결과 이오테크닉스, 경보제약, 지노믹트리 등 9개 종목이 검색되었습니다. 기업을 선택한 상태에서 하단의 비교분석 버튼을 클릭하면 다음과 같은 미니차트를 비교해 볼 수 있습니다.

키움미니차트

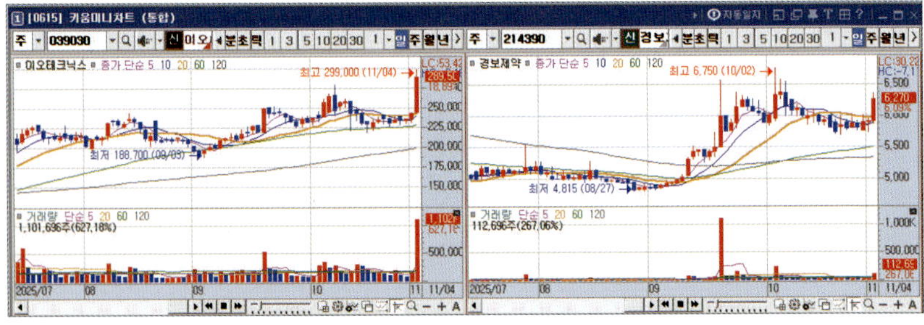

HTS에서는 종목별로 차트가 형성되는 과정에서 어떤 모양의 봉이 형성되고 있는지도 확인이 가능합니다. 이를 살펴보면 다음과 같습니다.

먼저 차트 메뉴 중에서 ❶은 봉 패턴을 알아보는 메뉴입니다. 이 메뉴를 클릭하면 패턴이 발생한 부분에 ❷처럼 화살표 표시가 생깁니다. 이 화살표를 눌러보면 봉 패턴에 대한 설명이 팝업창으로 나옵니다. 따라서 일봉의 패턴을 잘 모르더라도, 팝업창의 설명을 통해 과거에 발생했거나 현재 형성되고 있는 봉 패턴을 확인할 수 있습니다.

봉 패턴 설명 팝업 창

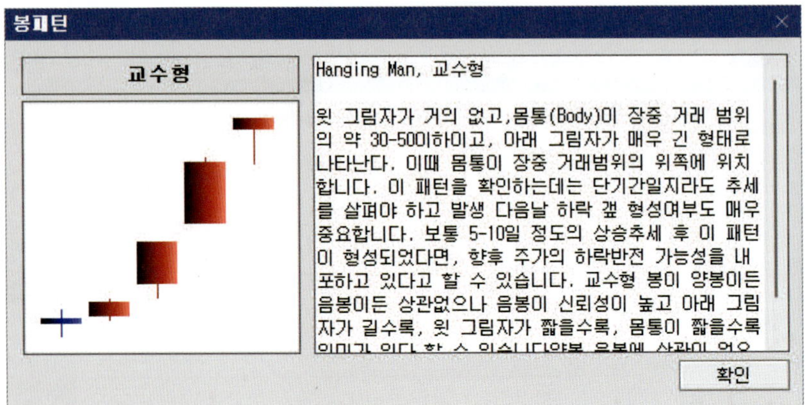
봉 패턴
교 수 형
Hanging Man, 교수형
윗 그림자가 거의 없고,몸통(Body)이 장중 거래 범위
의 약 30-50이하이고, 아래 그림자가 매우 긴 형태로
나타난다. 이때 몸통이 장중 거래범위의 위쪽에 위치
합니다. 이 패턴을 확인하는데는 단기간일지라도 추세
를 살펴야 하고 발생 다음날 하락 갮 형성여부도 매우
중요합니다. 보통 5-10일 정도의 상승추세 후 이 패턴
이 형성되었다면, 향후 주가의 하락반전 가능성을 내
포하고 있다고 할 수 있습니다. 교수형 봉이 양봉이든
음봉이든 상관없으나 음봉이 신뢰성이 높고 아래 그림
자가 길수록, 윗 그림자가 짧을수록, 몸통이 짧을수록
의미가 있다 할 수 있습니다양봉 음봉에 상관이 없으
확인

지지선과 저항선, 추세선
추세선은 어떻게 활용해야 하나요?

주가는 일정 기간 추세를 이루면서 일정 범위에서 움직이는 습성이 있습니다. 이때 주가 움직임의 저점과 저점을 이은 선을 지지선이라 하고, 고점과 고점을 이은 선을 저항선이라고 합니다. 지지선이나 저항선을 알면 매매 전략을 수립하는 데 매우 유용합니다. 일반적으로 주가가 상승추세에 있을 때 저항선을 상향 돌파하는 경우 추가 상승이 일어날 것으로 판단합니다. 주가가 하락추세에 있을 때 지지선을 하향 돌파하는 경우에는 추가 하락이 일어날 것으로 판단합니다.

지지선은 주가가 일정 수준으로 내려오면 더 이상 내려가지 않으려고 하는 지점을 선으로 이은 것입니다. 저항선은 지지선과는 반대로 주가가 일정 수준까지 올라가면 더 이상 올라가지 못하는 지점을 선으로 이은 것입니다.

① 현재 주가의 목표치를 설정하고 매매 전략을 수립하는 데 사용됩니다.

② 저항선이나 지지선을 돌파하려는 시도가 여러 차례 실패하는 경우 추세가 전환되는 것으로 봅니다.

③ 장기간에 걸쳐 형성된 지지선이나 저항선이 단기간에 형성된 것보다 더 신뢰도가 큽니다.

④ 추세가 강화되는 경우에는 더욱 최근에 형성된 지지선이나 저항선의 신뢰도가 더 큽니다.

⑤ 정액 가격대, 즉 1만 원, 2만 원, 5만 원, 10만 원 등의 단위나 자릿수가 바뀌는 경우는 심리적으로 지지선과 저항선의 역할을 합니다.

⑥ 저항선이나 지지선의 역할은 횡보하는 장세에서 더 커집니다. 왜냐하면 상승추세나 하락추세로 전환되는 시기나 상승 시의 상승 폭, 하락 시의 하락 폭의 크기를 예상할 수 있게 해주기 때문입니다.

지지선과 저항선

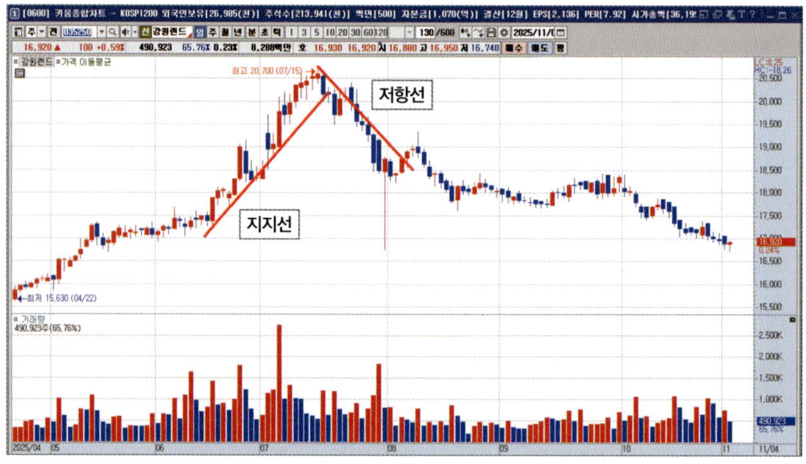

한 걸음 더

지지선은 믿는 것이 아니라 확인하는 것입니다

초보 투자자는 지지선이 나오면 무조건 반등할 것으로 오해하기 쉽습니다. 하지만 지지선은 '예상 지점'일 뿐이며, 반등 확인 후 매수하는 것이 훨씬 안전한 전략입니다. 반등 신호 없이 지지선만 보고 매수하는 것은 하락장에서 가장 많이 하는 실수입니다.

추세선으로 매매 전략을 세워봅시다

추세선이란 고점과 고점, 또는 저점과 저점을 이은 선입니다. 상승추세선은 저점과 저점을, 하락추세선은 고점과 고점을 이어서 그립니다. 그리고 주가가 횡보를 하는 경우에는 평행추세선을 그릴 수도 있습니다. 저점이 계속 높아지면 상승추세선을 이루고, 고점이 계속 낮아지면 하락추세선을 이룹니다.

일반적으로 추세선은 중요한 지지선 또는 저항선의 역할을 합니다. 상승추세선은 주가의 하락을 막는 지지선의 역할을 하고, 하락추세선은 주가의 상승을 막는 저항선의 역할을 합니다. 일단 추세선이 그려지게 되면 일정 기간은 주가가 추세선에서 움직일 가능성이 높습니다.

추세선의 종류

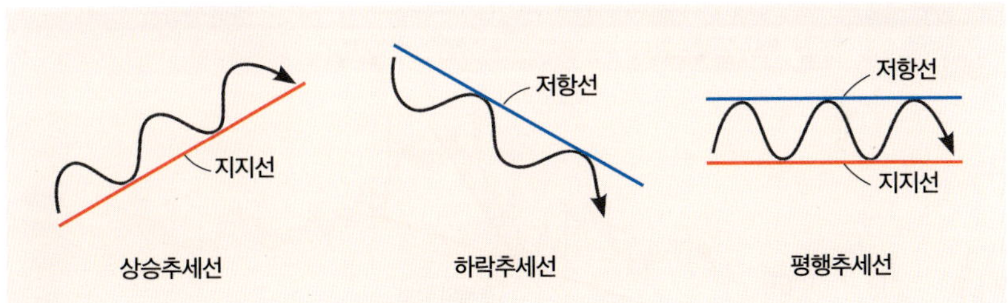

저점이나 고점이 여러 차례 나타날수록, 추세선의 길이가 길고 완만할수록 신뢰할 수 있는 추세선이라고 볼 수 있습니다.

추세선의 길이 ▶ 길이가 길면 그 추세가 탄탄하며 주가의 움직임이 일관

되게 나타난다는 것을 의미합니다.

초보자들은 지지선 가격을 정확한 숫자로 인식하지만, 실전에서는 항상 ±1~3% 범위의 지지·저항 구간으로 봐야 합니다. 몇 원 깨졌다고 지지선이 바로 하락추세가 되는 것이 아니라, 구간을 벗어나는지 여부가 더 중요합니다.

추세선이 상승추세를 나타낼 때 기울기 ▶ 기울기가 급해지면 상승추세의 강화를 의미합니다. 반대로 기울기가 완만해지면 상승추세의 약화를 의미합니다. 일반적으로 추세선은 직선에 가까운 모습을 보이지만 주가의 상승이나 하락이 급격하게 나타나는 경우 직선보다는 곡선에 가까운 모습을 보이는 경우가 있습니다. 기울기가 점점 가팔라지는 형태를 나타내기 때문입니다.

추세선

추세는 주가의 움직임에 따라 상향 돌파 또는 하향 돌파하는 경우가 흔히 나타납니다. 이때 주가가 저항선을 상향 돌파하고 나면 일시적으로 기존의 저항선 부근까지 되돌림을 하는 경우가 나타납니다. 그러면 기존의 저항선이 지지선의 역할을 하는지를 관찰하는 것이 필요합니다.

일단 추세대를 확인하게 되면 주가는 다음과 같은 특징을 가집니다.

① 지지선과 저항선 사이에서 등락을 거듭하던 주가가 저항선에 이르지 못하고 하락하는 경우 지지선을 하향 돌파할 가능성이 큽니다.

② 주가가 지지선을 하향 돌파함으로써 상승추세가 끝나고 하락국면으로 접어들면, 기존의 지지신은 디 이상의 의미를 갖기 어렵습니다. 이때 새로운 추세대를 확인하는 것이 필요합니다.

③ 주가가 상승추세대에서 등락을 거듭하다가 상승세가 강화되는 경우 저항선을 뚫고 상승합니다. 이를 추세의 강화라고 합니다. 이때 기존의 저항선은 더 이상 의미를 갖기 어렵고, 기존의 추세대보다 더욱 가파른 새로운 추세대를 확인하는 것이 필요합니다.

이동평균선으로 주가를 알 수 있다고요?

프로스포츠 선수들 사이에는 흔히 '2년 차 징크스'라는 말이 있습니다. 신인상까지 받을 만큼 뛰어난 성적을 거둔 선수가 다음 해에는 기대에 미치지 못하는 성적을 내는 현상이지요. 이는 심리적 압박감도 원인이지만, 결국 높은 성적을 기록한 첫해가 평균보다 좋았기 때문에 시간이 지나면 평균 수준으로 성과가 수렴한다는 평균회귀의 법칙Law of Mean Reversion으로 설명할 수 있습니다. 세상의 많은 현상은 시간이 지나면서 결국 평균으로 돌아오는 성질을 보입니다.

투자에서도 동일한 원리가 적용됩니다. 누군가 단기간 높은 수익률을 올렸다 해도, 그 수익률이 장기간 유지되기는 어렵습니다. 바로 이 평균회귀의 개념을 주가 분석에 접목한 것이 이동평균선입니다.

이동평균선이란 무엇인가?

이동평균은 일정한 기간을 정해 그 기간의 주가 평균을 계산하고, 다음 날이 되면 가장 오래된 데이터를 제외하고 새로운 데이터를 포함해 평균을 다시 계산하는 방식입니다. 예를 들어 5일 이동평균을 구하는 경우 첫 5일의 평균값을 구한 뒤, 다음 날에는 첫째 날 데이터를 빼고 여섯째 날 데이터를 넣어 다시 평균을 구합니다. 이런 과정이 반복되면서 이동평균선이 형성됩니다.

이동평균선은 특정 기간 시장참여자들이 평균적으로 매수·매도한 가격을 나타내며, 주가가 현재 상승 흐름에 있는지, 아니면 하락 흐름에 있는지를 파악하는 데 핵심적인 역할을 합니다. 다음은 주가 데이터를 이용해 5일·10일 이동평균선을 계산한 예시입니다.

5일·10일 이동평균선 계산 예시

일자	종가	5일 이동평균	10일 이동평균
2025-10-01	2,315		
2025-10-05	2,330		
2025-10-06	2,335		
2025-10-07	2,355		
2025-10-08	2,450	2,357	
2025-10-09	2,485	2,391	
2025-10-12	2,480	2,421	
2025-10-13	2,395	2,433	
2025-10-14	2,310	2,424	
2025-10-15	2,310	2,396	2,377
2025-10-16	2,325	2,364	2,378

표에서 보듯 이동평균선은 시간이 흐르면서 새로운 정보가 반영되고 오래된 정보는 제외되어 실시간으로 시장의 흐름을 반영합니다.

이동평균선의 종류와 특징

우리나라 주식시장은 주 5일 거래일 기준으로 5일선(1주 평균), 20일선(1개월 평균), 60일선(1분기 평균), 120일·200일선(6개월·1년 평균)으로 구분됩니다. 짧은 기간의 이동평균선은 기울기가 가파르고 시장 변화에 민감하게 반응하며, 긴 기간의 이동평균선일수록 기울기가 완만하고 추세 판단에 유용합니다.

다음 차트에서 볼 수 있듯 5일선이 가장 빠르게 움직이고, 20일·60일·120일선 순으로 변화가 느려집니다. 이는 계산 과정에서 '새로운 정보'가 차지하는 비중이 짧은 기간일수록 더 크기 때문입니다.

이동평균선의 움직임

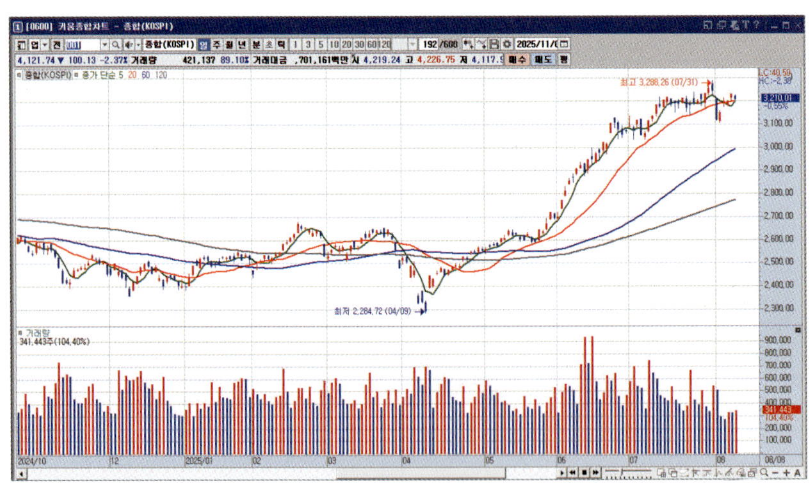

이동평균선을 활용한 매매 전략

주가가 이동평균선을 기준으로 위·아래를 돌파할 때는 의미 있는 해석이 가능합니다.

20일선은 단타·스윙, 60일선은 중기 투자자에게 '생명선'입니다
20일선 위에서 버티는 종목은 단기 상승 흐름이 유지될 가능성이 높고, 60일선 아래로 내려간 종목은 추가 하락 위험이 커집니다.

데드크로스와 골든크로스

골든크로스 Golden Cross ▶ 주가가 이동평균선을 아래에서 위로 돌파할 때, 매수세가 매도세를 이긴 신호로 해석되어 매수 시점이 됩니다.

데드크로스 Dead Cross ▶ 주가가 이동평균선을 위에서 아래로 돌파할 때는 매도세가 우위에 서는 신호로, 매도 시점으로 판단합니다.

또한 주가는 평균을 중심으로 움직이는 성질이 있어 이동평균선과 지나치게 괴리가 크면 다시 이동평균선으로 되돌아오려는 움직임을 자주 보입니다. 특히 60일 이동평균선은 중기 흐름의 중심축이 되어 평균회귀가 자주 발생하는 지점으로 활용됩니다.

고수의 팁 ▶ **이동평균선은 다른 지표보다 심리가 적게 섞인 순수한 가격 평균입니다**

MACD, RSI 같은 지표보다 훨씬 단순해 보이지만, 실전에서는 가장 꾸준히, 가장 넓게 활용되는 기본 도구입니다. 기본일수록 강력하다는 사실을 잊지 말아야 합니다.

<h1 align="center">국면</h1>

　　60일 이동평균선이 120일·200일 같은 장기이동평균선을 돌파하는 경우에는 주추세가 전환될 가능성이 매우 높아 중요한 기준선으로 사용됩니다. 우리 시장에서 120일선을 '경기선'이라고 부르는 이유도 이 때문입니다.

이동평균선은
어떻게 활용해야 하나요?

이동평균선을 이용해 주가를 분석해봅시다

이동평균선의 방향성을 이용해 분석합니다 ▶ 이동평균선의 방향이 상승 중인지 하락 중인지를 확인하여 쉽게 추세를 파악할 수 있습니다. 시장이 하락추세에서 상승추세로 전환할 때는 주가 상승반전 → 단기이동평균선 상승반전 → 중기이동평균선 상승반전 → 장기이동평균선 상승반전의 과정을 거칩니다. 상승추세에서 하락추세로 전환할 때도 주가 하락반전 → 단기이동평균선 하락반전 → 중기이동평균선 하락반전 → 장기이동평균선 하락반전의 과정을 거칩니다. 따라서 이동평균선이 상승세에 있는지 하락세에 있는지를 판단하는 것이 중요합니다.

고수의 팁 ▶ 이동평균선은 방향이 먼저입니다

초보 투자자는 골든크로스·데드크로스만 찾는 경우가 많습니다. 그러나 크로스보다 더 중요한 것은 각 이동평균선이 어느 방향으로 기울어져 있는가입니다. 이동평균선이 모두 위쪽으로 향하고 있다면 이미 시장의 큰 흐름이 상승 중이라는 의미입니다. '교차'는 이미 나타난 결과일 뿐, '방향'이야말로 추세의 본질을 보여줍니다.

이동평균선 간의 배열도를 이용해 분석합니다 ▶ 각각의 이동평균선들이 어떤 순서로 배열되어 있는지를 살펴보는 것입니다. 배열 순서는 정배열과 역배열로 나뉩니다. 정배열이란 주가 → 단기이동평균선 → 중기이동평균선 → 장기이동평균선 순으로 위에서 아래로 배열된 상태입니다. 역배열이란 정배열이 거꾸로 배열된 상태입니다. 정배열 구조 종목은 전형적인 상승 종목이며, 역배열 구조 종목은 전형적인 하락 종목입니다.

배열 구조

이동평균선을 지지선과 저항선으로 활용합니다 ▶ 이동평균가격은 일정 기간의 평균적인 매도 또는 매수의 가격이므로, 주가가 이 수준을 밑돌게 되면 일정 기간 매수한 투자자는 평균적으로 손실을 보게 됩니다. 이를 저지하려는 수준이 지지선이지요. 주가가 상승 중일 때에는 단기·중기·장기이동평균선을 지지선으로 상승합니다. 하락반전할 때는 이들 이동평균선을 차례로 하향 이탈합니다.

반대로 주가보다 높은 이동평균선의 가격은 저항선으로 작용합니다. 즉, 이동평균선보다 주가가 낮을 때 단기적으로 주가가 상승하여 이동평 균선에 접근하면 평균적으로 손실을 보고 있던 투자자들이 본전을 찾기 위해 매도하게 됩니다. 주가가 하락 중일 때는 단기·중기·장기이동평균 선이 차례로 저항선이 되어 주가가 하락을 이어갑니다. 하지만 만약 주가 가 상승세로 돌아서게 되면 이들 이동평균선을 차례로 상향 돌파하면서 상승합니다.

다음에 나오는 차트를 통해 이동평균선이 지지선과 저항선의 역할을 하는 모습을 확인할 수 있습니다. 이동평균선을 이용하는 경우 주가가 일 시적으로 저항선과 지지선을 이탈하는 경우가 있습니다. 흔히 이때 속임 수에 빠질 수가 있는데, 이를 방지하기 위해 각각의 이동평균선 특성을 잘 살피는 것이 필요합니다.

저항선, 지지선 이탈

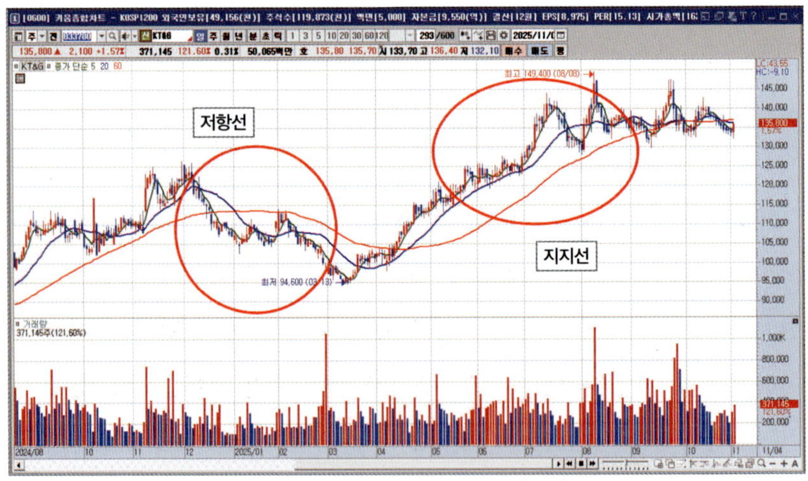

278

5일선과 20일선의 단기 골든·데드크로스는 일시적인 속임수가 매우 많습니다. 반면 20일선과 60일선의 중기 크로스는 시장의 큰 흐름을 보여줘 신뢰도가 훨씬 높습니다. 때문에 초보 투자자는 단기 크로스만 보고 매매하는 습관을 반드시 버려야 합니다.

이동평균선과 주가와의 이격도를 이용하여 분석합니다 ▶ 주가와 이동평균선의 떨어져 있는 정도를 이격도라고 합니다. 주가가 이동평균선을 중심으로 움직이는 현상, 즉 평균회귀 현상을 보이는 점을 감안해서 이격도를 살펴보세요. 이동평균선으로부터 주가가 위쪽이나 아래쪽으로 지나치게 멀리 떨어져 있는 경우에는 곧 이동평균선을 향해서 움직인다는 특성을 이용해서 매매에 적용할 수 있습니다.

골든크로스, 데드크로스 등을 이용해 크로스 분석을 합니다 ▶ 크로스 분석은 이동평균선을 이용하여 분석할 때 가장 대표적으로 사용되는 방법입니다. 크로스 분석에는 단기이동평균선이 장기이동평균선을 아래에서 위로 상향 돌파하는 골든크로스와 단기이동평균선이 장기이동평균선을 위에서 아래로 하향 돌파하는 데드크로스가 있습니다. 골든크로스에서는 매수, 데드크로스에서는 매도를 합니다.

이때 어떤 이동평균선 간의 크로스 분석이냐에 따라 분석이 달라집니다. 일반적으로 5일선과 20일선 사이를 단기 크로스 분석, 20일선과 60일선 사이를 중기 크로스 분석, 그리고 60일선과 120일선 사이를 장기 크로스 분석이라고 합니다.

분석가들이 가장 많이 사용하는 것은 중기 크로스 분석입니다. 이는 달리 말하면 중기 골든크로스가 발생하면 향후 주가가 상승추세로 반전하고 중기 데드크로스가 발생하면 향후 주가가 하락추세로 반전한다고 판단할 수 있습니다.

이동평균선은 후행성 때문에 늦게 움직입니다. 그러나 바로 그 후행성 덕분에 일시적인 변동에 속지 않고 큰 흐름을 안정적으로 파악할 수 있습니다. 초보자에게 필요한 것은 '신속한 신호'가 아니라 '안전한 신호'입니다.

골든크로스, 데드크로스

골든크로스와 데드크로스는 추세의 반전을 암시하는 신호로 받아들일 수 있습니다. 하지만 크로스 분석 역시 일시적 속임수가 나타날 수 있는데, 예를 들어 골든크로스 발생 이후 주가가 지속 상승하지 못하고 재차 하락하는 듯한 모습을 보일 수 있다는 겁니다. 따라서 일단 크로스가 나타난 이후에도 주가를 지속적으로 관찰하면서 주가가 완전히 추세를 잡아나가는 것을 확인하는 노력이 필요합니다.

이동평균선의 밀집과 확산을 이용해 밀집도 분석을 합니다 ▶ 이동평균선들은 한곳으로 수렴되기도 하고 확산되기도 하면서 수렴과 확산의 과정을 반복합니다. 이동평균선의 수렴 또는 밀집 현상이 나타나면 반드시 주가가 현재의 상태에서 변하게 된다는 것을 의미합니다.

그렇다면 이동평균선은 어떤 경우에 한곳으로 수렴하게 될까요? 바로 주가가 별다른 변화 없이 같은 가격대에서 지속적으로 움직이면 각각의 이동평균값이 비슷하게 수렴하게 됩니다. 그런데 이런 수렴 과정은 영원히 지속되지 않습니다. 반드시 위로든 아래로든 방향을 잡습니다. 일반적으로 수렴 이후에는 상승 쪽으로 방향을 잡는 경우가 많습니다. 그러므로 수렴 과정을 거치고 있는 이동평균선들의 모습을 유심히 관찰할 필요가 있습니다.

이동평균선의 밀집과 확산

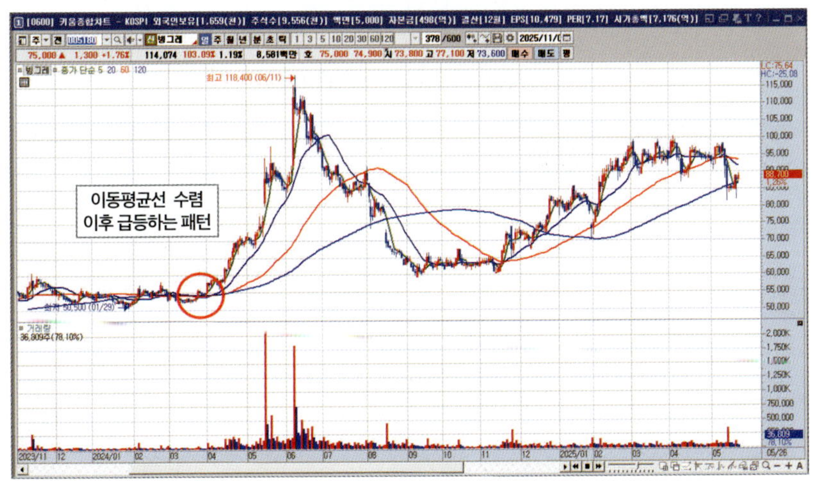

매매 시점은 어떻게 알 수 있나요?

이동평균선을 이용해 매매 시점을 포착해봅시다

1개의 이동평균선을 이용한 방법 ▶ 1개의 이동평균선을 이용하는 가장 간단한 방법은 주가와 이동평균선 간의 크로스를 이용하는 것입니다.

1개의 이동평균선 매매 전략

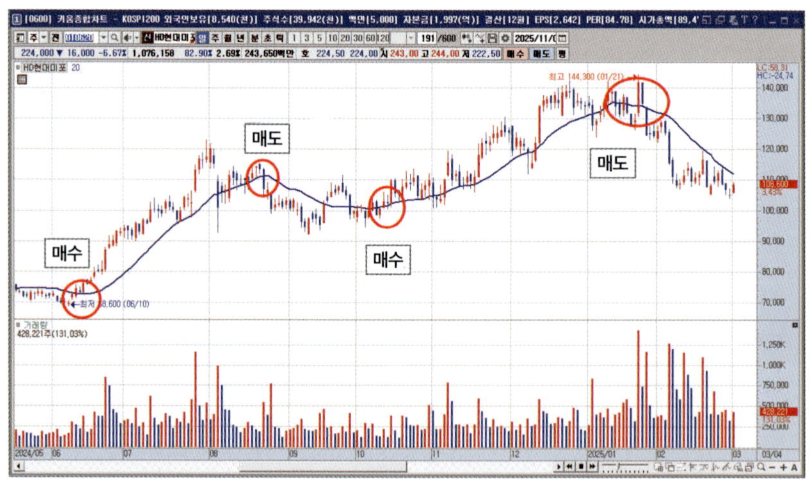

① 골든크로스가 나타나면 매수하고, 데드크로스가 나타나면 매도합
　니다.
② 이때 크로스가 발생하는 시점을 매매 시점으로 한다는 것을 잊어서
　는 안 됩니다. 차트를 보면서 20일 이동평균선을 이용해서 매매 시
　점을 찾는 방법을 확인해봅시다.

2개의 이동평균선을 이용한 방법 ▸ 이동평균선을 이용해서 시장이나 주가를 분석할 때 단기이동평균선은 매매 시점을 포착하는 데 이용하고, 중·장기이동평균선은 주로 추세를 판단하는 데 이용합니다. 단기이동평균선일수록 주가의 변화에 민감하게 반응해 속임수가 나타날 수 있다는 단점은 있지만, 시세의 전환을 가장 빠르게 알려줍니다. 반면에 중·장기이동평균선은 시세의 전환은 늦게 알려주지만, 매일 나타나는 미세한 주가의 변화에 영향을 받지 않으므로 주가의 추세를 확인하는 데 유용하게 사

2개 이동평균선 매매 전략

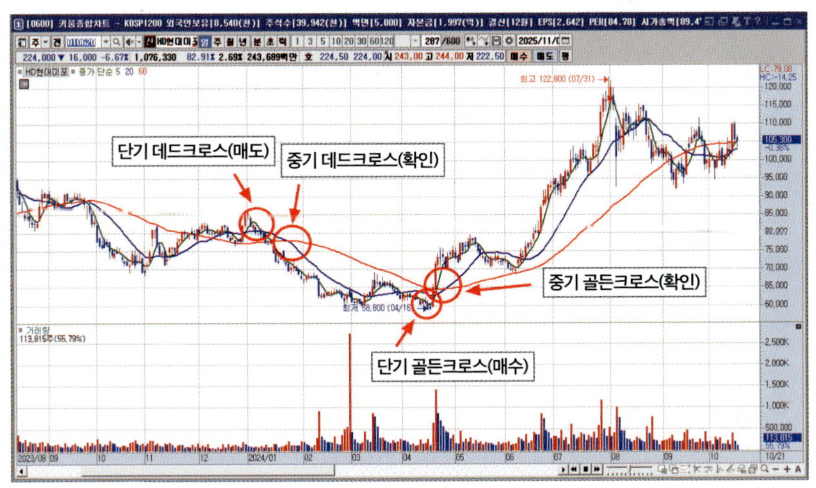

용될 수 있습니다. 앞의 차트에서 볼 수 있듯이 중기 골든크로스나 중기 데드크로스에서는 추세를 꼭 확인하세요.

3개의 이동평균선을 이용한 방법 ▶ 이동평균의 기간에 따라 주가 움직임에 대한 반응이 달라진다는 데서 착안한 것입니다. 즉, 단기이동평균선일수록 주가 움직임이 가장 빨리 그리고 가장 밀접하게 움직이고, 그다음은 중기이동평균선, 그다음은 장기이동평균선 순으로 반응하게 된다는 것을 기억해야 합니다.

상승추세에서 3개의 이동평균선을 이용한 매매 전략 ▶

상승추세에서 3개 이동평균선 매매 전략

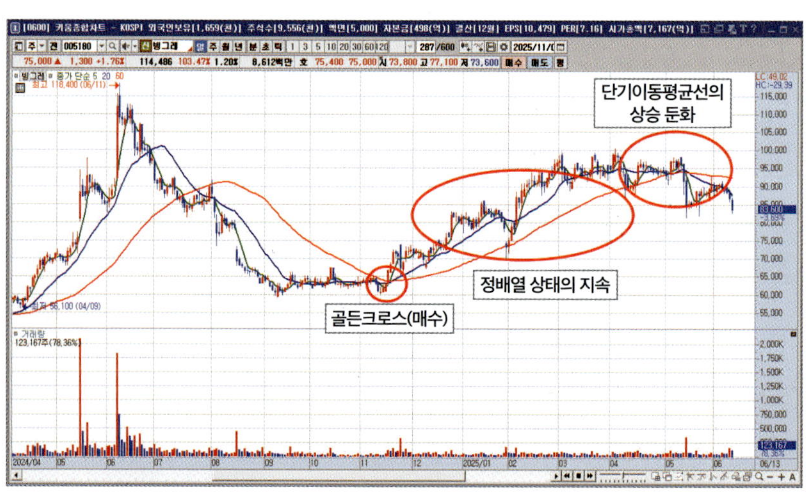

① 단기이동평균선이 중·장기이동평균선을 차례로 상향 돌파하는 골든크로스의 경우에는 매수 신호로 판단합니다.

② 주가의 배열이 주가 → 단기 → 중기 → 장기이동평균선 순의 정배열인 경우 강세국면으로 판단합니다.

③ 정배열 상태가 일정 기간 이어진 이후 단기이동평균선이 더는 상승하지 못하고 주춤거리거나 약해지면 상승의 마무리 국면으로 판단합니다.

④ 모든 이동평균선이 밀집되어 있는 경우에는 앞으로 주가의 방향이 위로 갈지 아래로 갈지 판단하기 어렵기 때문에 매매를 자제해야 합니다.

하락추세에서 3개의 이동평균선을 이용한 매매 전략 ▶

하락추세에서 3개 이동평균선 매매 전략

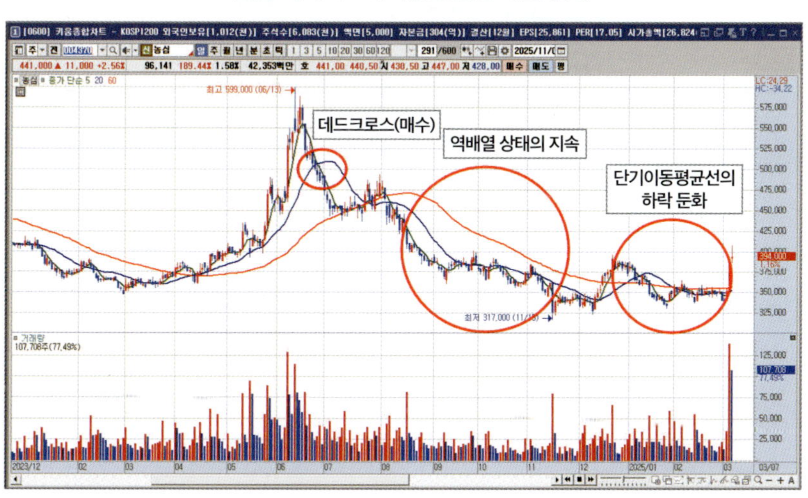

① 단기이동평균선이 중기와 장기이동평균선을 차례로 하향 돌파하는 데드크로스가 발생하는 경우에는 매도 신호로 판단합니다.

② 주가의 배열이 장기 → 중기 → 단기이동평균선 → 주가 순으로 역배열인 경우 약세국면으로 판단합니다.

③ 역배열 상태가 일정 기간 이어진 후 단기이동평균선이 더는 하락하지 못하고 주춤거리거나 상승세로 돌아서면 하락의 마무리 국면으로 판단합니다.

한눈에 보는 이동평균선 매매 전략

이동평균선 개수	매수 신호	매도 신호
1개	주가와 5일 또는 20일 이동평균선의 골든크로스	주가와 5일 또는 20일 이동평균선의 데드크로스
2개	5일과 20일 이동평균선의 골든크로스	5일과 20일 이동평균선의 데드크로스
3개	- 5일과 20일 이동평균선의 골든크로스 - 정배열 상태	- 5일과 20일 이동평균선의 데드크로스 - 역배열 상태

08

반전형 패턴, 지속형 패턴
패턴 분석으로 매매 시점을 찾는다고요?

기술적 분석은 과거 주가와 거래량에 대해 연구하는 것입니다. 과거에 주가의 상승과 하락 전에 어떤 움직임이 있었는지 면밀히 분석해서 정리해놓은 것이 바로 기술적 분석이지요. 이러한 분석 중에 특정한 모양의 패턴을 발견해서 이를 토대로 미래를 예측하려고 하는 것이 바로 패턴 분석입니다.

패턴 분석은 주가가 변동하기 이전의 주가 흐름을 정형화해서 확률적으로 발생 가능성이 높은 주가 흐름을 예측합니다. 이렇듯 패턴을 확인하는 것은 향후 주가의 방향을 가늠하는 중요한 잣대가 될 수 있기 때문에 시장에서 어떤 패턴이 만들어지고 있는지 항상 눈여겨볼 필요가 있습니다. 패턴 분석을 위해 반전형 패턴과 지속형 패턴을 알아봅시다.

추세가 바뀌는 반전형 패턴

　반전형 패턴은 특정 패턴이 완성된 이후 주가 흐름이 이전의 추세와 반대로 움직이는 것입니다. 주가가 상승(하락) 추세에 있다가 패턴이 완성되고 나면 하락(상승) 추세로 전환됩니다.

　삼중천장형 ▶ 삼중천장형은 헤드앤숄더H&S형; Head & Shoulder 패턴이라고도 합니다. 말 그대로 머리와 양 어깨로 구성되지요. 이 패턴은 상승과 하락이 3번씩 반복해서 일어납니다. 이 패턴이 완성되고 나면 주가가 상승추세에서 하락추세로 전환되는 대표적인 반전형 패턴입니다.

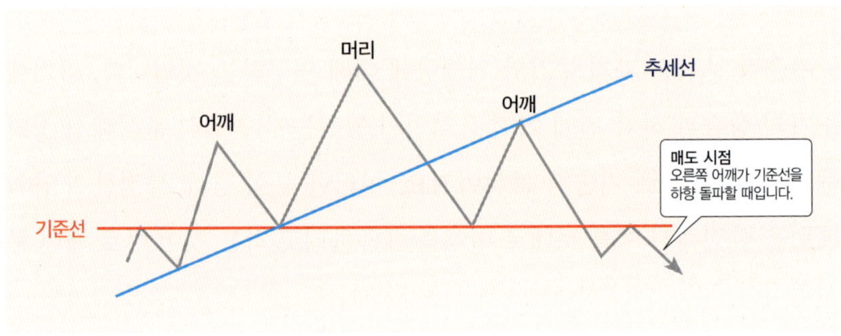

288

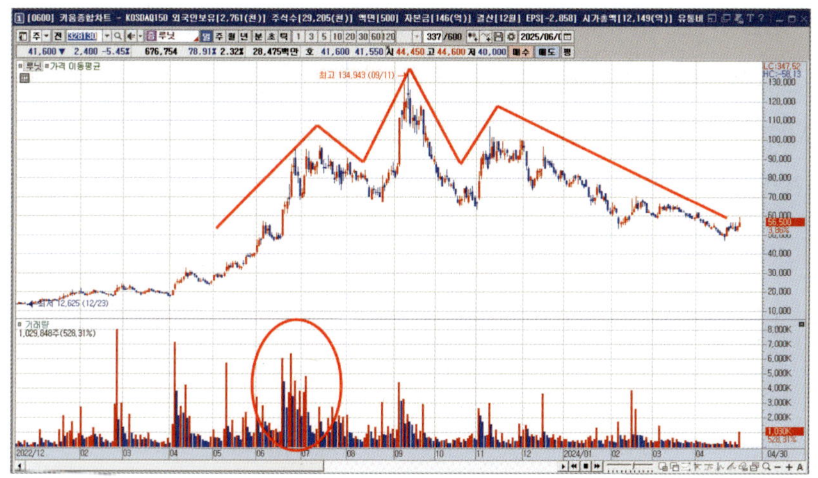

　왼쪽 어깨는 주가가 주추세선을 따라 큰 폭으로 상승하는 동시에 거래량이 크게 증가해서 3개의 봉우리 중 가장 많은 거래가 형성됩니다.

　머리 부분은 왼쪽 어깨보다 높게 형성되지만 하락할 때는 왼쪽 어깨의 바닥 수준까지 하락합니다. 거래량은 많이 형성되지만 왼쪽 어깨보다 많지 않습니다.

　오른쪽 어깨는 세 번째 상승으로 머리의 정상까지 올라가지 못하고 하락 폭의 2분의 1 내지는 3분의 2 정도까지 오른 뒤 다시 하락합니다. 상승 과정에서 거래량이 현저하게 줄어듭니다.

삼중바닥형 ▶ 삼중천장형을 뒤집어 놓은 모양으로, 역헤드앤숄더형이라고도 합니다. 이 패턴은 주가가 하락추세에서 상승추세로 반전할 경우 나타납니다. 삼중천장형 패턴과 달리 왼쪽 어깨, 머리, 오른쪽 어깨 순으로 거래량이 증가하는 것이 특징입니다.

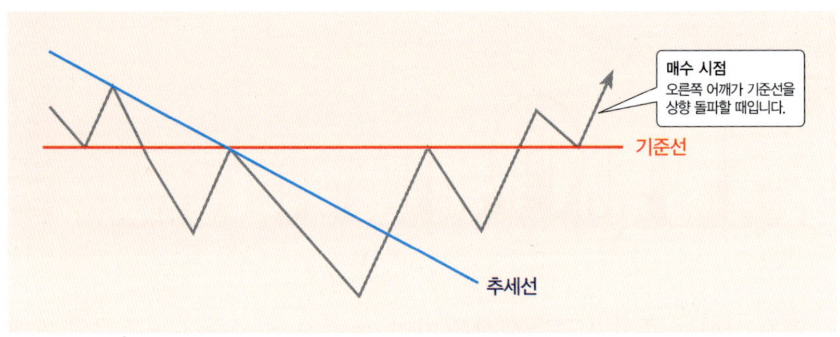

이중천장형 ▶ 소위 쌍봉형이라 불리는 M자형으로 봉우리 2개가 형성되는 패턴입니다. 쌍봉우리를 형성하는 데 1개월 이상의 장기간이 소요될수록, 또는 주가 움직임의 진폭이 클수록 신뢰도가 높습니다. 일반적으로 첫 번째 고점에서 거래량이 더 많이 형성됩니다.

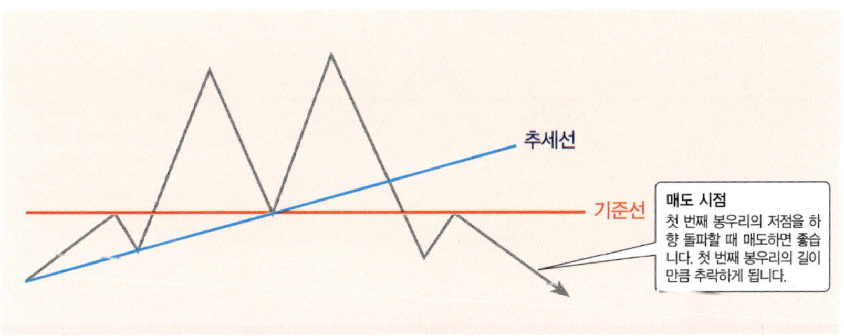

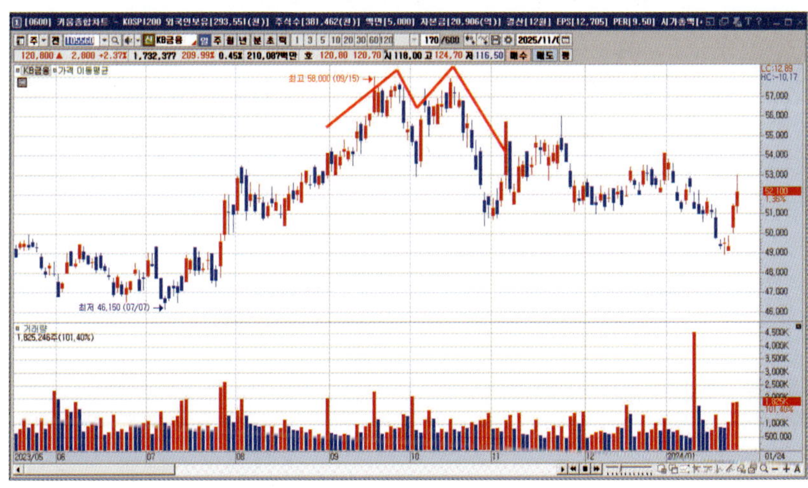

이중바닥형 ▶ 이중천장형을 뒤집어 놓은 것으로 W자형으로 보이는 패턴입니다. 첫 번째 바닥보다 두 번째 바닥에서 반등할 때 거래량이 월등히 많습니다. 전형적인 상승 패턴입니다.

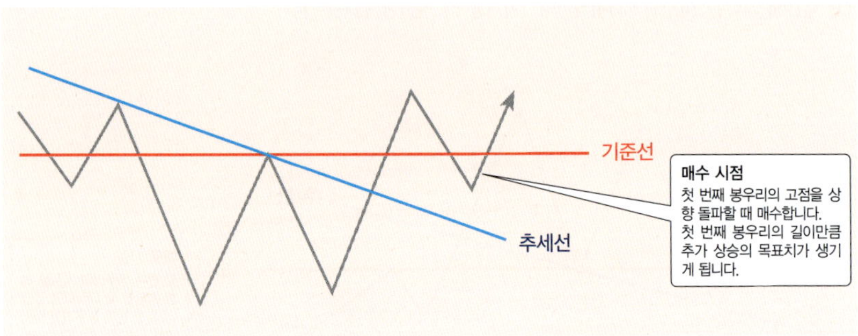

원형천장형 ▶ 원형의 둥근 언덕 모양을 하고 있습니다. 상승하는 동안 거래량이 늘었다가 원형 정상에서 줄어드는 것이 특징입니다.

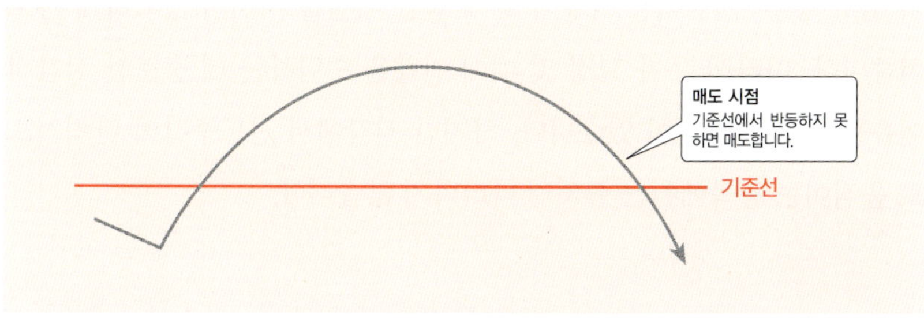

원형바닥형 ▶ 접시 모양을 하고 있습니다. 거래량의 움직임은 주가의 모양과 비슷하게 원형바닥을 이룬다는 것이 특징입니다. 이 패턴은 확인하기 쉽고 향후 주가 이동 방향과 추세 전환 시점을 서서히 정확하게 가르쳐줍니다. 따라서 투자 결정 및 매매 전략을 수립하는 데 충분한 시간적 여유를 준다는 장점이 있습니다. 하지만 시장에서 선도주같이 탄력적으로 움직이는 종목에서는 좀처럼 나타나지 않습니다.

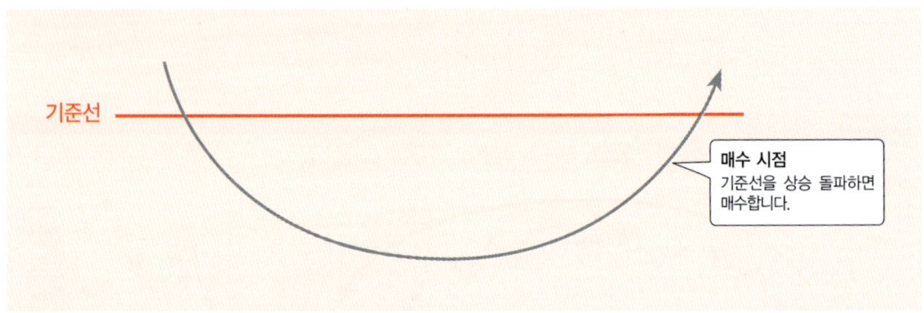

반전형 패턴의 신뢰도는 거래량 증가 여부에 따라 크게 달라집니다. 모양만 보고 매매하면 속기 쉽고, 거래량이 함께 움직여야 실제 추세 전환 가능성이 높습니다. '패턴+거래량'이 기술적 분석의 기본입니다.

V자 천장형 ▶ V자형은 상승 혹은 하락의 급격한 모멘텀 변화에 의해 발생합니다. 이 패턴은 강세장과 약세장에서 아무런 예고도 없이 급격하게 추세의 전환이 나타나기 때문에 시간이 흐른 뒤에 확인되는 경향이 있습니다. V자 천장형은 상승추세이던 주가가 돌발악재로 인해 하락추세로 급전환하는 패턴입니다. 매도하는 것이 좋습니다.

V자 바닥형 ▶ 하락추세이던 주가가 상승추세로 급전환하는 패턴입니다.
상승추세선 시작점에서 매수하는 것이 좋습니다.

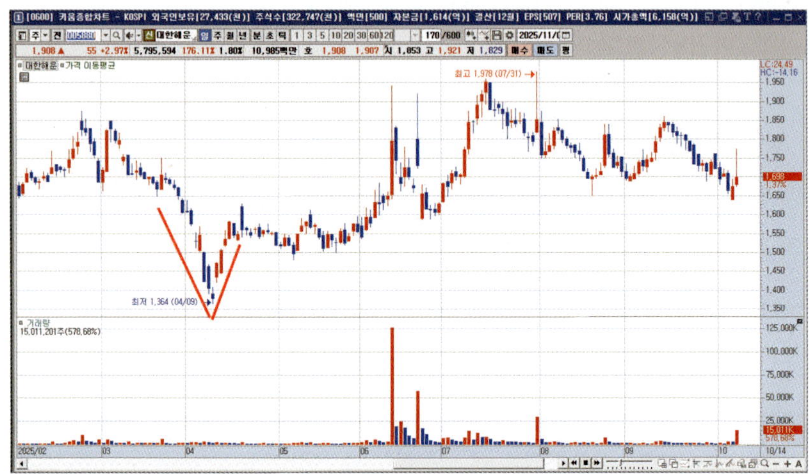

확장삼각형 ▶ 좁게 움직이던 주가 등락 폭이 점점 확대되는 패턴입니다. 즉, 주가의 고점은 더 높아지고 저점은 더 낮아지는 모습을 보입니다. 일반적으로 거래량이 활발하면서 주로 상승추세를 보이고 있을 때 나타나 상승추세의 말기 현상으로 이해합니다. 이 패턴이 나타난 후에는 대부분 주가가 큰 폭으로 하락합니다. 그런데 패턴이 진행되는 과정에서 주가의 변동 폭뿐만 아니라 거래량도 증가하게 됩니다. 이는 투자자들의 불안한 심리 상태를 보여주는 것입니다.

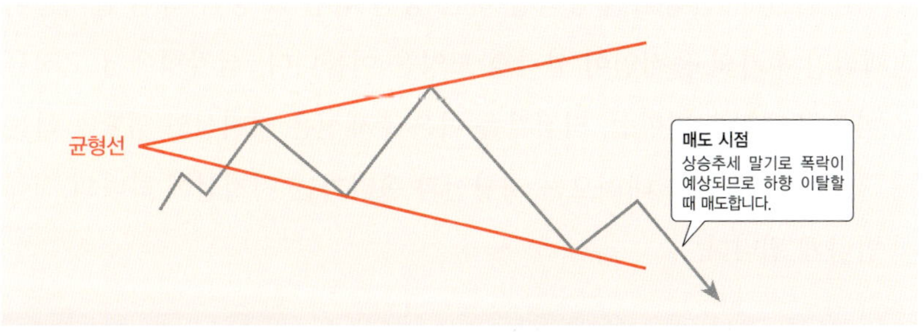

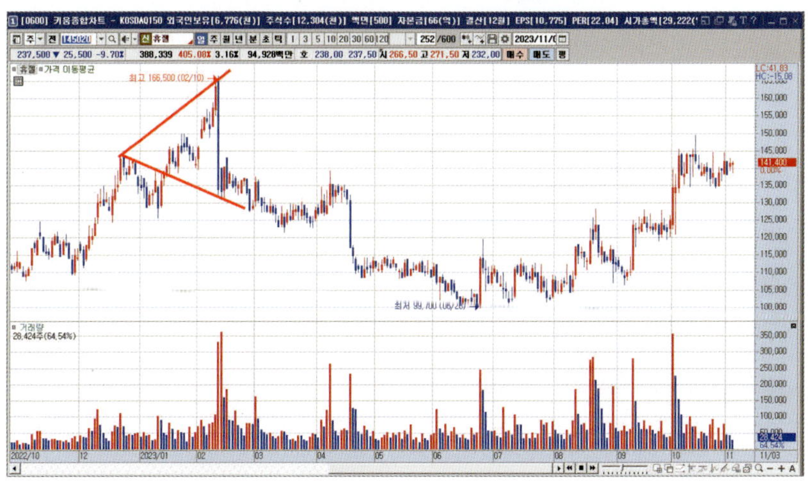

추세를 이어가는 지속형 패턴

지속형 패턴은 특정 패턴이 완성된 이후 주가의 흐름이 이전의 추세와 같은 방향으로 움직이는 것입니다. 상승(하락)추세에 있던 주가가 잠시 쉬는 동안 상승(하락)지속형 패턴을 만들고, 패턴이 완성되고 난 이후 계속해서 상승(하락)추세를 이어갑니다. 삼각형과 박스형이 있습니다.

상승삼각형 ▶ 삼각형은 차트에서 가장 빈번하게 나타나는 지속형 패턴 중 하나입니다. 반복적인 등락을 하는 동안 점점 그 등락 폭이 줄어들어 전체적인 주가의 움직임이 삼각형 모양을 이룹니다. 삼각형에서 고점들을 이은 추세선은 저항선, 저점들을 이은 추세선은 지지선의 역할을 하는데, 결국 마지막에는 내려오는 저항선과 올라가는 지지선이 하나의 점에서 만나게 됩니다.

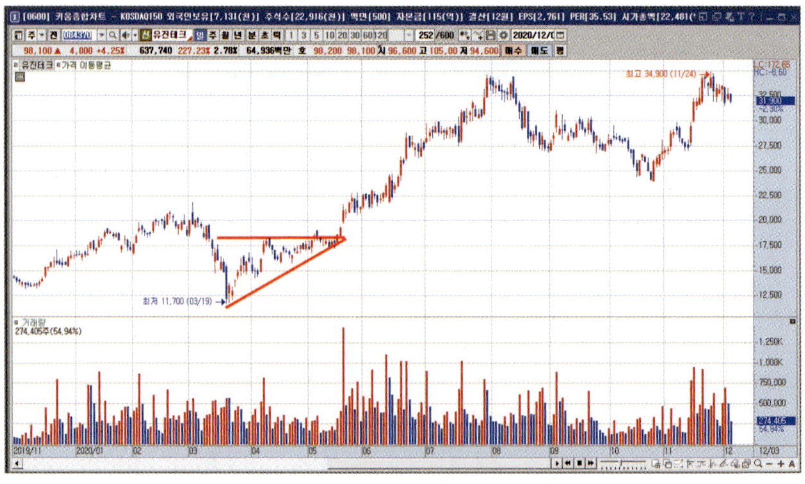

상승삼각형은 고점의 저항에 직면하지만 저점을 높이면서 매수세가 강화되는 패턴입니다. 주가가 상승하는 도중에 자주 나타나기 때문에 향

후 주가의 계속적인 상승을 예고하는 신호로 받아들입니다. 상승삼각형이 확인되면 이전 상승분만큼 추가 상승을 예상할 수 있습니다.

하락삼각형 ▸ 하락삼각형은 저점이 지지선을 형성하지만 고점들은 낮아지면서 매도세가 강화되는 패턴입니다. 주가가 하락하는 도중에 자주 나타나게 되므로 주가 하락을 예고하는 신호로 받아들입니다. 하락삼각형이 확인되면 이전 하락분의 길이만큼 추가 하락을 예상할 수 있습니다.

대칭삼각형 ▶ 매도세와 매수세가 균형을 이룹니다. 고점들은 낮아지고 저점들은 높아지지만 결국은 기존 추세와 같은 방향으로 추세를 지속하는 경향이 있습니다.

박스형 ▶ 직사각형 패턴입니다. 장기간에 걸쳐 매도 세력과 매수 세력이 서로 균형을 이루면서 횡보하는 모양을 보입니다. 위쪽과 아래쪽의 두 저항선과 지지선이 수평으로 평행선을 이루고 있습니다.

박스형은 거의 모든 경우에 기존 추세가 그대로 지속되는 패턴입니다. 주가가 뚜렷한 방향을 찾지 못하고 소폭의 등락만을 거듭하면서 거래량이 감소하는 형태를 보입니다. 따라서 거래가 활발하지 못합니다.

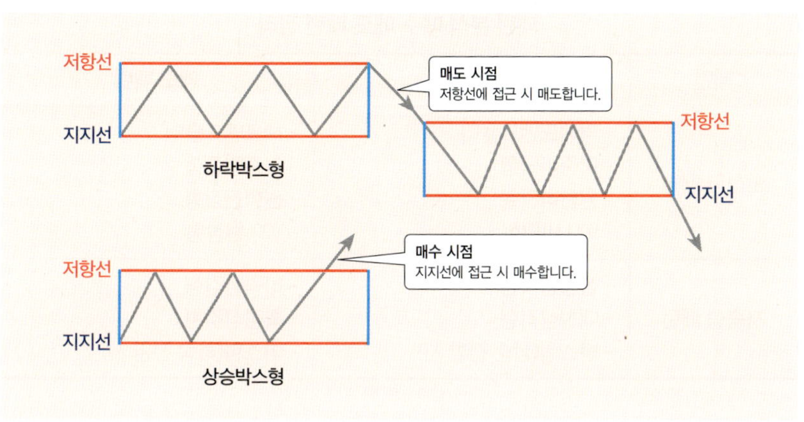

고수의 팁 ▶ 삼각형·박스형은 쉬어가는 구간, 추세가 그대로 이어집니다

삼각형과 박스형은 주가가 멈춘 것처럼 보이지만, 대부분 기존 추세를 이어가기 전의 조정 구간입니다. 추세가 유지되면, 조정은 기회이며 성급한 매도보다 관찰이 유리합니다.

패턴 분석 매수·매도 패턴 정리

패턴	매수 패턴	매도 패턴
반전형 패턴	- 역헤드앤드숄더 - 이중바닥형 - 원형바닥형 - V자 바닥형	- 헤드앤드숄더 - 이중천장형 - 원형천장형 - V자 천장형
지속형 패턴	- 상승삼각형 - 대칭삼각형 - 박스형(상승 전환 시)	- 하락삼각형 - 확장삼각형 - 박스형(하락 전환 시)

09

거래량으로 세력 분석하기, 역시계곡선
그 주식이 얼마나 움직이고 있나요?

기술적 분석에서 가장 중요한 것은 주가를 기초로 만든 일봉과 거래량입니다. 중요도를 굳이 따져본다면 둘 중에 어떤 것이 더 큰 의미를 가질까요? 아마도 많은 전문가가 거래량이 더 중요하다고 말할 것입니다.

"실체는 거래량이고 주가는 거래량의 그림자다."

주식시장 격언 중 하나입니다. 그만큼 거래량의 의미는 큽니다.

일반적으로 거래량은 주가에 선행하거나 적어도 동행하는 경향이 있습니다. 따라서 거래량의 동향을 분석하면 앞으로 주가가 어떻게 움직일 것인지 예측할 수 있습니다. 거래량은 상승추세에서는 주가가 상승할 때마다 증가하고, 하락할 때는 감소합니다. 반대로 하락추세에서는 주가가 하락할 때는 거래량이 증가하고, 반등할 때는 오히려 감소하는 경향을 보입니다.

거래량의 움직임으로 주가를 예측합니다

거래량의 크기는 에너지의 크기라고 합니다. 비행기가 이륙하기 위해서는 강력한 추진 에너지가 필요하듯이 주가가 올라가기 위해서는 거래량이 증가하면서 에너지가 충만해져야 합니다. 반대로 비행기가 착륙하기 위해서는 엔진의 추진력을 낮추면서 서서히 착륙하듯이, 주가가 내려갈 때는 거래량이 감소하는 모습이 먼저 보입니다. 이를 거꾸로 말하면 감소세를 보이던 거래량이 증가하기 시작하면 조만간 주가가 상승할 거라고 예상할 수 있고, 반대로 증가세를 보이던 거래량이 감소하기 시작하면 조만간 주가가 하락할 거라고 예상할 수 있는 것입니다.

또한 주가가 큰 폭으로 상승한 이후 주가의 지속적인 상승에도 불구하고 거래량이 감소하기 시작하면 조만간 주가가 하락할 것임을, 주가가 큰 폭으로 하락한 이후 주가의 약세에도 불구하고 거래량이 증가하면 조만간 바닥을 치고 주가가 상승할 것임을 예상할 수 있습니다.

거래량 증가와 주가 상승

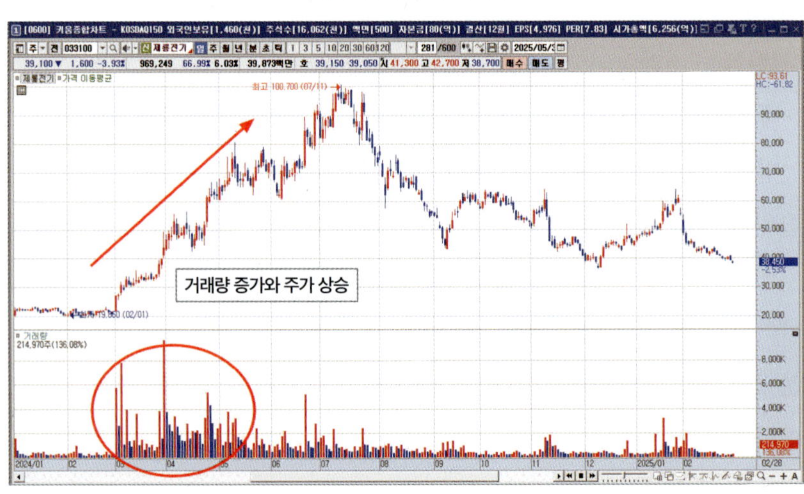

결국 거래량이 늘어나는 것은 매수 세력이 증가하고 있다는 것을 의미

304

합니다. 그러므로 거래량이 증가하고 있는 종목 중 바닥권에 있는 종목이라면, 시장에서 향후 주가 상승을 예상한 세력들이 주식을 매수하고 있다는 신호로 받아들이면 됩니다.

역시계곡선으로 매매 전략을 세워봅시다

이렇게 주가와 거래량은 매우 밀접한 상관관계가 있습니다. 그럼 주가와 거래량의 관계를 매매 전략에 응용하는 방법을 살펴볼까요? 역시계곡선 또는 주가-거래량 상관곡선을 통해 아이디어를 찾을 수 있습니다.

역시계곡선은 시계 반대방향으로 움직인다는 뜻으로, 주가와 거래량의 관계를 일목요연하게 정리해놓은 것입니다. 주가는 거래량이 증가할 때 상승할 가능성이 크고, 거래량이 감소할 때 하락할 가능성이 크다는 점을 이용했습니다. 역시계곡선의 각 국면은 다음과 같습니다.

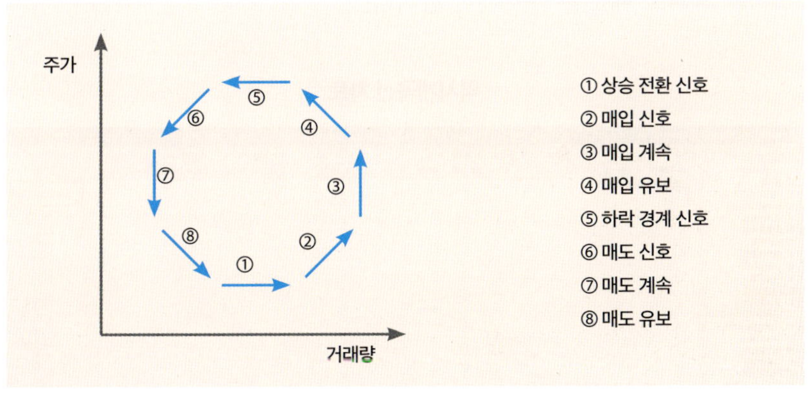

① 주가가 횡보하는 가운데 거래량이 늘어나는 경우, 주가가 상승세로 전환할 것으로 예상해볼 수 있습니다.

② 주가가 상승하는 가운데 거래량이 늘어나는 경우, 주가의 추가 상승

을 예상해서 매입 신호로 판단합니다.

③ 주가가 상승하는 가운데 거래량의 변화가 없으면, 매입을 지속해도 좋다는 신호로 판단합니다.

④ 주가가 상승하는 가운데 거래량이 줄어들면, 시장은 과열 상태로 조만간에 주가 추세의 변화가 예상되므로 추가적인 매입은 삼갑니다.

⑤ 주가가 상승한 이후 횡보하는 가운데 거래량이 더 줄어들면, 하락 전환 신호로 판단합니다.

⑥ 주가가 하락하는 가운데 거래량이 더욱 줄어들면, 매도 신호로 판단하고 보유 주식을 매도합니다.

⑦ 주가가 하락하면서도 거래량은 늘지 않으면, 계속해서 매도를 유지해야 합니다.

⑧ 주가가 하락하는 가운데 거래량이 서서히 늘어나면, 추가적인 매도는 삼가고 매도를 유보해야 합니다.

역시계곡선 차트

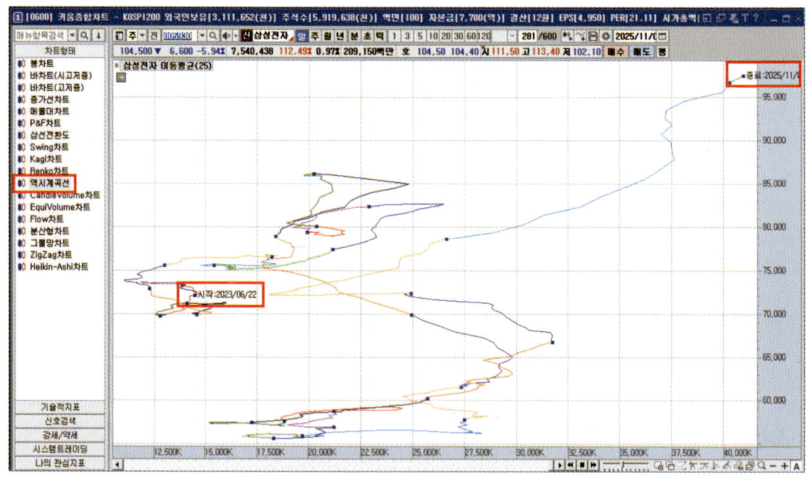

앞의 차트를 통해 실제 역시계곡선을 살펴봅시다. 이때는 시작점과 종료 시점의 위치가 중요합니다. 차트에 나오는 삼성전자의 경우 종료된 지점에서 거래량이 증가하면서 주가가 상승하는 모습을 보입니다. 이것은 매입 신호 또는 매입 지속의 신호가 나타나고 있는 겁니다. 삼성전자에 관심을 가진 사람이나 보유한 사람들은 신규 매입 또는 추가 매입의 전략이 필요한 상황입니다.

HTS에서 거래량 분석하기▸HTS에서 거래량 상위종목을 찾아볼까요? 홈 → 주식 → 순위분석 → 당일거래량상위 메뉴를 찾아가면 다음과 같은 화면이 나옵니다.

홈 → 주식 → 순위분석 → 당일거래량상위

1 [0184] 당일거래상위(거래량/회전율/거래대금) (통합)

◉전체 ○코스피 ○코스닥 ◉거래량 ○회전율 ○거래대금 ○전체 ○프리 ◉장중 ○애프터 ○시간외 장전 조회 다음

종목 전체조회 신용 전체조회 거래량 전체조회 가격 전체조회 거래대금 전체조회 시가총액 전체조회

순위	분	종목명	현재가	대비	등락률	거래량(장중)	전일비(장중)	회전율(장중)	금액(백만)
1	펀	KODEX 200선물인	697 ▲	39	+5.93	1,051,629,303	97.72	48.60%	713,409
2	펀	KODEX 인버스	2,565 ▲	70	+2.81	95,519,086	117.18	31.52%	242,207
3	펀	KODEX 2차전지산	1,900	0	0	66,634,496	136.07	21.79%	130,565
4	신	재영솔루텍	1,400 ▲	120	+9.38	65,247,080	120.82	64.10%	93,500
5	신	삼성전자	104,500 ▼	6,600	-5.94	45,893,543	101.04	0.78%	4,959,421
6	주	대한광통신	2,565 ▼	245	-8.72	45,772,660	94.66	34.69%	124,707
7	펀	KODEX 코스닥150	2,840 ▼	65	-2.24	43,370,854	269.18	59.25%	123,193
8	펀	KODEX 코스닥150	12,650 ▲	570	+4.72	41,070,317	184.39	26.43%	519,484
9	신	동양	881 ▲	45	+5.38	35,837,311	648.80	15.02%	33,323
10	펀	KODEX 레버리지	44,605 ▼	2,695	-5.70	35,360,825	119.37	46.56%	1,618,531
11	신	한국비엔씨	6,050 ▲	930	+18.16	23,782,434	3,353.34	34.78%	139,132
12	신	대원전선	4,255 ▲	35	+0.83	22,468,265	38.46	29.97%	97,269
13	신	대한전선	26,800 ▲	1,650	+6.56	22,030,436	195.61	11.82%	602,979
14		노터	40,300 ↑	9,300	+30.00	21,197,204	68.38	100.17%	798,884
15	[illegible]	휴림로봇	7,330 ▲	240	+3.39	20,761,498	58.21	17.38%	149,117

거래량 상위에 있는 종목들은 시장에서 이슈가 되는 종목들이므로 우선적으로 관심을 가져야 합니다. 그러나 조심해야 할 점이 있습니다. 상승하면서 거래량이 늘어나는 종목이 있는 반면, 하락하면서 거래량이 늘어나는 종목도 있으므로 어떤 추세인지 잘 살펴봐야 합니다.

거래량으로 읽는 시장의 힘, OBV와 VR 활용법

거래량은 주가의 움직임을 이끄는 핵심 에너지입니다. 에너지가 모이면 상승이, 에너지가 흩어지면 하락이 나타나기 마련이지요. 이러한 에너지의 흐름을 파악할 수 있는 대표적인 거래량 지표가 바로 OBV와 VR입니다. 두 지표는 시장의 매수·매도세를 읽어내고, 추세의 강도와 전환 가능성을 판단하는 데 매우 유용합니다.

1. OBV On Balance Volume

OBV는 거래량을 누적해 시장의 매수·매도 압력을 파악하는 지표입니다. 주가가 상승하면 그날의 거래량을 더하고, 하락하면 거래량을 빼며, 가격 변화가 없는 날의 거래량은 반영하지 않습니다. 이 과정을 반복하면 거래량의 누적 변화가 나타나고, 이를 통해 매집 또는 분산 단계를 판단할 수 있습니다.

OBV는 다음과 같은 방식으로 활용합니다.

1) **추세 확인**: OBV가 올라가면 매수세가 강한 '매집국면', OBV가 내려가면 매도세가 강한 '분산국면'으로 해석합니다.
2) **추세 강도 비교**: 주가의 기울기와 OBV 기울기를 비교해 상승·하락추세의 힘이 얼마나 강한지 파악합니다.

OBV가 상승하면 시장의 매수 에너지가 모이고 있다는 뜻이며, 반대로 OBV가 하락하면 매수세가 빠져나가며 주가가 약해질 가능성이 커집니다.

2. VRVolume Ratio

VR(볼륨 비율)은 일정 기간 동안 상승일 거래량과 하락일 거래량의 비율을 백분율로 나타내는 지표입니다. 시장 분위기가 과열인지, 침체인지, 혹은 정상적인 흐름인지를 판단하는 데 유용합니다. VR 해석 기준은 다음과 같습니다.

1) VR이 높을 때(예: 450% 이상)

상승일의 거래량이 지나치게 많아 시장이 과열되었음을 의미합니다. 과열 지표가 나타날 때는 매도 대응이 유리합니다.

2) VR이 낮을 때(예: 75% 이하)

하락일의 거래량이 많아 시장이 침체되었음을 의미합니다. 침체 구간은 매수 기회로 활용할 수 있습니다.

3) 평균 수준(VR 약 150%)

특정 방향성이 없는 중간 상태이며, 매수·매도 모두 신중하게 접근해야 합니다.

　　VR은 시장이 과열·침체 구간에 들어갔을 때 매매 타이밍을 포착하는 데 강력한 보조지표로 활용됩니다.

기술적 지표 → 거래량 지표

10

거래 주체로 투자가치 분석하기
그 주식을 누가 사고 있나요?

거래 주체로 가치를 분석합니다

케인즈는 주식시장을 미인대회에 비유했습니다. 미인대회에서 100명의 미인 중 5명을 인기투표로 선발하는데, 누가 뽑힐지 맞히는 사람에게 상금을 준다고 해봅시다. 상금을 타기 위해서는 자신이 가장 예쁘다고 생각하는 미인을 고르기보다 대다수의 사람이 예쁘다고 생각하는 사람을 고르는 것이 더 좋습니다.

이러한 논리를 주식시장에도 적용할 수 있습니다. 주식시장에서 주가의 본질적인 가치가 그렇게 쉽게 바뀌지 않는다는 점을 감안한다면, 주가 상승은 기업 가치에 근거한다기보다 대중의 심리에 의해 결정되는 경우가 많습니다. 그렇다면 시장에서 가장 인기를 끌고 있는 주식을 찾아서 투자하면 되는 것이지요. 그런데 과연 인기 있는 종목이 어떤 기준으로 선정되느냐가 문제입니다.

일반적으로 인기 있는 종목이란 거래량이 활발한 종목을 말합니다. 사람들의 관심권에 들어온 주식들은 매매가 잘되기 때문입니다. 따라서 인기 종목은 하루 중 거래량이 많은 종목 중에서 찾을 수 있습니다.

그런데 문제가 또 있습니다. 과연 누가 주식을 주로 사고, 또 누가 주식을 주로 파느냐 하는 것입니다. 주식시장에는 3대 투자 주체가 있습니다. 국내 기관투자자(투신사, 보험사, 증권사, 종금사, 연기금 및 사모펀드), 외국인투자자, 개인투자자입니다. 이 중에서 눈여겨봐야 할 주체가 기관투자자와 외국인투자자입니다.

이들이 꾸준히 매수를 하는 종목은 실제로 주가가 상승할 가능성이 큰 종목이라고 할 수 있습니다. 이유가 뭘까요? 일단 이들은 개인투자자들보다 종목을 분석하는 능력이 앞서 있습니다. 또한 기본적으로 장기투자를 하기 때문에 한번 매수하면 장기간 보유함으로써 시장의 유통 물량을 줄여주는 역할도 합니다. 그러므로 이들이 매수하는 종목은 상대적으로 더욱 탄력적인 상승을 기대할 수 있는 것입니다.

고수의 팁 ▶ **인기 종목은 거래량이 아니라 '누가' 사고 있느냐로 판단하세요**

거래량이 많다고 모두 좋은 종목은 아닙니다. 거래량은 단지 주가 변동의 결과일 뿐, 거래 주체가 누구인지가 판단의 핵심입니다. 외국인·기관이 주로 매수하는 종목은 정보력·분석력이 반영된 선택입니다. 초보자는 거래량보다 먼저 누가 사고 있는가를 확인해야 실수 확률을 크게 줄일 수 있습니다.

특히 외국인과 기관이 함께 사는 종목은 '수급 탄력'이 강합니다. 외국인과 기관투자자가 동시에 순매수하는 종목은 시장 유통 물량을 줄이면서 가격을 안정적으로 끌어올립니다. 이런 종목은 단기 노이즈에도 쉽게 무너지지 않아 초보자에게 가장 안전한 추세추종형 투자 전략을 제공합니다. "둘이 함께 산다=방향성이 확실하다"는 신호로 기억해두세요.

HTS에서 거래 주체 분석하기 ▶ 외국인투자자나 기관투자자들이 집중적으로 매수를 하고 있다면, 그 주식은 지금 당장 또는 적어도 가까운 시간 내에 주가가 올라갈 수 있습니다.

HTS에서 거래 주체가 누구인지 분석해볼까요? 삼성전자의 투자자별 매매 동향을 살펴봅시다.

투자자별 매매 동향

일자	종가	대비	거래량	개인	외국인	기관계	금융투자	보험	투신	기타금융	은행	연기금등	사모펀드	국가	기타법인	내외국인
누적순매수				-25,918	+36,345	-10,226	+7,803	-2,471	-735	-97	-17,795	+2,293	+776		-143	-58
25/11/04	104,200 ▼	6,900	57,975,690	+8,065	-5,995	-1,593	-1,258	+1	+1	-20	-36	-40	-241		-518	+42
25/11/03	111,300 ▲	3,800	51,153,623	+862	-2,888	+1,704	+585	+128	+398	+9	-56	+569	+70		+276	+45
25/10/31	107,700 ▲	3,600	79,465,686	-434	+15,792	-15,559	+1,848	-276	+82	-2	-17,725	+161	+353		+191	+10
25/10/30	104,300 ▲	3,800	58,920,995	-4,635	+5,589	-1,103	-1,727	-126	-110	-8	-5	+314	+559		+144	+5
25/10/29	101,700 ▲	2,200	34,713,000	+733	-1,803	+982	+1,823	-49	-345	-2	-12	-334	-99		+79	+9
25/10/28	99,500 ▼	2,500	32,639,872	+5,200	-3,371	-1,802	-1,010	-56	-233	-16	-6	-369	-112		-21	-6
25/10/27	101,700 ▲	2,900	45,040,577	-9,709	+8,148	+1,569	+1,764	-259	-195	+12	-1	-88	+337		+14	-22
25/10/24	98,900 ▲	2,400	29,236,249	-9,197	+5,391	+3,990	+2,903	-40	+167	-3	+28	+329	+606		-159	-25
25/10/23	96,400 ▼	2,200	27,109,187	+3,138	-1,292	-1,875	-839	-78	-96	-28	-25	-368	-442		+37	-7
25/10/22	98,300 ▲	800	25,373,181	-54	-568	+616	+746	-104	-4	-14	+7	+28	-43		+30	-24
25/10/21	97,900 ▼	200	36,357,537	-2,278	+840	+1,497	+1,518	-224	-354	-1	-15	+479	+95		-48	-11
25/10/20	00,100 ▲	200	29,795,833	+360	-995	+503	+1,182	-98	-336	-2	+18	+115	-375		+140	-7
25/10/17	96,300 ▼	1,400	41,906,757	-2,681	+3,648	-740	-301	-147	+43	-9	-25	+8	-309		210	13
25/10/16	97,700 ▲	2,700	43,550,954	-8,279	+5,819	+2,610	+2,693	-284	+213		+8	-190	+171		-135	-15
25/10/15	95,500 ▲	3,900	34,263,173	-4,125	+2,062	+2,035	+1,708	-66	-292		+13	+373	+300		+48	-20
25/10/14	91,000 ▼	2,300	58,610,062	+1,113	+2,587	-3,796	-2,845	-157	-221	-2	+2	-122	-451		+112	-16
25/10/13	94,600 ▲	200	43,488,856	+2,450	-2,808	+259	-173	-203	+158	-2	+17	+388	+73		+94	+6
25/10/10	94,500 ▲	5,500	53,396,319	-6,445	+6,189	+477	-814	-433	+388	-10	+19	+1,041	+285		-212	-8
25/10/02	89,300 ▲	3,300	70,834,460	-21,258	+20,008	+1,093	-395	-93	+489	-15	-14	+872	+249		+235	-78
25/10/01	86,400 ▲	2,500	33,117,210	-8,770	+6,946	+1,856	+710	+99	+345	+8	+3	+504	+187		-1	-32

삼성전자는 최근 10일 중 외국인은 4일을 순매수했고, 기관투자자들은 5일은 순매수하고 나머지 5일은 순매도했습니다. 연속순매수가 나타나지 않을 때는 상단에 최근 한 달간의 매매 현황을 보면 됩니다. 삼성전자는 외국인 투자자들이 최근 한 달 사이에 3,600만 주를 순매수한 반면, 기관투자자들은 1,000만 주를 순매도했습니다. 따라서 삼성전자의 상승은 외국인 매수세가 주도하고 있다는 것을 알 수 있습니다.

이렇게 투자 주체별로 매매가 이루어진 것을 바탕으로 매매할 종목을 고를 수 있습니다. 이때 만약 외국인투자 자나 기관투자자들이 주식을 매도하는 상태에서 개인투 자자들이 주식을 집중적으로 사고 있다면, 그 주식은 좋은 평가를 받지 못하고 있다고 볼 수 있습니다. 왜냐하면 외국인투자자와 기관투자자들의 정보력이 개인보다 우위에 있다고 보기 때문입니다.

기관투자자들과 외국인투자자들이 우리 주식시장에 미치는 영향이 크다는 점을 감안하면, 이들이 많이 매수한 종목을 골라보는 것도 의미가 있습니다. [외국인기관매매상위] 메뉴를 통해 당일 중 외국인투자자와 기관투자자들이 순매수 또는 순매도한 종목들을 각각 25개씩 확인할 수 있습니다.

외국인·기관 매매 상위

① [0785] 외국인기관매매상위 (통합)

○전체 ◉코스피 ○코스닥 ◉금액(억원) ○수량(만주) 조회일자 2025/11/03 | 조회 유의사항

※장중 당일 자료는 외국인 한도종목만 제공됩니다. 자세한 정보제공 시간 안내는 유의사항을 확인하시기 바람

| 외국인 | | | | | | 국내기관 | | | | | |
| 순매도 | | | 순매수 | | | 순매도 | | | 순매수 | | |
종목명	금액	수량	종목명	금액	수량	종목명	금액	수량	종목명	금액	수량
삼성전자	3,921.3	353.0	한화에어로스	1,137.7	10.9	SK스퀘어	1,138.4	42.6	SK하이닉스	2,910.6	47.5
SK하이닉스	1,647.7	26.6	SK스퀘어	1,078.5	38.2	KODEX 200	1,086.5	183.2	삼성전자	1,900.8	170.4
NAVER	1,107.3	40.3	하이브	569.3	16.6	KODEX 200선	718.0	0,692.5	KODEX 레버리	629.4	135.5
현대모비스	680.0	22.7	한화솔루션	536.1	162.0	대한조선	705.6	105.8	두산	453.5	4.5
삼성SDI	629.6	19.3	삼성전자우	461.5	53.2	현대모비스	477.7	15.9	한화에어로스	424.9	4.1
두산에너빌리	574.9	64.2	LS	406.5	18.7	KODEX AI전력	402.1	148.4	현대로템	325.4	13.5
현대차	543.2	18.6	한화엔진	392.8	76.7	현대건설	401.9	60.5	LS ELECTRIC	324.1	6.6
카카오	430.0	66.7	한국전력	341.5	75.7	TIGER 코리아	366.3	254.5	한화솔루션	280.3	84.8
삼성전기	426.0	17.5	삼양식품	332.5	2.5	삼성전기	344.4	14.3	KODEX 코스닥	245.0	204.9
한화오선	415.1	29.9	한국항공우주	238.6	21.9	TIGER 미국S&	317.4	130.6	HD한국조선해	203.5	4.2
LS ELECTRIC	411.0	8.4	현대로템	208.2	8.5	TIGER 200	273.8	46.0	SOL 조선TOP3	194.4	49.8
현대건설	405.7	60.3	SK오션플랜트	161.8	71.9	LG화학	267.1	6.8	KODEX CD금리	163.7	1.5
현대글로비스	403.8	23.1	일동제약	133.4	48.3	NAVER	240.0	8.7	LIG넥스원	139.5	2.6
기아	361.1	30.7	LG화학	120.9	3.1	KODEX 200타	232.8	166.3	두산로보틱스	138.4	15.6
SK텔레콤	272.7	52.3	한미반도체	107.0	7.6	KODEX 인버스	216.7	855.5	에이피알	126.4	4.8
삼성에스디에	255.2	14.1	HD현대인프라	95.2	62.6	HD현대중공업	193.4	3.2	한국항공우주	120.7	11.1
삼성중공업	250.8	86.6	달바글로벌	93.9	5.9	명인제약	191.8	25.7	삼양식품	113.6	0.8
대한전선	248.5	98.8	SK이노베이션	90.7	7.2	한화시스템	187.6	31.5	KB금융	97.9	8.2
두산	224.3	2.2	SK이터닉스	88.6	40.1	포스코퓨처엠	187.3	8.6	LS	88.6	4.0
HD한국조선해	223.2	4.7	에이피알	87.9	3.2	TIGER 조선TO	186.7	59.4	RISE 200위클	85.3	76.3
SKC	212.2	15.7	포스코DX	87.7	29.5	두산에너빌리	185.3	20.8	LG씨엔에스	70.0	10.2
현대차우	199.8	9.4	LG씨엔에스	87.3	12.5	한미반도체	180.0	12.8	삼성 레버리	67.5	231.9
한미약품	183.0	4.3	LG	84.3	10.2	효성중공업	162.9	0.7	포스코DX	66.2	22.7
미래에셋증권	177.7	64.6	두산우	83.6	1.4	KODEX 미국나	158.6	64.3	대덕전자	65.2	16.7
엘앤에프	169.8	13.8	OCI홀딩스	77.4	6.0	KODEX 로봇액	157.3	63.7	ACE KPOP포커	59.9	45.6

고수의 팁 ▶ 시장 전체 수급 알아보기

개별종목에 대한 수급도 중요하지만, 시장 전체에 대한 수급 동향을 살펴보는 것도 중요합니다. 시장 전체 수급에서 기관투자자와 외국인투자자들의 순매수가 많아지면 대형주를 중심으로 매수가 나타날 가능성이 크고, 그렇지 않은 경우 중소형주 중심으로 장세가 나타날 가능성이 큽니다. 그 이유는 외국인과 기관투자자들은 포트폴리오 투자를 기본으로 하기 때문입니다.

시장 전체를 살펴볼 때는 다음 화면을 통해서 알아볼 수 있습니다.

투자자별 매매 동향

일자	종합지수	전일비	거래대금	개인	외국인	기관계	금융투자	보험	투신	기타금융	은행	연기금등	사모펀드	국가	기타법인
누적순매수				+40,900	-31,351	-8,549	+45,814	-13,370	-9,370	-1,095	-21,736	-6,498	-2,295		-1,465
025/11/04	4,121.74 ▼ 100.13		207,856	+32,205	-24,990	7,004	2,046	417	-1,191	-86	-119	-1,188	-1,549	0	+50
025/11/03	4,221.87 ▲ 114.37		227,287	+8,861	-8,869	-10	+2,389	-1,104	-565	-69	-245	-324	-92	0	-98
025/10/31	4,107.50 ▲ 20.61		229,504	-116	+11,922	-11,362	+11,576	-649	-783	-37	-20,012	-1,564	+106	0	-509
025/10/30	4,086.89 ▲ 5.74		241,982	+16,349	-3,714	-12,044	-5,217	-1,223	-2,578	-39	-83	-1,736	-1,170	0	-692
025/10/29	4,081.15 ▲ 70.74		220,331	-5,239	+104	+5,697	+11,062	-836	-1,324	-86	-29	-3,167	+77	0	-546
025/10/28	4,010.41 ▼ 32.42		197,198	+20,975	-17,917	-2,020	+631	-407	-1,199	-4	-57	-676	-307	0	-1,046
025/10/27	4,042.83 ▲ 101.24		201,228	-5,522	+5,939	+940	+5,270	-1,568	-1,216	+26	-247	-889	-436	0	-1,402
025/10/24	3,941.59 ▲ 96.03		178,007	-20,616	+5,356	+14,989	+11,608	-396	+495	-160	-20	+734	+2,728	0	+336
025/10/23	3,845.56 ▼ 38.12		162,557	+9,825	-5,316	-4,695	-2,402	-335	+134	-58	-192	-998	-844	0	+170
025/10/22	3,883.68 ▲ 59.84		154,511	+1,280	-7,711	+6,283	+3,982	-87	+1,567	+20	-110	+317	+596	0	+162
025/10/21	3,823.84 ▲ 9.15		193,734	-1,070	+2	+1,709	+4,744	-1,301	-1,212	-241	-181	+496	-597	0	-702
025/10/20	3,814.69 ▲ 65.80		141,905	-3,795	-1,762	+5,212	+7,445	-508	-1,132	-50	-297	+31	-277	0	+357
025/10/17	3,748.89 ▲ 0.52		172,686	-1,599	+2,631	-1,157	+511	-775	+101	-171	+1	-83	-741	0	+145
025/10/16	3,748.37 ▲ 91.09		176,648	-14,762	+6,703	+8,547	+7,494	-954	+991	-84	-173	+982	+291	0	-436
025/10/15	3,657.28 ▲ 95.47		138,799	-11,203	+2,282	+8,275	+6,013	-188	+603	-17	-105	+829	+1,140	0	+670
025/10/14	3,561.81 ▼ 22.74		189,263	+4,451	+4,590	-9,607	-6,720	-523	-1,336	-5	-26	-351	-647	0	+509
025/10/13	3,584.55 ▼ 26.05		142,708	+14,164	-10,105	-5,202	-4,048	-563	-131	-47	+49	+253	-715	0	+1,092
025/10/10	3,610.60 ▲ 61.39		196,008	-3,290	+9,512	-6,712	-5,680	-1,537	-593	+11	+110	+836	+142	0	+474
025/10/02	3,549.21 ▲ 93.38		194,561	-33,405	+32,641	+472	+995	-1,163	-254	+92	-85	+446	+441	0	+416
025/10/01	3,455.83 ▲ 31.23		123,446	-12,599	+9,250	+2,895	+2,136	-170	+367	+9	-21	-349	+923	0	+342

투자 주체별 매매 동향을 유가증권시장, 코스닥시장, 선물시장, 옵션시장 등 시장별로 투자 주체가 어떤 포지션을 가지고 있는지를 알아볼 수 있습니다. 주식시장과 선물시장을 동시에 매수하면 매우 강한 시장이 나타날 수 있지만, 많은 외국인과 기관투자자가 선물시장을 헤지용으로 사용하기 때문에 순매매가 엇갈리게 나타나는 경우가 많습니다. 따라서 현물시장인 유가증권시장의 수급을 중심으로 살펴보는 것이 수급을 비교적 정확하게 파악할 수 있습니다.

보조지표는 매매에 어떻게 적용할까요?

주식 차트를 보다 보면, 단순히 가격과 거래량만으로는 매수·매도 시점을 정확히 잡기 어렵다는 생각이 들 때가 많습니다. 특히 시장이 급등하거나 급락할 때는 속임수처럼 보이는 움직임도 자주 나타나지요. 이럴 때 투자자들이 참고하는 것이 바로 보조지표Technical Indicator입니다. 보조지표는 말 그대로 주가와 거래량을 바탕으로 만든 보조 신호로, 시장의 방향성과 투자심리를 보다 명확하게 해석하는 데 도움을 줍니다.

HTS나 MTS에는 수십 가지의 지표가 제공되지만, 모두 복잡하게 보더라도 공통된 해석의 원리가 있습니다.

① 0선을 기준으로 위로 올라가면 매수 신호로, 아래로 내려가면 매도 신호로 해석합니다.
② 지푯값이 일정 범위(보통 0~100)에서 움직일 때는 상단은 과열, 하단은 침체로 봅니다.
③ 두 개의 선이 교차하는 구간(골든크로스·데드크로스)을 주목합니다.

이 3가지 원리를 이해하면 대부분의 보조지표를 손쉽게 읽을 수 있습니다.

추세를 읽는 MACD

MACDMoving Average Convergence Divergence는 추세를 파악하는 대표적인 지표입니다. 쉽게 말해, 단기이동평균선과 장기이동평균선의 관계를 분석해 상승세인지 하락세인지를 알려줍니다. 두 선이 멀어질수록 추세의 힘이 강하고, 가까워지다 교차하는 순간 추세의 변곡점이 만들어집니다. MACD가 0선을 위로 돌파하면 상승추세로, 아래로 내려가면 하락추세로 전환된다고 봅니다.

또한 MACD선과 시그널선의 교차도 중요합니다. MACD가 시그널선을 위로 뚫는 '골든크로스'는 매수 신호로, 반대로 아래로 내려가는 '데드크로스'는 매도 신호로 해석할 수 있습니다. 실전에서는 추세가 강한 종목에서 MACD가 다시 0선 위로 반등하는 구간을 노리면 상승 흐름을 놓치지 않고 따라갈 수 있습니다.

MACD

과열과 침체를 읽는 스토캐스틱

스토캐스틱Stochastic은 주가의 위치를 백분율로 표현한 모멘텀 지표입니다. 일정 기간의 주가 변동 폭 중 현재 종가가 어디에 위치해 있는지를 보여줍니다.

보통 75 이상이면 과열 구간, 25 이하면 침체 구간으로 봅니다. 이 지표에는 %K와 %D 두 선이 있는데, %K선이 %D선을 위로 돌파하면 매수 신호, 아래로 꺾이면 매도 신호로 해석합니다.

스토캐스틱의 장점은 시장의 '단기 과매수·과매도'를 빠르게 포착할 수 있다는 점입니다. 하지만 지표가 너무 빠르게 반응하기 때문에 거래량이 동반되지 않거나 시장 전체가 약세일 때는 가짜 신호일 수도 있습니다. 따라서 스토캐스틱은 단독으로 보기보다 MACD나 거래량 추세와 함께 확인하는 것이 좋습니다.

스토캐스틱

밴드로 추세를 잡는 볼린저밴드

볼린저밴드Bollinger Bands는 주가의 변동성을 시각적으로 보여주는 지표입니다. 이동평균선을 중심으로 상단·하단 밴드를 설정하여 주가가 밴드 상단에 닿으면 과열, 하단에 닿으면 침체로 판단합니다. 밴드의 폭이 좁아지는 구간은 시장의 에너지가 쌓이고 있다는 뜻으로, 곧 가격 변동이 커질 가능성이 높다는 신호입니다.

반대로 밴드 밖으로 주가가 강하게 이탈할 때는 기존 추세가 이어지고 있다는 의미로 해석할 수 있습니다. 즉, 상단 밴드를 뚫으면 상승세가 지속될 가능성이 높고, 하단 밴드를 이탈하면 하락세가 계속될 확률이 큽니다. 볼린저밴드는 변동성이 큰 장세에서 돌파형 매매를 할 때 특히 유용한 지표입니다.

볼린저밴드

시장의 힘을 읽는 OBV

OBVOn Balance Volume는 거래량이 주가에 선행한다는 전제에서 만들어진 지표입니다. 주가가 보합이라도 거래량이 늘어난다면, 매수세가 쌓이고 있다는 뜻이지요. OBV선이 상승하면 매수 세력이 강하다는 의미이고, 하락하면 매도세가 커지고 있음을 나타냅니다.

특히 주가가 횡보하는데 OBV가 꾸준히 올라간다면 조만간 주가가 상승할 가능성이 높습니다. 반대로 OBV가 하락하는데 주가가 버티고 있다면 잠재적인 하락 신호로 볼 수 있습니다. 즉, OBV는 가격보다 시장의 에너지와 매수 의지를 읽는 도구입니다.

OBV

투자심리를 수치로 보는 투자심리선

투자심리선은 말 그대로 시장참여자의 심리를 수치화한 지표입니다. 최근 10일 중 주가가 상승한 날의 비율로 계산하며 100은 완전 과열, 0은 완전 침체를 뜻합니다. 일반적으로 70 이상에서는 매도, 30 이하에서는 매수 구간으로 봅니다.

특히 투자심리선이 70 이상에서 꺾이거나, 30 이하에서 상승 반전할 때가 시장 전환의 신호가 되곤 합니다. 즉, 시장이 지나치게 낙관적이거나 비관적일 때를 숫자로 보여주는 것이 바로 투자심리선입니다.

투자심리선

결국 보조지표의 핵심은 해석의 일관성입니다. 하나의 지표만 맹신하기보다 추세형+모멘텀형+심리형 지표를 함께 비교해보면 시장의 함정을 피하고 더 안정적으로 매매할 수 있습니다. 지표는 투자 결정을 돕는 도구이지, 그 자체가 투자 전략이 아닙니다. 주가의 방향, 속도, 심리 상태 등 시장 상황과 결합해 읽을 때, 비로소 지표가 신호로 작동합니다. 지표를 공부하는 목적은 더 많이 보는 것이 아니라, 내게 맞는 신호 하나를 확실히 이해하는 것입니다.

엘리어트 파동이론과 다우이론
투자 시기 예측 가능하다고요?

엘리어트 파동이론은 주가의 상승과 하락이 일정한 리듬을 가지고 반복된다는 관찰에서 출발한 대표적인 기술적 분석 이론입니다. 주식시장은 단순히 오르거나 내리는 직선이 아니라, 작용과 반작용의 원리에 따라 파도처럼 상승과 조정을 반복하지요.

엘리어트는 이 흐름이 일정한 구조로 반복된다고 보고, 상승국면에서는 5개의 상승파동(충격파동), 하락국면에서는 3개의 하락파동(조정파동)으로 이루어진다고 설명했습니다. 즉, 한 사이클은 상승 5파와 하락 3파로 총 8개 파동으로 구성됩니다. 이 8개의 파동은 또다시 상위 단위의 5파·3파 구조로 이어지며, 시간의 단위를 아무리 확대하거나 축소해도 이 패턴이 반복된다는 것이 엘리어트의 핵심 주장입니다.

파동의 상승과 하락

엘리어트 파동의 예

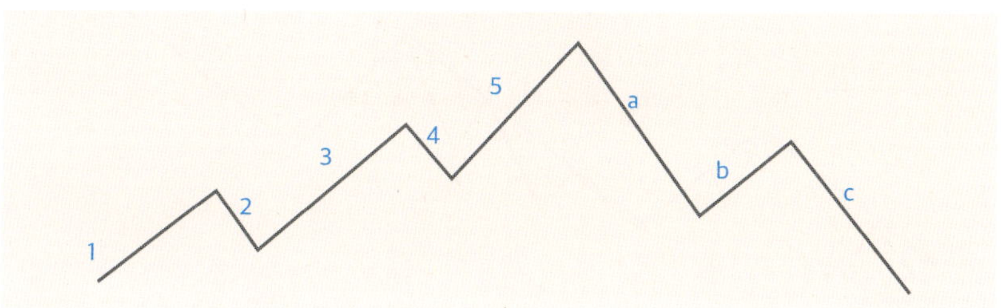

엘리어트 파동은 상승과 하락이 교차하며 하나의 흐름을 만듭니다. 상승추세에서는 1, 3, 5파가 상승(충격파동), 2, 4파가 조정(하락파동)이며, 하락추세에서는 a, c파가 하락(충격파동), b파가 반등(조정파동)을 나타냅니다. 즉, 주가는 상승기에는 '3번 오르고 2번 쉬며', 하락기에는 '2번 내리고 1번 쉬는' 구조를 반복하는 셈이지요.

각 파동은 규모와 시간 단위에 따라 더 작은 파동으로 세분화됩니다. 예를 들어 상승 1파 안에도 다시 5개의 작은 파동이, 조정 2파 안에도 3개의 세부 파동이 존재합니다. 이런 식으로 시장은 큰 파동 속에 작은 파동이, 그 안에 또 더 작은 파동이 들어 있는 프랙털Fractal 구조를 보입니다.

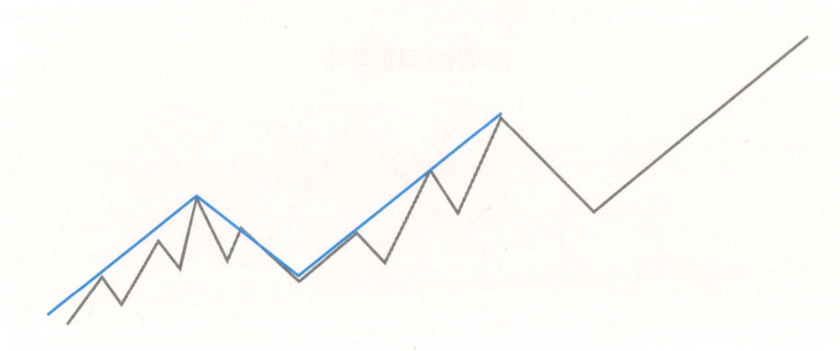

상승파의 일반적인 특징

상승 1파 ▸ 장기 하락장이 끝난 뒤 나타나는 첫 반등입니다. 시장참여자들이 여전히 불신이 커서 거래량이 적고, 단순한 기술적 반등으로 보이기 쉽습니다.

상승 2파 ▸ 조정 구간으로, 1파 상승 폭의 38~61% 정도를 되돌립니다. 1파 상승이 일시적 반등이라고 판단하는 투자자들이 매도에 나서며 나타납니다.

상승 3파 ▸ 본격적인 상승국면으로, 가장 길고 강한 파동입니다. 시장의 신뢰가 회복되면서 거래량이 급증하고, 새로운 상승추세가 확립됩니다.

상승 4파 ▸ 조정 구간으로, 3파 상승 폭의 약 38% 정도를 되돌립니다. 대체로 삼각형 형태의 횡보 패턴을 보이며, 1파의 고점 아래로 내려오지 않습니다.

상승 5파 ▶ 추세의 마지막 상승입니다. 일반 투자자들이 뒤늦게 시장에 들어오며 거래량은 오히려 줄어드는 경향이 있습니다. 이때의 갭은 소멸 갭이라 부르며, 상승세의 막바지를 알리는 신호가 되기도 합니다.

하락 a·b·c파도 이와 유사한 구조로 전개되지만, c파는 대체로 시장의 투매 구간과 겹치며 하락 폭이 가장 크게 나타납니다.

파동이론, 어디까지 믿어야 할까요?
엘리어트 파동은 완벽한 예측법은 아니지만, 시장의 '상승→조정→상승'이라는 반복적 흐름을 이해하는 데 매우 유용합니다 지나친 해석보다 지금 내가 있는 자리가 상승의 중간인지 조정의 시작인지 판단하는 데 활용해야 합니다.

고수의 팁 ▶ 피보나치 비율과 황금비

엘리어트는 파동의 길이와 조정 폭이 일정한 수학적 비율을 따른다고 보았습니다. 이때 사용하는 것이 바로 피보나치 급수(1, 1, 2, 3, 5, 8, 13, 21 …)입니다. 피보나치 수열은 각 숫자가 이전 두 수의 합으로 이루어지며, 그 비율은 0.618 또는 1.618(황금비율)로 수렴합니다.

엘리어트 이론가들은 이 황금비를 주가에 적용해 2파의 조정 폭이 1파의 38.2% 또는 61.8%, 3파의 상승 폭이 1파의 1.618배 정도일 것으로 예측합니다. 물론 실제 시장에서는 이 비율이 정확히 들어맞지 않을 때도 많습니다. 하지만 다음의 3가지 원칙만 지켜진다면 대체로 엘리어트 파동으로 인정됩니다.

① 2파의 저점은 1파의 저점보다 높아야 한다.
② 3파는 1·3·5파 중 가장 짧을 수 없다.
③ 4파의 저점은 1파의 고점보다 낮을 수 없다.

이 3가지는 엘리어트 파동의 불문율이라 할 수 있습니다.

엘리어트 파동이론은 주가의 방향을 '예언'하기 위한 도구라기보다 시장의 리듬과 사이클을 이해하는 틀로 보는 것이 옳습니다. 각 파동이 어디쯤 와 있는지를 파악하면, 지금이 확신의 구간인지 조정의 구간인지를 보다 냉정하게 판단할 수 있습니다. 결국 파동이론의 가치는 시장 흐름 속에서 투자자의 감정을 객관화하는 힘에 있습니다.

다우이론으로 투자 시기를 예측할 수 있을까요?

찰스 다우는 19세기 말 미국 월가에서 기업과 시장의 정보를 정리해 투자자들에게 제공하던 언론인이었습니다. 그가 만든 정보지가 훗날 〈월스트리트저널Wall Street Journal〉의 모태가 되었고, 이 과정에서 시장의 흐름을 체계적으로 설명한 것이 바로 다우이론Dow Theory입니다. 다우는 "주가는 모든 것을 반영하며, 시장은 일정한 패턴 속에서 움직인다"고 보았습니다. 그의 이론은 1929년 대공황 이전, 미국 증시의 붕괴를 미리 경고한 사례로 유명해졌습니다.

다우이론의 기본 원칙

다우이론은 다음 6가지 원칙을 중심으로 전개됩니다.

① 평균치는 시장의 모든 요소를 반영한다.
② 시장은 세 가지 추세로 구성된다(단기·중기·장기).
③ 장기 추세는 3단계 국면을 가진다.
④ 평균치는 서로 확인되어야 한다(산업지수와 운송지수의 상호확인).
⑤ 거래량은 추세를 검증한다.
⑥ 추세는 명확한 반전 신호가 나타나기 전까지 유지된다.

다우는 주가 흐름을 단기·중기·장기 3가지로 구분했습니다. 단기추세는 하루 또는 며칠, 중기추세는 수주에서 수개월, 그리고 장기 추세는 몇 년에 걸친 시장의 큰 흐름을 의미합니다. 새로운 중기추세의 고점이 이전 장기 추세의 고점을 넘지 못하면 약세 전환의 신호이고, 새로운 중기추세의 저점이 이전 저점보다 높아지면 장기 상승추세가 시작된 것으로 봅니다. 이 간단한 관찰만으로도 시장의 큰 방향을 읽을 수 있습니다.

시장의 6가지 국면

추세의 진행 과정

강세시장 / 약세시장

- 매집국면(강세1국면) → 침체국면(약세3국면)
- 상승국면(강세2국면) → 공포국면(약세2국면)
- 과열국면(강세3국면) → 분산국면(약세1국면)

다우이론은 강세장과 약세장을 각각 세 단계로 구분합니다. 즉, 강세3국면 → 약세3국면의 순환이 반복된다는 것이지요.

한 걸음 더

강세장인지 약세장인지, 어떻게 알 수 있을까요?
가격보다 고점과 저점의 흐름을 보세요. 이전 고점을 돌파하고 저점이 높아진다면 시장은 상승 중입니다. 반대로 고점을 돌파하지 못하고 고점이 낮아진다면 하락 전환의 신호입니다. 지표보다 단순한 추세선의 방향이 더 정확할 때가 많습니다.

강세1국면: 매집기|Accumulation ▶ 장기 하락장이 끝나고 시장이 조용해진 시기입니다. 비관론이 가득하지만, 전문투자자들은 이때 소리 없이 매수에 나섭니다.

강세2국면: 상승기|Participation ▶ 경제지표가 개선되고, 일반투자자들도 시장에 참여하기 시작합니다. 주가와 거래량이 함께 증가하며 기술적 분석이 잘 맞는 구간입니다.

강세3국면: 과열기|Distribution ▶ 모두가 낙관론에 젖어 '주식은 안 사면 손해'라는 분위기가 만들어집니다. 거래량은 폭증하지만, 이때부터는 조심해야 합니다.

약세1국면: 분산기|Distribution ▶ 기관과 전문투자자들은 시장의 과열을 감지하고 보유 주식을 서서히 팔기 시작합니다. 주가 상승 속도가 느려지고, 작은 조정에도 거래량이 급증합니다.

약세2국면: 공포기|Panic ▶ 경기 둔화 신호가 본격화되면서 공포 매도가 이어집니다. 거래량은 줄고, '주식을 사려는 사람'이 사라집니다.

약세3국면: 침체기|Depression ▶ 시장은 조용해지지만, 여전히 매도세가 우세합니다. 이때 실망 매물이 나오고, 전문투자자들은 다시 천천히 매수에 나섭니다. 강세1국면이 시작될 준비가 되는 시점이지요.

다우는 이런 국면에서 전문투자자와 일반투자자의 심리 패턴이 정반대로 움직인다고 지적했습니다. 대부분의 개인은 공포와 탐욕에 흔들리고, 전문가들은 그 순간을 냉정히 이용합니다. 강세장 초입에는 두려움에 매수하지 못하고, 과열기에는 낙관 속에 무리하게 빚을 내 투자하는 경우가 많습니다.

언제나 반대로 움직이는 사람들

강세장은 두려움 속에서 시작되고, 약세장은 낙관 속에서 시작됩니다. 대부분의 개인투자자는 끝물에 매수하고 바닥에서 매도합니다. 다우이론을 이해하면 '지금 시장의 감정'이 어디에 있는지 보이기 시작합니다. 시장의 군중심리에 휩쓸리지 않는 것, 그것이 다우이론의 진짜 목적입니다.

다우이론이 주는 교훈

다우이론은 단순히 시장의 흐름을 예측하는 도구가 아니라 투자자의 심리를 경계하게 만드는 원칙의 이론입니다. "강세장은 비관 속에서 태어나 회의 속에 자라고 낙관 속에서 성숙하여 행복감 속에서 사라진다"라는 월가의 격언이 바로 다우이론의 핵심을 요약한 문장입니다. 기술적 분석의 대가 조셉 그랜빌은 이 이론을 이렇게 정리했습니다.

"시장 약세기에는 공포기에서부터 서서히 매수하여 침체기에서 매수를 완료하라. 반대로 시장 강세기에는 상승기에서부터 서서히 매도하여 과열기에 매도를 완료하라."

간단하지만 지키기 어려운 이 원칙이 오랜 시간 시장에서 살아남은 투자자들의 공통된 습관이기도 합니다.

고수가 말하는 차트 해석의 핵심, 이것만은 꼭 기억하자

차트를 활용해 주식 매매를 하려면 반드시 염두에 두어야 할 사항들이 있습니다. 차트는 편리한 분석 도구지만, 그 자체로 완전한 이론적 근거를 갖춘 방법은 아닙니다. 따라서 몇 가지 주의점을 알고 있어야 차트를 더 효과적으로 활용할 수 있습니다. 다음은 고수들이 공통으로 강조하는 차트 해석의 핵심 5가지입니다.

첫째, 차트 분석의 전제조건을 항상 기억해야 합니다.

차트 분석의 기본 가정은 "과거의 패턴이 미래에도 반복된다"는 믿음입니다. 그러나 실제 시장에서 주가는 랜덤워크Random Walk, 즉 무작위적인 특성을 보이며, 말 그대로 예측 가능한 규칙성을 따르지 않는 경우가 훨씬 많습니다. 따라서 중요한 것은 패턴을 맹신하는 것이 아니라, 패턴이 예상과 다르게 움직일 때 빠르게 대응하는 유연함입니다.

둘째, 차트는 잦은 매매를 유도하는 위험이 있습니다.

차트 분석의 목적은 매매 타이밍을 잡는 것이지만, 특히 분봉·틱차트는 초보자에게 과도한 매매 신호를 쏟아냅니다. 이 때문에 실전 경험이 부족한 투자자일수록 실수가 잦아지고 손실이 커질 수 있습니다. 따라서 고수가 되기 전까지는 일봉차트 중심으로 매매 신호를 관리하는 것이 안전한 방법입니다.

셋째, 거래량이 진짜 이야기이고, 주가는 그 그림자입니다.

고수들은 주가보다 거래량을 먼저 봅니다. 거래량은 수급의 실제 움직임을 보여주는 근본 정보이고, 주가는 그 결과물일 뿐입니다. 상승하려면 거래가 실려야 하고, 하락 중 거래가 증가하면 매집 세력이 떠난 것으로 해석해야 합니다. 즉, 상승은 거래량 증가와 함께, 하락은 거래량 감소와 함께 이루어지는 법입니다.

넷째, 기술적 지표는 '결자해지' 원칙으로 사용해야 합니다.

매수 신호를 보고 진입했다면, 같은 지표에서 매도 신호가 나왔을 때 반드시 정리해야 합니다. 매수는 A지표로 하고, 매도는 B지표로 판단하는 식의 혼합 사용은 초보자들이 흔히 겪는 실패 패턴입니다. 지표를 선택했다면 그 지표의 신호에 끝까지 책임지는 태도, 즉 '결자해지' 원칙이 필요합니다.

다섯째, 보조지표는 어디까지나 '보조'일 뿐입니다.

차트분석의 기본은 언제나 일봉과 거래량입니다. 보조지표는 이 두 가지를 해석하기 어렵기 때문에 등장한 도우미일 뿐, 주가 흐름을 결정짓는 주도 도구가 아닙니다. 따라서 보조지표에 의존하기보다 일봉·거래량 중심의 기본 해석 능력을 먼저 키우는 것이 숭요합니다.

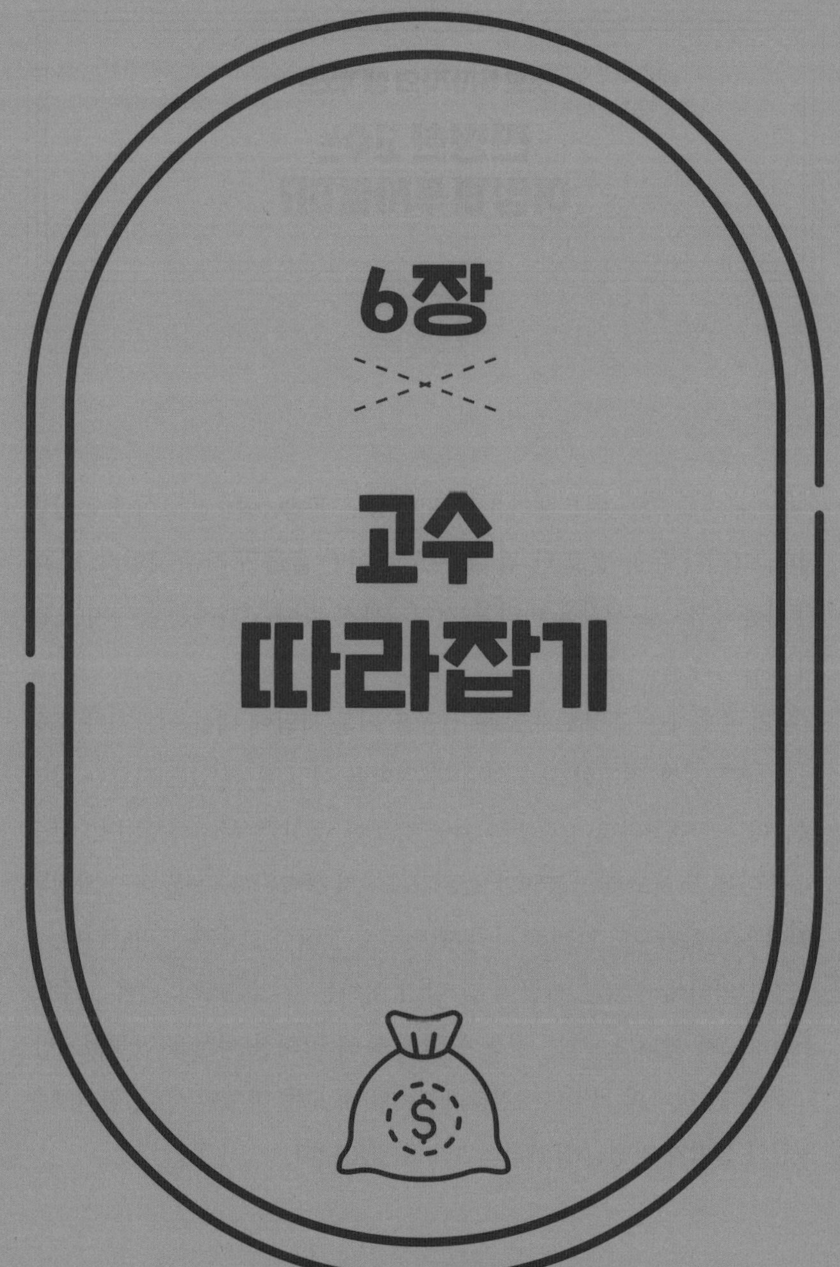

6장

고수
따라잡기

진정한 고수는 어떻게 투자할까?

주식투자를 하는 대부분의 사람은 더 많은 돈을 버는 것을 목표로 삼습니다. 그러나 돈을 벌고 난 뒤 그 돈으로 어떤 삶을 꾸려갈 것인지, 또 어떤 마음가짐으로 시장을 바라볼 것인지까지 깊이 고민하는 투자자는 많지 않습니다.

우리 주변에는 주식투자로 큰 성공을 거둔 사람에 대한 이야기가 흔히 들리지만, 정작 '진정한 고수'의 삶과 철학을 직접 본 적 있는 사람은 많지 않습니다. 워런 버핏이 검소한 삶을 강조한 것처럼, 투자의 고수는 단순히 주식을 잘 사고파는 능력만으로 평가되지 않습니다. 돈을 버는 과정과 그 이후의 삶까지도 함께 고려될 때 비로소 진정한 고수가 드러납니다.

그런 의미에서 많은 사람이 잘 알지 못하는 우리나라의 '진짜 고수'를 소개하고자 합니다. 그는 평생 주식을 통해 막대한 자산을 만들었지만, 그 돈을 단 하나의 목적(수목원을 가꾸는 일)에 모두 바쳤던 사람, 천리포수목원의 설립자 민병갈(칼 페리스 밀러) 원장입니다.

천리포 수목원을 만든 '벽안의 한국인'

민병갈 원장은 1921년 미국 펜실베이니아의 작은 광산 도시에서 독일계 이민자 가정에서 태어났습니다. 대학에서 화학을 전공하고 해군 정보장교로 복무하며 1945년 인천에 첫발을 디뎠습니다. 그는 당시 한반도의 낮은 산세와 초가집 풍경에 깊이 매료되었다고 회상했습니다.

전역 후 귀국하지 않고 한국은행에서 30년 가까이 근무한 그는 업무와 여행을 겸하며 한국 곳곳의 자연을 둘러보다가 우연히 만리포 근처 천리포 야산을 사달라는 노인과의 인연으로 당시 가진 돈 거의 모두를 털어 땅을 사들이게 됩니다. 그 땅이 바로 천리포수목원의 시작입니다.

그는 1970년부터 충남 대인군 바닷가의 약 60만 제곱미터(18만 평) 부지를 직접 가꾸며 장학사업, 지역개발, 불우이웃 돕기까지 폭넓은 활동을 이어갔습니다. 한국을 사랑한 그는 1979년 귀화하여 한국 이름 민병갈을 선택했습니다.

주식투자로 이름을 떨친 '숨은 거장'

민 원장의 투자 실력은 당시 증권가에서 전설로 통했습니다. 한국은행 재직 시절부터 서구식 투자 기법을 도입해 중소형 고가주와 보험주로 큰 수익을 냈으며, 1980~1990년대에는 '큰손'으로 불릴 만큼 영향력이 컸습니다. 홍콩의 〈파이스턴이코노믹리뷰Far-Eastern Economic Review〉는 그를 '아시아 최고의 펀드매니저'로 소개했고, '월스트리트의 살아 있는 전설' 존 템플턴 경조차 개인 자산을 맡길 만큼 신뢰했습니다.

하지만 그는 번 돈을 모두 수목원 조성에 쏟아부었고, 자신의 투자 철학을 외부에 내보이기를 극도로 꺼렸습니다.

고수의 단 한마디, "주식을 가까이서 보지 마세요"

1997년, 한 펀드매니저가 천리포수목원에서 일주일 동안 민병갈 원장과 시간을 보낼 기회를 얻었습니다. 그는 자연스럽게 투자 조언을 들을 수 있으리라 기대했지만, 민 원장은 일주일 내내 꽃과 나무 이야기만 할 뿐, 주식 이야기는 단 한 번도 꺼내지 않았습니다.

휴가 마지막 날, 민 원장은 짧지만 강렬한 한마디를 건넸습니다.

"주식을 절대 가까이서 보지 마세요. 계속 보다 보면 빨려 들어가고, 단기 매매를 할 수밖에 없게 됩니다."

그 펀드매니저는 이 조언을 마음 깊이 새겼고, 그제야 왜 워런 버핏이 오마하에 머물고 프랭클린 템플턴이 플로리다에 회사를 세웠는지 이해하게 되었다고 말했습니다. 시세에 휘둘리지 않기 위해 일부러 시장에서 멀리 떨어져 산 것이었습니다.

평생 시간으로 투자를 한 사람

민 원장의 투자 방식은 놀라울 정도로 묵직했습니다. 한국이동통신(현 SK텔레콤)을 4만 원대에 매수해 주가가 550만 원에 이를 때까지 50~100배의 수익을 냈지만 그는 평생 매도하지 않았습니다.

또 포스코 주가가 3만 4,000원에서 17만 원까지 올랐을 때조차도 그는 팔지 않았습니다. 그에게 주식은 '급하게 사고파는 대상'이 아니라 '오랜 시간 함께 자라는 나무'와 같은 존재였습니다. 그가 남긴 핵심 투자 철학은 단순했습니다.

"욕심내지 말고, 서두르지 말고, 좋은 종목을 3~4년 들고 가라."

"확신이 없다면 신용거래는 절대 하지 마라."

고수가 되는 길은 주식이 아니라 '시선'에 있다

민 원장의 삶은 단순한 투자 성공기를 넘어 어떤 태도로 시장을 바라봐야 하는지를 보여주는 귀한 사례입니다.

고수는 시세에 매몰되지 않기 위해 시장과 거리를 두고, 검소한 삶을 통해 마음의 균형을 유지하며, 넓은 시야로 시장을 바라봅니다. 반면 초보 투자자는 시세에 급하게 반응하고, 당장의 수익에 집중하며, 시장을 너무 가까이에서 바라보다 방향을 잃곤 합니다.

결국 고수와 초보의 차이는 잠재력을 발견하는 눈, 그리고 흔들리지 않는 마음에서 생겨납니다. 민병갈 원장은 이를 전 생애로 증명한 사람이었습니다.

배당투자, 장기투자

배당투자와 장기투자는 어떻게 하나요?

주가와 배당수익률은 반대로 갑니다

매년 결산기가 돌아오면 배당투자에 대한 관심이 높아집니다. 이익을 많이 거둔 기업들은 배당 잔치를 하는 일이 많기 때문에 투자자들 사이에서 실제로 어떤 기업이 배당을 많이 주는지에 대해 조사하는 경우가 많습니다. 그러나 여기서 조금 고민해봐야 하는 점이 있습니다. 기업이 배당금을 많이 준다는 것과 실제로 배당수익률이 높다는 것은 의미가 다르다는 것입니다. 배낭수익률은 나음과 같이 정의할 수 있습니다.

배당수익률 = (배당금 ÷ 주가) × 100

이 공식을 통해서 보면 분모인 주가가 높은 시기에는 배당수익률이 낮아질 수밖에 없습니다. 반대로 주가가 낮은 시기에는 배당수익률이 상대적으로 높아집니다. 따라서 투자자들은 이것을 기억해야 합니다.

- **주식시장이 활황일 때** → 배당투자에 대한 관심보다는 시장에서 더 높은 수익률을 줄 수 있는 주도주를 매매하는 편이 더 낫습니다.
- **주식시장이 불황일 때** → 주식 매매를 통해서 수익을 올리기가 쉽지 않으므로 이런 경우에는 상대적으로 배당금을 고려해 배당수익률이 높은 기업에 투자하는 편이 더 낫습니다.

> **고수의 팁** ▶ 배당수익률은 '배당금'보다 '주가 위치'가 더 중요합니다
>
> 배당을 많이 주는 기업이 항상 좋은 배당투자 대상은 아닙니다. 주가가 높으면 배당수익률은 자연스럽게 낮아지고, 주가가 낮을 때는 수익률이 높아집니다. 초보 투자자는 배당금 액수가 아니라 '지금 주가가 비싼가, 싼가'를 먼저 확인해야 합니다.

장기투자는 어떻게 해야 좋은 걸까요?

시장에서 초보자일수록 장기투자를 해야 한다는 말이 있습니다. 분명히 맞는 말입니다. 장기투자는 투자의 호흡이 길기 때문에 조급한 마음에 잘못된 결정을 하는 오류를 줄여줍니다.

장기투자를 해야 하는 이유는 글로벌 주식시장뿐만 아니라 변동성이 크다고 하는 우리나라 주식시장도 1990년대 이후 꾸준히 상승하는 모습을 보여주기 때문입니다. 이 말은 주가의 변동성이 커서 주식을 보유하지 않고 매도한 단기투자자에게는 제대로 된 수익을 얻지 못하는 일이 생기게 된다는 것입니다. 우선 시장 전체적인 상황부터 살펴보겠습니다.

다음 차트는 코로나 팬데믹 이후 급등했던 주가가 변동성을 보이면서 2021년 고점을 기록한 이후 하락하는 모습입니다. 동학개미운동이 벌어졌던 당시 상황을 살펴보면 2020년 3월부터 2021년 6월까지 87조 원가량의 신규 자금이 주식시장으로 유입되면서 큰 폭의 상승을 보였지만, 고점

코스피 일봉 차트

이후 급락하는 과정에서 많은 투자자가 큰 손실을 입었습니다.

시각을 조금 넓게 보면 주가는 급등 후 급락이라는 시세 흐름을 이어갑니다. 물론 그사이에서 단기적으로 수익을 노릴 수도 있습니다. 문제는 그런 시세 흐름을 잘 타는 사람들이 많지 않다는 겁니다. 많은 투자자가 고점에서 집중 매수해서 손실을 보게 된다는 겁니다.

그러면 시간을 조금 더 길게 해서 당시 상황을 살펴보겠습니다. 위 차트는 주가의 일별 동향이지만, 다음 차트는 연간 기준 주가의 움직임을 나타내는 연봉 차트입니다.

한 걸음 더

장기투자는 아무 종목이나 오래 들고 있는 것이 아닙니다

어떤 종목을 오래 들고 있다고 다 장기투자가 아닙니다. 꾸준히 이익을 만드는 기업을 선택했을 때만 효과가 있습니다. 5년이 지나도 실적이 회복되지 않거나 산업 자체가 침체라면 장기투자 대상이 아닙니다. "좋은 기업을 오래 들고 있는 것"이 장기투자의 본질입니다.

코스피 연봉 차트

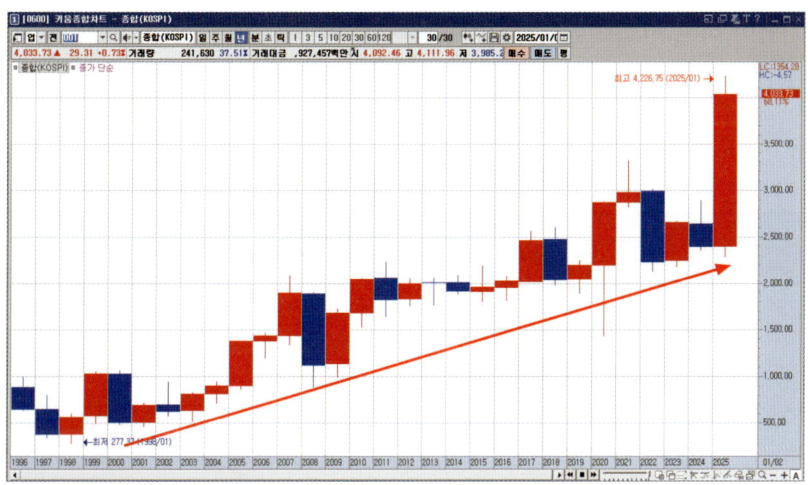

    차트에서 확인할 수 있는 것처럼, 주가는 꾸준히 상승하는 모습을 보입니다. 따라서 잔파도를 타기보다는 큰 파도에 몸을 맡기는 투자를 하는 것이 확률적으로 더 확실한 수익을 얻을 수 있는 방법이기 때문에 장기투자를 권하는 겁니다.

    그런데 무조건 기다리는 것이 장기투자라고 생각하면 안 됩니다. 장기투자를 위해서는 가장 높은 수익을 올리는 기업을 찾은 후, 그 기업이 다른 기업보다 사업 지속 가능성이 더 길다고 판단될 때 주식을 매수해야 합니다. 그런 기업들은 시대에 따라 다른 모습으로 나타납니다. 예를 들어 미국 트럼프 대통령 1기 때부터 중국과 무역 갈등을 겪으면서 사유무역 정신이 퇴색하게 되었습니다. 그러면서 각 나라는 자국우선주의 노선을 걷게 되었습니다. 그런 가운데 발발한 것이 바로 러시아-우크라이나 전쟁입니다. 즉, 자국우선주의가 시작되면서 각 나라는 국방력을 든든히 하기 위해 무기를 도입하는 일이 잦아졌습니다. 바로 방위산업에서 큰 수익이 나기 시작한 것이죠. 우리나라 방위산업에서 가장 두각을 나타내는 기업이 바로 한화에어로스페이스입니다. 이 회사의 주가 동향을 살펴보면 다음과 같습니다.

한화에어로스페이스의 주가 동향

한화에어로스페이스의 주가는 미·중 무역 갈등이 시작되던 시기인 2020년 3월 1만 5,120원이었는데 2025년 9월 112만 7,000원까지 올랐습니다. 이는 5년 정도 기간에 1,126%의 수익률이고 연평균 225%의 수익률을 기록한 겁니다.

특히 우리나라에서 가장 큰 수익을 준 기업의 삼성전자입니다. 삼성전자는 IMF 외환위기 때인 1998년부터 2025년까지 자그마치 1만 7,300%, 즉 173배의 상승을 보였던 겁니다. 이런 것이 바로 장기투자의 힘입니다. 삼성전자의 연봉은 다음과 같습니다.

342

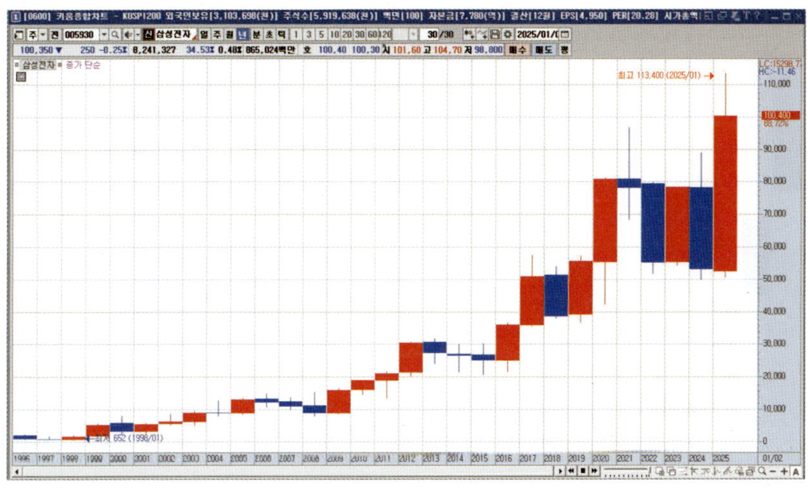

이렇듯 장기투자는 잔파도는 무시하고 큰 파도에 올라
타는 겁니다. 그러나 모든 종목이 장기투자 한다고 해서
크게 수익이 나는 것은 아닙니다. 따라서 5년 정도 기다렸
는데 오히려 손실이 발생하는 기업은 장기투자 대상에서
제외해야 합니다. 예를 들어 중국의 한한령으로 인해 큰
타격을 입고 제대로 회복되지 못하는 산업이 엔터테인먼
트산업입니다. 콘텐츠 회사인 초록뱀미디어의 경우 주가
회복이 어려운 모습을 확인할 수 있습니다. 초록뱀미디어
의 연봉은 다음과 같습니다.

**큰 파도는 누구에게나
오지만, 올라탈 종목은
선택해야 합니다**
시장은 장기적으로 우
상향해도, 모든 종목이
함께 오르지는 않습니
다. 한화에어로스페이
스, 삼성전자는 큰 파
도를 정확히 탔지만,
일부 엔터·콘텐츠 기업
처럼 회복하지 못하는
종목도 많습니다. 초보
투자자는 '파도+산업
흐름+기업 경쟁력'을
함께 봐야 합니다.

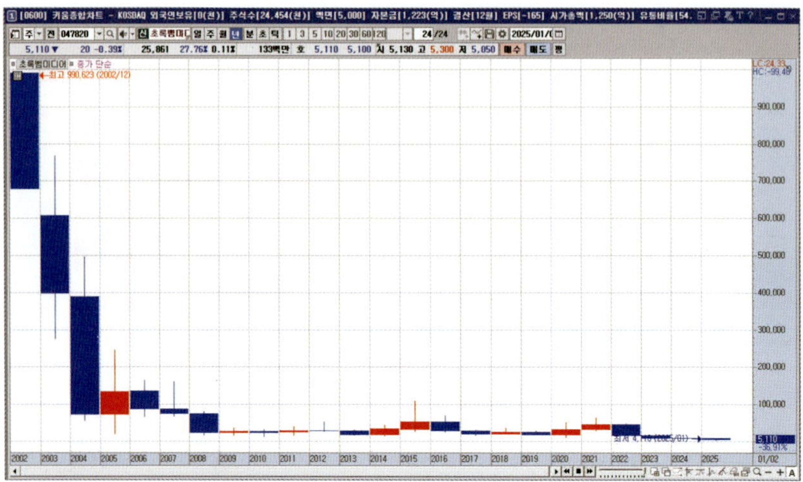

초록뱀미디어 연봉 차트

    제시된 사례를 보더라도 장기투자를 할 때 아무 종목이나 보유해서는 안 됩니다. 실적이 꾸준히 발생하고 그 산업에 속한 기업들의 위험 요인이 낮은 것을 확인한 후에 장기투자 종목으로 선정해야 합니다.

파생상품과 주가는 어떤 관계가 있나요?

파생상품이라는 말, 조금 어렵게 들리지만 생각보다 단순합니다. 미래의 일정 시점에 미리 정한 가격으로 거래하자는 약속이 바로 파생상품입니다. 즉, 지금은 돈이나 물건을 주고받지 않지만, 나중에 그 약속을 지키겠다고 계약하는 것이지요. 현물거래가 지금 사고파는 거래라면, 파생상품은 나중에 사고파는 거래입니다.

파생상품의 4가지 기본 형태

- 선도Forwards: 개인 간에 맺는 사적 계약입니다. 만기에 한 번만 정산하기 때문에 중간에 손실이 커지면 약속을 지키지 못할 위험이 있습니다.

- 선물Futures: 선도와 구조는 비슷하지만, 거래소에서 매일 손익을 정산(일일정산)합니다. 결제불이행 위험을 줄이고 거래소가 청산소를 통해 보증합니다. 그래서 일반투자자도 참여할 수 있지요.

- 스와프Swaps: 서로의 현금흐름(이자나 통화)을 맞교환하는 계약입니다. 기업들이 금리나 환율 변동 위험을 줄일 때 주로 사용합니다.

- 옵션Options: 일정 가격으로 살 권리(콜) 또는 팔 권리(풋)를 거래합니다. 권리이기 때문에 행사하지 않아도 되며, 대신 프리미엄이라는 값을 지불합니다.

선물거래는 어떻게 다른가요?

예를 들어 농부가 배추를 포기당 1,000원에 팔기로 약속한 밭떼기 거래는 선도계약입니다. 가격이 폭락하면 농부가 이익을, 오르면 도매상이 이익을 보겠지요. 하지만 둘 중 한쪽이 손실을 보게 되면 약속을 지키지 않을 위험이 생깁니다. 이 문제를 해결한 것이 선물계약입니다.

선물은 가격이 움직일 때마다 매일 손익을 정산하고, 거래소가 계약을 보증하기 때문에 누가 도망가도 거래는 깨지지 않습니다. 또한 모든 조건이 표준화되어 있어 누구나 같은 조건으로 사고팔 수 있습니다. 이 때문에 선물시장에는 농부나 도매상뿐 아니라 가격 변동 그 자체에서 이익을 노리는 투자자들이 참여하게 됩니다. 이들이 활발히 거래하면서 시장의 유동성이 커지고, 현물시장(실제 주식시장)의 가격 형성에도 영향을 미치게 됩니다.

옵션과 선물의 차이

옵션은 권리의 거래입니다. 콜옵션은 '정해진 가격으로 살 수 있는 권리', 풋옵션은 '정해진 가격으로 팔 수 있는 권리'를 의미합니다. 옵션을 산 사람은 권리를 행사해도, 포기해도 됩니다. 손실은 미리 낸 프리미엄 한도에서만 발생하지만, 이익은 이론적으로 무한히 커질 수 있습니다. 반대로 옵션을 판 사람은 제한 없는 손실 위험을 감수해야 하므로, 초보자는 옵션 매도보다 매수부터 배우는 것이 안전합니다. 그러나 선물은 반드시 결제해야 합니다.

파생상품과 주가의 관계

파생상품은 현물시장과 선물시장을 긴밀히 연결합니다. 예를 들어 코스피200 선물이 오르면, 기관들은 현물 주식도 매수해 가격이 따라오게 됩니다. 이처럼 선물가격은 현물가격보다 조금 앞서 움직이며 주식시장에 방향성을 제시하기도 합니다. 또한 선물·옵션을 이용한 헤지(위험 회피)는 대규모 자금을 운용하는 기관투자자에게 필수적인 전략이기도 합니다.

정리하자면 파생상품은 어렵게 느껴지지만, 핵심은 위험을 나누고, 가격 변동에 대비하기 위한 약속입니다. 현물시장이 '오늘'을 다룬다면, 파생시장은 '내일'을 준비하는 시장이지요. 초보 투자자는 이 구조를 이해하는 것만으로도 시장 전체의 움직임을 훨씬 입체적으로 볼 수 있게 됩니다.

주가지수선물
주가지수선물이 무엇인가요?

주가지수선물Index Futures은 말 그대로 주가지수를 기초자산으로 한 선물계약입니다. 즉, 개별 주식이 아니라 시장을 대표하는 지수 전체를 사고파는 거래이지요. 주가지수는 주가의 변동을 하나의 숫자로 표현한 것입니다. 예를 들어 기준 시점을 100으로 정해놓고, 그 이후 주가의 움직임에 따라 105, 98처럼 지수로 표시합니다. 이 지수를 계산하는 방식에는 두 가지가 있습니다.

평균가격방식 ▶ 단순히 주가의 평균을 비교하는 방식
시가총액방식 ▶ 각 기업의 주식 수에 주가를 곱한 시가총액을 합산하는 방식

보통 시가총액방식이 쓰이며, 이는 곧 시장을 구성하는 모든 기업의 합산 가치를 뜻합니다. 우리의 계좌 잔고도 '보유 주식 수×현재 주가'로 계산되므로, 사실상 시가총액의 개념이 반영되어 있다고 볼 수 있습니다.

코스피200 지수, 한국 시장의 기준

우리나라에서는 선물·옵션 거래를 위해 특별히 코스피200 지수를 만듭니다. 코스피200은 1990년 1월 3일을 기준으로, 시가총액이 크고 거래량이 많은 대표 종목 200개를 묶은 지수입니다. 즉, 코스피200 선물은 이 200개 기업으로 구성된 포트폴리오를 하나의 상품처럼 사고파는 선물계약이라고 볼 수 있습니다.

코스피200 선물은 거래 규모가 세계적으로 손꼽힐 만큼 활발합니다. 거래소에서 매일 손익을 정산하므로 결제불이행 위험이 없고, 가격 변동에 따라 현금 차익만 주고받습니다. 지수가 오르면 매수자는 이익, 매도자는 손실입니다. 그리고 지수가 내리면 매도자는 이익, 매수자는 손실을 보게 됩니다.

주가지수선물, 왜 필요한가요?

선물시장은 크게 2가지 이유로 존재합니다.

위험 관리(헤지) ▶ 예를 들어 여러 종목의 주식을 보유한 투자자가 단기 하락이 걱정된다면 코스피200 선물을 매도해두면 됩니다. 만약 실제 주가가 내려도 현물에서는 손해를 보지만, 선물에서는 같은 폭만큼의 이익이 발생해 손실을 상쇄할 수 있습니다. 반대로 주가가 상승하면 선물에서 손실이 나더라도 보유 주식이 올라 전체적으로 균형을 유지하게 됩니다.

레버리지 효과(투기적 수익) ▶ 선물은 적은 증거금으로 큰 거래를 할 수 있는 구조입니다. 주식의 증거금률이 약 40%라면, 선물은 약 15%면 거래가 가능합니다. 즉, 6배 이상 확대된 투자 효과를 내지만, 손실도 그만큼 커질 수 있습니다. 주가가 10%만 변동해도 선물에서는 ±60% 가까운 손익이 발생할 수 있으므로 방향을 정확히 읽지 못하면 큰 손실로 이어질 수 있습니다.

이처럼 헤지와 레버리지라는 2가지 목적이 공존하므로 주가지수선물은 현물시장과 함께 시장의 흐름을 결정짓는 중요한 역할을 합니다.

고수의 팁 ▶ 선물 매도, 이렇게 위험을 줄입니다

주식을 많이 보유한 투자자가 '이번 달 시장이 조정될 것 같다'고 생각한다면 그만큼의 규모로 코스피200 선물 매도 포지션을 잡으면 됩니다. 지수가 떨어져 주식이 손실을 보더라도, 선물 매도로 얻는 이익이 손실을 보완하지요. 이런 방식의 위험 회피를 헤지Hedge라고 부릅니다. 선물시장은 단순한 투기장이 아니라, 이처럼 보유 자산을 지키기 위한 '보험시장'의 기능도 하고 있습니다.

코스피200 지수선물은 어떻게 매매되나요?

거래 절차 ▶ 코스피200 선물을 거래하려면 일반 주식계좌가 아닌 선물옵션 전용 계좌를 개설해야 합니다. 파생상품은 위험도가 크기 때문에 사전 교육과 모의투자가 필수입니다. 현재는 금융투자협회에서 30시간의 교육, 한국거래소에서 50시간의 모의거래를 이수해야 하며, 옵션거래는 계좌 개설 후 1년 이상 경과해야 가능합니다. 또한 기본 예탁금을 납입해야 합니다. 고객 등급에 따라 최소 2,000만 원(우수 고객)에서 최대 5,000만 원(비우수 고객)까지 필요합니다. 이 돈은 선물시장의 위험 감내 능력을 보증하는 보증금 개념입니다.

거래 시간과 체결 원칙 ▶ 거래시간은 주식시장과 조금 다릅니다. 평일은 09:00~15:45, 만기일은 09:00~15:20까지입니다. 체결은 주식과 마찬가지로 가격 우선·시간 우선의 원칙이 적용됩니다. 즉, 더 유리한 가격을 제시한 주문, 혹은 같은 가격이라면 먼저 낸 주문이 체결됩니다.

한 걸음 더

왜 선물은 주식보다 거래시간이 길까요?

선물시장은 기관과 외국인 중심의 시장이라 주식보다 마감이 15분 늦습니다. 그 짧은 15분 동안에도 해외 증시나 환율 변동이 반영돼 지수가 급변할 수 있습니다. 따라서 오후 3시 30분 이후의 흐름은 다음 날 주식시장의 방향을 미리 보여주는 힌트가 되기도 합니다.

거래 단위와 결제월 ▶ 코스피200 선물의 가치는 지수 1포인트당 25만 원으로 계산됩니다. 예를 들어 선물지수가 500이라면, 한 계약의 가치는 500×25만 원=7,500만 원이 됩니다. 최소 호가 단위(틱)는 0.05포인트이며, 1틱의 금액은 1만 2,500원입니다. 결제월에 따라 3월·6월·9월·12월물의 4종류이며, 3년 이내 7개 종목이 시장에 상장됩니다. 보통 가장 가까운 결제월(최근월물)의 거래가 가장 활발하며, 만기가 다가올수록 다음 결제월물로 거래 중심이 이동합니다.

만기일과 주의할 점 ▶ 코스피200 선물의 만기일은 3·6·9·12월의 두 번째 목요일입니다. 만기일이 공휴일이면 선날로 앞당겨집니다. 만기가 지나면 해당 월물의 거래는 종료되므로, 보유 포지션을 만기 전에 청산하거나 다음 결제월물로 옮겨야 합니다.

가격제한폭과 증거금 ▶ 선물시장은 레버리지가 크기 때문에 주식시장(±30%)보다 좁은 ±20%의 가격제한폭이 설정되어 있습니다. 또한, 선물 거래에는 증거금 제도가 적용됩니다. 보통 한 계약의 개시증거금은 약 15%, 유지증거금은 약 10% 수준입니다. 예를 들어 500포인트(계약 금액 7,500만 원) 선물 한 계약을 매수하려면 1,125만 원의 개시증거금이 필요합니다.

가격이 떨어서 계좌잔고가 750만 원(유지증거금)에 도달하면 마진콜 Margin Call, 즉 증거금 추가 요청이 발생합니다. 이때 추가로 돈을 납입하지 않으면 증권사가 포지션을 강제로 청산하게 됩니다.

마진콜이 오면 대부분의 초보 투자자는 불안감에 서둘러 청산합니다. 하지만 시장 변동이 일시적인 경우라면, 추가 증거금을 보충해 포지션을 유지하는 것도 하나의 전략입니다. 다만, 이미 손실이 누적되고 있다면 손실을 더 키우지 않기 위해 과감히 손절하는 판단이 필요합니다. 선물시장의 생존 원칙은 단 하나입니다. "버티는 것보다 자금 관리가 먼저다."

04

주가지수선물과 프로그램 매매 방법을 알려주세요!

차익거래, 같은 물건이 다른 가격일 때 생기는 기회

프로그램 매매를 이해하려면 먼저 차익거래Arbitrage 개념부터 알아야 합니다. 차익거래는 "같은 상품이 두 시장에서 다른 가격으로 거래될 때, 싼 곳에서 사서 비싼 곳에 파는 거래"입니다. 예를 들어 서울에서 신발 가격이 15만 원, 부산에서 같은 신발이 10만 원이라면 누구나 부산에서 신발을 사서 서울에서 팔겠지요. 이런 거래가 반복되면 서울 가격은 내려가고 부산 가격은 올라가 결국 비슷한 수준으로 맞춰집니다. 이것이 바로 차익거래의 기본 원리입니다.

주식시장에서는 현물(실제 주식)과 선물(주가지수를 사고파는 계약) 사이에 이런 가격 차이가 생길 수 있습니다. 선물의 이론 가격은 '현물가격+보유비용(이자비용-배당수익)'으로 계산됩니다. 이론 가격과 실제 선물가격이 다를 때, 비싼 쪽을 팔고 싼 쪽을 사면 차익이 생기는 구조입니다.

구분	가격 차이	투자자 행동	기대 수익
선물가격이 이론가보다 높을 때	선물 고평가	선물 매도+현물 매수	만기 시 이익 실현
선물가격이 이론가보다 낮을 때	선물 저평가	선물 매수+현물 매도	만기 시 이익 실현

이처럼 가격이 비싼 곳에서 팔고 싼 곳에서 사는 자동 거래가 프로그램 매매의 출발점입니다.

프로그램 매매, 200개의 주문을 한 번에

코스피200 지수는 시장을 대표하는 200개 종목의 주가로 구성됩니다. 따라서 지수를 산다는 것은 200개 주식을 각각 시가총액 비율대로 모두 사는 것과 같습니다. 하지만 200개 종목을 손으로 하나씩 주문하는 것은 불가능하지요. 이때 사용되는 것이 바로 프로그램 매매입니다.

프로그램 매매는 컴퓨터 프로그램이 자동으로 200개 종목의 주문을 동시에 실행하도록 한 시스템입니다. 즉, '선물을 팔면서 현물을 매수'하거나 '선물을 사면서 현물을 매도'하는 것을 단 한 번의 클릭으로 처리할 수 있습니다.

매수 차익거래 ▶ 선물이 고평가 → 선물을 매도하고, 프로그램으로 현물(주식)을 매수

매도 차익거래 ▶ 선물이 저평가 → 선물을 매수하고, 프로그램으로 현물을 매도

현재는 200개 종목을 모두 사지 않아도 시가총액이 큰 15~30개 종목만

으로도 지수와 거의 동일한 움직임을 만들 수 있어 기관투자자들은 이를
활용해 빠르게 포지션을 조정합니다. 또한, 단순히 차익거래가 아닌 여러
종목을 한 번에 사고파는 편의 목적으로도 프로그램 매매를 사용합니다.
이를 비차익거래라고 합니다.

HTS의 괴리도 색깔, 왜 중요할까요?
HTS 선물 현재가 화면에서 괴리도가 빨간색(+)이면 선물 고평가, 파란색(-)이면 선물 저평가를 의미합니다. 빨간색이 뜨면 프로그램 매수(현물 매입)가 들어올 가능성이 크고, 파란색이 뜨면 프로그램 매도(현물 매도)가 나올 확률이 높습니다. 색 하나만 잘 읽어도 기관의 자동 매매 흐름을 미리 포착할 수 있습니다.

시장을 안정시키는 장치 '사이드카 제도'

프로그램 매매가 과도하게 작동하면 주식시장이 선물의 움직임에 따라 크게 흔들릴 수 있습니다. 이런 현상을 왝더독Wag the Dog, 즉 "꼬리가 몸통을 흔든다"라고 부릅니다. 이를 막기 위해 도입된 제도가 사이드카 Sidecar 입니다.

코스피200 선물가격이 기준가 대비 5% 이상 상승 또는 하락한 상태가 1분간 지속되면, 거래소는 프로그램 매매 주문을 5분간 일시 정지시킵니다. 이후 5분 후 순차적으로 체결을 재개합니다. 사이드카는 하루에 한 번만 발동하며, 오후 2시 50분 이후에는 작동하지 않습니다.

고수의 팁 ▶ 프로그램 매매, 기관투자자의 숨은 손길

프로그램 매매는 단순한 자동 매매가 아니라, 기관투자자들이 시장의 균형을 맞추기 위해 사용하는 전략적 도구입니다. 선물과 현물의 괴리(가격 차이)가 커지면 프로그램 매수·매도가 즉각적으로 작동해 시장가격을 되돌립니다. 즉, 단기적으로는 시장을 흔들기도 하지만, 장기적으로는 가격 왜곡을 줄이는 조정자 역할을 합니다.

옵션거래, 콜옵션, 풋옵션
옵션이란 무엇인가요?

옵션Option은 미래의 일정 시점에 정해진 가격(행사가격)으로 기초자산을 사거나 팔 수 있는 권리를 거래하는 상품입니다. 즉, 선물은 '반드시 사고팔아야 하는 약속'이라면, 옵션은 '원하면 살 수도 있고, 포기할 수도 있는 선택권'이지요.

옵션거래에서는 이 권리를 주고받는 대신, 프리미엄Premium이라는 권리금을 지불합니다. 예를 들어 상권이 좋은 가게를 인수할 때 내는 권리금처럼 옵션 매수자는 이 프리미엄을 내고 권리를 사며, 매도자는 이 프리미엄을 받고 의무를 떠안습니다. 우리나라에서는 대부분 유럽식 옵션(만기일에만 권리 행사 가능)이 거래됩니다. 이제 살 수 있는 권리와 팔 수 있는 권리를 하나씩 살펴볼까요?

한 걸음 더

옵션은 위험한 상품인가요?
옵션은 주식의 보험 같은 역할도 합니다. 예를 들어 보유 주식이 하락할까 걱정된다면 풋옵션 매수로 손실을 줄일 수 있습니다. 하지만 방향이 틀리면 권리금(프리미엄)을 잃을 수 있으니, 소액으로 구조를 이해하는 연습부터 시작하는 것이 좋습니다.

콜옵션과 풋옵션의 구조

1만 원짜리 주식의 콜옵션(행사가격 1만 원)을 500원에 샀다고 해봅시다. 만기일에 주가가 1만 5,000원이 되면, 옵션 보유자는 1만 원에 사서 1만 5,000원에 팔 수 있으니 4,500원의 이익(5,000원 – 500원)을 얻습니다.

하지만 주가가 9,000원으로 떨어지면 권리를 포기하고 낸 500원의 프리미엄만 손해 보면 됩니다. 즉, 콜옵션 매수자는 주가 상승을 기대하고, 풋옵션 매수자는 주가 하락을 기대하는 상품입니다. 이처럼 손익이 비대칭적이어서 적절히 조합하면 다양한 전략(헤지, 변동성 매매 등)에 활용할 수 있습니다.

콜옵션과 풋옵션

구분	콜옵션Call	풋옵션Put
의미	기초자산을 살 수 있는 권리	기초자산을 팔 수 있는 권리
매수자의 기대	주가가 오를 것이다.	주가가 내릴 것이다.
이익 발생 조건	주가가 행사가격보다 높을 때	주가가 행사가격보다 낮을 때
최대 손실	낸 프리미엄 한도	낸 프리미엄 한도
매도자의 입장	주가가 오르면 손실, 안 오르면 프리미엄 이익	주가가 내리면 손실, 안 내리면 프리미엄 이익

프리미엄의 구성은 어떻게 되나요?

옵션의 가격(프리미엄)은 2가지 요소로 구성됩니다.

내재가치Intrinsic Value ▶ 지금 바로 권리를 행사했을 때 얻을 수 있는 실질적 이익입니다.

- **콜옵션**: 주가 > 행사가격 → 주가 - 행사가격
- **풋옵션**: 행사가격 > 주가 → 행사가격 - 주가

시간가치Time Value ▸ 만기까지 주가가 유리하게 움직일 가능성에 대한 가치입니다. 시간이 지날수록 줄어들며, 만기일에는 0이 됩니다. 그래서 아무 일도 일어나지 않아도 옵션의 가격은 시간이 갈수록 떨어집니다. 예를 들어 콜옵션의 행사가격이 1만 원, 현재 주가가 1만 500원이면 내재가치는 500원(1만 500원-1만 원), 옵션가격이 800원이라면 시간가치는 300원(800원-500원)이 됩니다.

옵션의 상태: 내가격·등가격·외가격

옵션은 주가와 행사가격의 관계에 따라 다음 3가지로 구분됩니다.

구분	상태	콜옵션	풋옵션
내가격ITM	권리를 행사하면 이익이 나는 상태	주가 > 행사가격	주가 < 행사가격
등가격ATM	주가 ≈ 행사가격	주가 ≈ 행사가격	주가 ≈ 행사가격
외가격OTM	권리를 행사해도 손실이 나는 상태	주가 < 행사가격	주가 > 행사가격

옵션은 등가격 상태에서 시간가치가 가장 크며, 시간이 지나면 내재가치만 남고 외가격 옵션은 가치가 0이 됩니다.

구분	콜옵션	풋옵션
권리 내용	살 권리	팔 권리
주가 방향	상승 기대	하락 기대
손익 구조	수익 무한, 손실 한정	수익 제한, 손실 한정
활용 목적	상승장 투기, 하락장 헤지	하락장 투기, 상승장 헤지

옵션은 적은 돈으로 큰 수익을 노릴 수 있는 상품으로 보이지만, 반대로 시간이 지나면 가치가 줄어드는 상품이기도 합니다. 시간의 방향이 곧 옵션의 적敵이라는 점을 잊지 마세요.

옵션은 어떻게 거래되나요?

옵션거래, 어디서부터 시작할까요?

옵션거래는 일반 주식거래보다 복잡하고 위험도가 크기 때문에 전용 계좌를 별도로 개설해야 합니다. 주식계좌로는 옵션을 살 수 없으며, 선물옵션 전용 계좌를 개설해야 주문이 가능합니다. 계좌를 만들기 전에는 반드시 사전교육과 모의거래 체험을 이수해야 합니다. 이는 금융투자협회와 한국거래소에서 정한 제도적 안전장치로, 교육 약 30시간과 모의거래 50시간을 이수해야 실제 거래가 허용됩니다.

또한 일정 수준의 기본예탁금이 필요합니다. 증권사와 고객 등급에 따라 다르지만, 3,000만~1억 원 수준의 보증금이 계좌에 있어야 옵션 매매가 가능합니다. 이 절차는 단순히 장벽을 만드는 것이 아니라, 옵션이 가진 높은 변동성과 잠재 손실 위험을 미리 인식하고 대비하도록 하기 위한 과정입니다.

옵션 매수자와 매도자의 차이

옵션거래에서는 권리금(프리미엄)을 주고받습니다. 옵션의 매수자는 이 프리미엄을 내고 권리를 사며, 매도자는 프리미엄을 받고 의무를 떠안습니다. 매수자는 프리미엄을 지불했으므로 이후에는 추가 납입 의무가 없습니다. 만기일에 주가가 유리하게 움직이면 권리를 행사하고, 그렇지 않다면 옵션을 포기하고 프리미엄만 손실로 남기면 됩니다.

반면 매도자는 권리를 받은 상대가 언제든 권리를 행사할 수 있으므로, 혹시 발생할 손실에 대비해 증거금(보증금)을 내야 합니다. 쉽게 말해, 매수자는 보험에 드는 사람, 매도자는 보험을 파는 사람에 비유할 수 있습니다.

옵션 매수자 vs 매도자

구분	매수자	매도자
포지션	권리를 산 사람	권리를 판 사람
손익 구조	손실은 프리미엄 한정, 이익은 무제한	이익은 프리미엄 한정, 손실은 무제한 가능
증거금	없음	필요
심리	기회를 기다리는 쪽	책임을 감수하는 쪽

옵션은 선물보다 유연한 상품입니다. 매수자는 가격이 오를 것 같다면 콜옵션, 내릴 것 같다면 풋옵션을 사면 됩니다. 매도자는 반대로 오르지 않을 것 같다, 내리지 않을 것 같다는 판단을 기반으로 거래에 나섭니다.

거래시간과 만기 ▶ 옵션 거래시간은 주식시장보다 조금 늦게 끝나며, 선물시장과 동일합니다. 평일에는 09:00~15:45, 만기일에는 09:00~15:20

에 마감합니다. 옵션의 만기는 매월 두 번째 목요일, 즉 매달 새롭게 거래되는 종목이 있습니다. 코스피200 선물은 분기마다 만기가 돌아오지만, 옵션은 매월 결제되기 때문에 단기 매매 전략에도 자주 활용됩니다.

거래 단위는 프리미엄 1포인트=25만 원, 최소 호가 단위는 0.01포인트(2,500원)입니다. 가격제한폭은 따로 없지만, 기초지수(코스피200)가 상하 30%를 벗어나면 거래소의 서킷브레이커가 발동되어 자동으로 거래가 정지됩니다.

옵션 만기, 왜 매달 둘째 주 목요일일까요?
코스피200 옵션은 매달 둘째 주 목요일에 만기가 돌아옵니다. 이는 글로벌 표준 옵션 결제 주기에 맞춘 것이며, 기관투자자·헤지펀드·운용사들이 월 단위 성과를 정리하기 좋은 구조입니다. 따라서 만기 주간은 변동성이 커지고, 만기일 전후로의 급격한 가격 움직임(만기 효과)을 이해하는 것이 필수입니다.

행사가격과 종목 수 ▶ 코스피200 옵션은 하나의 만기월마다 30개 이상의 행사가격이 존재합니다. 예를 들어 코스피200이 500포인트일 때, 행사가격은 420~580포인트 구간에서 2.5포인트 간격으로 형성됩니다. 즉, 기본적으로 콜옵션 32종목과 풋옵션 32종목, 총 60개 이상이 한 달에 거래된다는 뜻입니다. 옵션 하나하나가 서로 다른 조건의 보험 상품이라고 이해하면 쉽습니다.

행사가격이 많아지는 이유는?
옵션은 하나의 기초자산(코스피200)을 기준으로 수십 개의 서로 다른 조건(행사가격·만기·프리미엄 등)을 가진 일종의 '보험 패키지'입니다. 행사가격이 많아질수록 시장은 더 정교하게 리스크를 관리할 수 있고, 헤지 전략을 세울 때 선택지가 많아집니다. 초보 투자자는 이 구조를 이해하는 것만으로도 옵션의 원리를 훨씬 쉽게 받아들일 수 있습니다.

상장지수펀드(ETF)
ETF가 무엇인가요?

ETF에 투자해야 하는 이유

개별 종목에 투자하는 것 외에도 개인투자자가 시장 전체나 특정 업종 전체에 투자할 수 있는 방법이 있습니다. 그 대표적인 수단이 바로 ETFExchange Traded Fund(상장지수펀드)입니다. ETF는 특정 지수나 업종의 움직임을 그대로 반영하도록 구성된 펀드이며, 일반 주식처럼 거래소에서 자유롭게 사고팔 수 있는 특징을 갖습니다.

ETF와 일반 펀드를 비교하면 차이점은 분명해집니다.

첫째, ETF는 특정 지수를 추종한다는 점에서 인덱스펀드와 비슷하지만, 인덱스펀드와 달리 언제든지 시장에서 매매할 수 있다는 편리함이 있습니다. 인덱스펀드는 해지 시 환매 수수료가 발생할 수 있지만, ETF는 이러한 제약이 없습니다.

둘째, ETF는 일반 펀드보다 비용이 훨씬 낮습니다. 대부분의 펀드는

1% 이상의 연보수를 부담해야 하지만 ETF는 증권거래세나 낮은 매매 수수료 정도만 부담하면 됩니다.

셋째, ETF는 거래소에서 실시간으로 거래되고, 유동성 공급자LP가 시장조성을 하기 때문에 유동성이 우수합니다. 반면 일반 펀드는 장외에서 이루어지기 때문에 실시간 거래가 불가능합니다.

넷째, ETF는 매일 운용 성과와 포트폴리오를 투명하게 공시합니다. 반면 일반 펀드는 분기 또는 월 단위로 공시가 이루어져 정보 접근성이 상대적으로 낮습니다.

개별 종목보다 지수에 투자해야 하는 이유

개별 종목은 성공할 수도 있지만, 때로는 부실해져 상장폐지되는 등 망하는 경우가 존재합니다. 그러나 시장 전체는 망하지 않습니다. 이 점이 개별 종목보다 지수에 투자하는 것이 더 합리적인 이유입니다.

시장 전체에 투자한다는 것은 곧 주가지수에 투자하는 것을 의미합니다. 예를 들어 우리나라 전체 시장에 투자하고 싶다면 코스피200, 미국에 투자한다면 다우지수, S&P500 등을 선택할 수 있는 방식입니다.

다우지수의 역사만 보아도 이 원리는 분명해집니다. 다우지수는 1896년 철도 12개 종목으로 시작했지만 1928년에는 30개 종목 체제로 바뀌었고, 2025년 6월까지 총 51차례나 구성 종목이 변경되었습니다. 시장 환경 변화에 따라 낙후된 종목은 제외되고, 새롭게 떠오르는 기업이 편입되면서 지수 자체는 꾸준히 시대 흐름을 반영해왔습니다.

고수의 팁 ▶ 장기투자의 핵심은 '종목'이 아니라 '지수'입니다

지수는 시대 변화에 맞게 구성 종목이 자동으로 교체되기 때문에 장기적으로 기업 성

장의 결실만을 모아가는 구조입니다. 반면 개별 종목은 언제든 실적 부진·경쟁 변화·경영 리스크로 무너지기도 합니다. 초보자가 장기투자를 시작한다면 '종목 장기 보유'보다 '지수 장기 보유'가 훨씬 안전합니다.

연도	편입 종목	편출 종목
2008년	셰브론, BOA, 크래프트	AIG, 알트리아, 허니웰
2009년	트래블러스, 캐터필러	GM, 씨티은행
2013년	골드만삭스, 비자, 나이키	엘코어, BOA, HP
2015년	애플	AT&T
2018년	월그린	GE
2024년	엔비디아	인텔

예를 들어 컴퓨터 CPU의 상징과도 같았던 인텔도 2024년 결국 다우지수에서 제외되었습니다. 인텔의 주가 흐름을 보면 다음과 같습니다.

인텔 월봉 동향

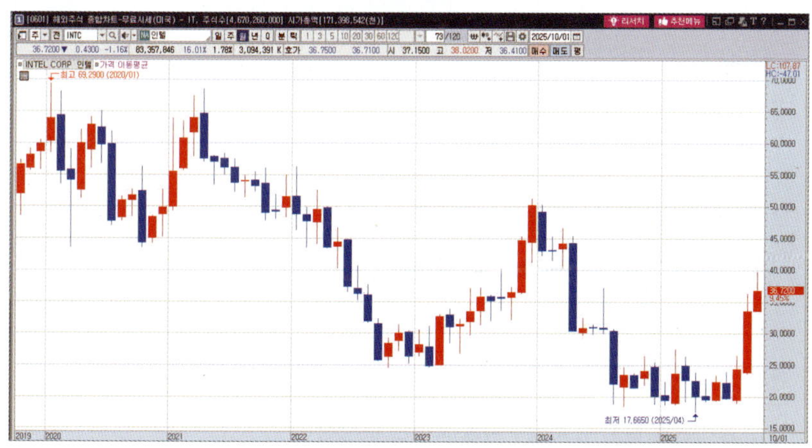

반면 같은 기간 다우지수는 꾸준히 우상향하는 모습을 보였습니다.

다우지수 월봉 동향

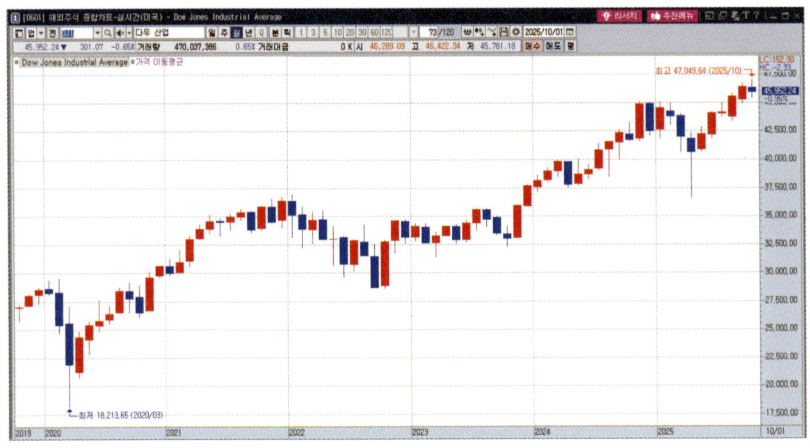

이 차이를 보면 분명해집니다. 종목은 좋아질 수도, 나빠질 수도 있지만 지수는 끊임없이 전진한다는 것입니다. 그렇기 때문에 종목 분석에 자신이 없는 투자자라면 ETF, 즉 지수 투자 방식이 훨씬 안정적이고 효율적인 전략이 됩니다.

ETF가 특히 적합한 투자자는 다음과 같습니다.

- 종목 선정에 어려움을 느끼는 투자자
- 분산투자가 필요하다고 느끼는 투자자
- 지수 수익률과 비슷한 흐름을 원하는 투자자
- ETF 간 가격 차이로 차익거래 기회를 찾고자 하는 투자자
- 유통시장을 활용해 초과수익을 노리는 투자자

ETF의 종류는 어떻게 나뉠까?

ETF는 어떤 지수를 추종하느냐에 따라 종류가 결정됩니다. 즉, 지수가 만들어지면 그 지수를 기반으로 ETF도 구성될 수 있는 구조입니다. 현재 시장에는 매우 다양한 ETF가 존재하며, 주요 유형을 살펴보면 다음과 같습니다.

시장대표지수 ETF ▸ 코스피200, 코스피100, KRX100, 코스닥150, MSCI 코리아인덱스 등을 추종합니다. 이 중 국내에서 가장 거래량이 많은 ETF는 코스피200과 코스닥150 ETF입니다.

섹터 ETF ▸ 산업별 지수를 추종하는 ETF입니다. 소재, 산업재, 필수소비재, 의료, 금융, IT 등 다양한 섹터가 존재하며, 해당 산업 내 여러 종목에 동시에 투자할 수 있습니다.

테마 ETF ▸ 우량가치, 블루칩, 2차 전지, AI, 로봇, 방산 등 특정 테마를 중심으로 구성된 ETF입니다. 또한 삼성그룹, 현대차그룹 같은 그룹주 ETF도 테마 ETF에 포함됩니다.

고배당 ETF ▸ 배당 성향이 높은 종목들로 구성된 ETF로, 배당수익에 관심이 많은 투자자에게 적합합니다.

스타일 ETF ▸ 특정 스타일(대형주·중소형주·성장주·가치주 등)을 중심으로 구성된 ETF입니다.

채권 ETF ▶ 국채·회사채·단기채 등 다양한 채권에 투자하는 ETF입니다. 채권 자체에 투자하는 것처럼 안정적인 이자수익을 기대할 수 있습니다.

원자재 ETF ▶ 원유·금·은·구리·농산물 등 원자재에 투자하는 ETF입니다. 직접 선물시장에 접근하기 어렵지만 ETF를 통해 손쉽게 투자할 수 있습니다.

해외지수 ETF ▶ S&P500, 나스닥, 유로스탁스, 일본 토픽스 등 해외시장에 직접 투자할 수 있습니다. 중국·인도·베트남 같은 이머징 마켓 ETF도 활발히 거래됩니다.

파생상품 ETF ▶ 레버리지·인버스 ETF처럼 지수의 변동 폭을 2배로 추종하거나, 반대로 추종하는 ETF입니다. 단기 매매 목적이 강하며 변동성이 큰 상품이므로 초보자는 특히 주의할 필요가 있습니다.

ETF 전체 시세 → 코스피200 추적 지수

[0278] ETF전체시세 (통합)

추적지수 KOSPI200 / iNAV대비 전체 / 운용사 전체 / 유형 전체 / 보유기간과세 전체 / 유의 / 조회 / 다음

* 비과세 해외계좌만 '비과세해외ETF' 종목 거래시, 세제혜택을 받을 수 있습니다.

종목명	종가	대비	대비(%)	거래량	iNAV	추적오차율	괴리율	과표기준	배당전기준	전일배당금	추적지수명	배수	추적지수
아이엠에셋 200	57,810	▲ 285	+0.50	1,246	57,645.63	0.73	0.28	34,082.70	0	0	KOSPI200	1.0x	568.38
FOCUS 200	48,810	▲ 450	+0.93	689	48,677.50	0.38	0.27	41,009.15	0	0	KOSPI200	1.0x	568.38
KODEX 200	56,975	▲ 310	+0.55	17,605,598	56,963.71	0.70	0.02	7,816.55	0	0	KOSPI200	1.0x	568.38
KIWOOM 200	56,980	▲ 395	+0.70	367,985	56,949.27	0.66	0.05	7,819.62	0	0	KOSPI200	1.0x	568.38
TIGER 200	56,980	▲ 315	+0.56	4,543,322	56,994.84	0.65	-0.03	22,387.69	0	0	KOSPI200	1.0x	568.38
ACE 200	57,255	▲ 325	+0.57	104,168	57,262.73	0.64	-0.01	18,957.52	0	0	KOSPI200	1.0x	568.38
TREX 200	57,015	▲ 355	+0.63	223	57,018.76	0.73	-0.01	14,519.51	0	0	KOSPI200	1.0x	568.38
KODEX 레버리지	42,640	▲ 495	+1.17	40,560,986	42,796.65	4.49	-0.37	11,162.54	0	0	KOSPI200	2.0x	568.38
TIGER 레버리지	42,405	▲ 310	+0.74	523,717	42,363.29	4.44	0.10	13,097.05	0	0	KOSPI200	2.0x	568.38
RISE 200	57,410	▲ 280	+0.49	1,490,906	57,415.90	0.63	-0.01	24,395.16	0	0	KOSPI200	1.0x	568.38
PLUS 200	57,995	▲ 335	+0.58	655,200	57,955.94	0.66	0.07	23,998.77	0	0	KOSPI200	1.0x	568.38
ACE 레버리지	17,650	▲ 410	+2.38	61,788	17,446.68	4.06	1.15	5,952.22	0	0	KOSPI200	2.0x	568.38
파워 200	57,610	▲ 370	+0.65	448	57,594.83	0.63	0.03	26,127.42	0	0	KOSPI200	1.0x	568.38
HANARO 200	57,180	▲ 355	+0.62	97,457	57,180.34	0.67		31,606.97	0	0	KOSPI200	1.0x	568.38
HK 베스트일레븐	15,030	▲ 35	+0.23	113	14,889.45	14.67	0.94	10,004.17	0	0	KOSPI200	1.0x	568.38
UNICORN R&D 핵	16,990	▼ 10	-0.06	10	16,961.82	7.04	0.17	10,382.68	0	0	KOSPI200	1.0x	568.38
DAISHIN343 K200	57,570	▲ 530	+0.93	1,392	57,553.81	0.69	0.03	31,630.33	0	0	KOSPI200	1.0x	568.38
TIMEFOLIO Korea	19,410	▲ 450	+2.37	323,890	19,381.80	11.54	0.15	9,735.52	0	0	KOSPI200	1.0x	568.38
마이티 다이나믹	19,725	▲ 190	+0.97	365	19,666.68	3.11	0.30	10,098.74	0	0	KOSPI200	1.0x	568.38
WON 200	58,580	▲ 345	+0.59	7,022	58,524.76	1.09	0.09	31,592.81	0	0	KOSPI200	1.0x	568.38
1Q K200액티브	18,530	▲ 65	+0.35	162,197	18,535.71	0.82	-0.03	10,575.12	0	0	KOSPI200	1.0x	568.38
TRUSTON 주주가	18,015	▲ 450	+2.56	17,463	18,064.67	11.38	-0.28	10,619.10	0	0	KOSPI200	1.0x	568.38

다양한 ETF가 존재한다는 것은 개별 종목 분석이 부담스러운 투자자라도, ETF 하나만으로도 이미 포트폴리오 전체를 매수하는 효과를 얻을 수 있다는 의미입니다. HTS에서도 ETF 전체 시세를 확인하거나, ETF 구성 종목을 직접 분석할 수 있습니다.

관심 있는 ETF의 특정 섹터나 테마가 있다면, 돋보기 검색 기능을 통해 해당 ETF의 구성 종목을 조회해보는 것이 좋은 출발점이 됩니다.

ETF 구성 종목

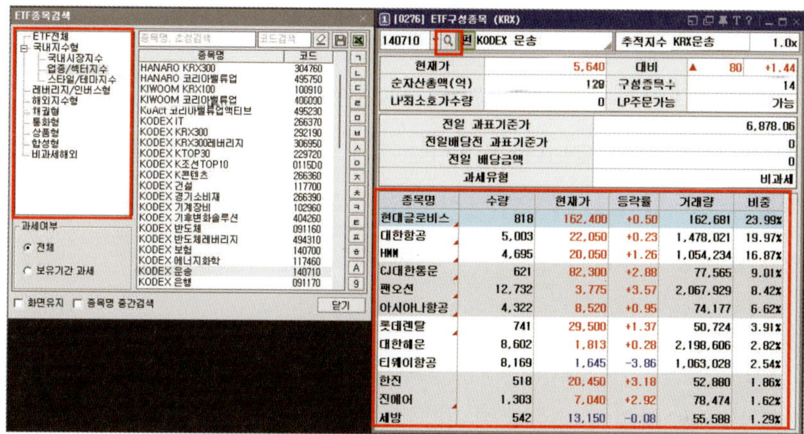

현재 KODEX 운송업종에 편입된 종목을 보면 구성 종목 수는 14개로 이루어져 있고, 순자산총액은 128억 원입니다. 이렇게 관심 있는 ETF에 어떤 종목들이 편입되어 있는지 살펴보는 것은 매우 중요합니다.

투자자들이 많이 찾는 인기 미국 ETF

국내 시장뿐만 아니라 미국 ETF에 대한 관심이 지속적으로 높아지면서 많은 투자자가 안정적으로 시장에 접근할 수 있는 대표 ETF를 찾고 있습니다. 투자자들이 가장 많이 매수하는 미국 ETF는 다음과 같습니다.

SPYSPDR S&P 500 ETF Trust ▸ SPY는 미국 ETF 가운데 시가총액 1위를 기록하고 있는 대표 상품으로, S&P500 지수를 그대로 추종합니다. 운용사는 '스테이트 스트리트 글로벌 어드바이저State Street Global Advisors'입니다.

편입 상위 10개 종목은 애플, 마이크로소프트, 아마존, 메타, 구글 알파벳, 테슬라, 버크셔해서웨이, JP모건체이스, 존슨앤드존슨 등이 포함되어 있어 미국 시장을 대표하는 핵심 기업들로 구성되어 있습니다.

IVViShares Core S&P 500 ETF ▸ IVV 역시 S&P500 지수를 추종하는 ETF이며, 2000년에 상장되었습니다. 운용사는 세계 최대 자산운용사 중 하나인 블랙록BlackRock입니다. IVV의 상위 편입 종목은 SPY와 거의 동일하지만, 종목별 비중에서 약간의 차이가 있습니다.

VTIVanguard Total Stock Market ETF ▸ VTI는 미국 주식시장 전체를 포괄하는 ETF입니다. 대형 우량주뿐 아니라 중·소형주까지 폭넓게 포함하고 있어 미국 시장 전체에 투자하는 효과를 얻을 수 있습니다. 상위 10개 종목은 S&P500 ETF들과 크게 다르지 않지만, 구성 비중에서는 좀 더 넓은 시장을 반영하는 특징이 있습니다.

VOOVanguard S&P 500 ETF ▸ VOO는 2010년에 상장된 ETF로, S&P500 지수를 추종합니다. 운용사는 뱅가드Vanguard이며, 낮은 보수(0.03%)로 유명한 상품입니다. 편입된 주요 종목은 SPY, IVV와 유사합니다.

QQQ _{Invesco QQQ Trust} ▶ QQQ는 나스닥100 지수를 추종하는 ETF로, 기술주 중심의 시장 흐름을 반영합니다. 1999년에 상장된 역사가 깊은 ETF이며, 운용사는 미국 대형 운용사인 인베스코Invesco입니다. 상위 편입 종목은 애플, 마이크로소프트, 아마존, 테슬라, 구글 알파벳, 메타, 엔비디아, 페이팔, 인텔 등 기술 기업 중심으로 구성되어 있습니다.

> **고수의 팁** ▶ **미국 ETF는 '보수·거래량·운용사'를 먼저 확인하세요**
>
> 미국 ETF를 고를 때는 구성 종목보다 다음 3가지를 먼저 확인하는 것이 중요합니다.
> ① ETF 보수(운용보수)
> ② 일평균 거래량(유동성)
> ③ 운용사의 안정성
> 예를 들어 SPY·IVV· VOO는 모두 S&P500 ETF이지만, 보수와 유동성이 조금 달라서 투자 성향에 따라 선택이 달라질 수 있습니다.

해외 ETF에 투자할 때 꼭 알아야 할 사항

해외 ETF는 투자 기회가 많지만, 국내 ETF와 다른 점도 분명히 존재합니다. 특히 환율과 세금 문제는 투자 수익률에 직접적인 영향을 미치므로 반드시 이해하고 있어야 합니다.

환율 변동 위험이 있다 ▶ 해외 ETF 투자에서 가장 먼저 고려해야 할 요소는 환율 변화입니다. 환율은 원화가치와 해외 통화가치가 동시에 움직이기 때문에 주가 움직임과 합쳐져 수익률이 달라집니다. 경우에 따라 수익이 확대되기도 하고, 반대로 손실이 더 커지기도 합니다.

환율 변동이 투자 수익률에 미치는 영향은 다음과 같은 4가지 경우로 살펴볼 수 있습니다.

1) 해외 주가 상승 + 해외 통화가치 상승 → 수익률이 크게 증가

2) 해외 주가 상승 + 해외 통화가치 하락 → 수익 또는 손실 가능성 혼재

3) 해외 주가 하락 + 해외 통화가치 상승 → 수익 또는 손실 가능성 혼재

4) 해외 주가 하락 + 해외 통화가치 하락 → 손실이 크게 증가

이처럼 환율 변수까지 함께 고려해야 하기 때문에 환율 위험을 회피하고 싶다면 통화선물·통화옵션 등을 활용한 헤지 전략을 이용할 수 있습니다.

해외 ETF는 세금 체계가 다르다 ▶ 해외 ETF는 국내 ETF와 달리 배당소득세와 양도소득세를 각각 따로 고려해야 합니다.

- **배당소득세**: 미국 ETF에서 배당받을 경우, 미국 현지에서 15% 원천징수가 이루어집니다. 세금이 원천징수된 뒤 나머지 금액이 계좌로 입금되므로 투자자가 따로 신고하거나 정산할 필요는 없습니다.
- **양도소득세**: 해외 주식 및 ETF 매매로 발생한 이익은 연간 250만 원 초과분에 대해 22%의 양도소득세가 부과됩니다(기본공제 250만 원, 초과분에 대해서만 과세).

이처럼 국내 ETF와는 과세 방식이 다르기 때문에 투자 전 세금 구조를 제대로 이해하는 것이 중요합니다.

주식시장은 경제 흐름과 분리해서 생각할 수 없습니다. 따라서 경제 상황이 어떤 국면에 놓여 있는지에 따라 포트폴리오의 구성 방식도 달라져야 합니다. 다음은 경기순환 단계별로 어떤 업종과 종목에 주목해야 하는지 살펴보겠습니다.

경기회복 초기: 유동성 장세에서의 포트폴리오

경기가 막 회복되기 시작하면 중앙은행은 가장 먼저 완화적 통화정책을 시행합니다. 금리를 낮추고 시중에 유동성을 공급하는 국면입니다. 과거 사례를 보면 이 시기에는 하루에 수천억 원에서 많게는 수조 원의 자금이 주식시장으로 빠르게 유입됩니다.

이런 상황에서는 시가총액이 큰 업종 대표주가 가장 먼저 움직입니다. 예를 들어 삼성전자처럼 시가총액이 수백조 원에 달하는 기업은 대규모 자금이 유입되더라도 주가를 급등시키지 않고도 원하는 만큼 매집이 가능합니다. 따라서 경기회복 초기, 즉 유동성 장세에서는 무조건 시가총액 상위 종목 중심의 포트폴리오를 구성하는 것이 가장 안정적이고 효과적인 전략이 됩니다.

경기회복기: 물동량 증가와 함께 움직이는 업종 중심 포트폴리오

경기회복 초기의 유동성 장세와 완전히 구분되는 시기는 아니지만, 유동성 장세 다음에 이어지는 흐름은 비교적 뚜렷합니다. 경기가 회복되기 시작하면 가장 먼저 움직이는 것은 물동량, 즉 물자의 이동입니다.

원재료가 운송되고, 이를 바탕으로 만든 완성품이 세계 각지로 수출입되면서 시장이 활기를 띱니다. 이 과정에서 가장 먼저 주목해야 하는 업종이 바로 운송업입니다. 운송업은 육상·항공·해상으로 나눌 수 있지만, 전 세계 물류의 대부분을 담당하는 것은 단연 해상운송입니다. 원재료는 벌크선이, 완제품은 컨테이너선이 실어 나릅니다.

문제는 이론적으로는 '벌크선 → 컨테이너선' 순으로 움직여야 하지만 실제 시장에서는 순서가 정확히 맞춰지지 않을 때가 많다는 점입니다. 따라서 폭넓게 대응하기 위해서는 벌크선사＋컨테이너선사 2종류 모두를 포트폴리오에 포함하는 것이 안정적입니다. 또한 운임이 올라갈 때는 해운사뿐 아니라 조선사들이 먼저 움직이는 경우도 자주 있습니다. 조선과 해운이 번갈아 강세를 보이는 일이 많기 때문에 이 구간에서는 두 업종을 모두 포함한 포트폴리오가 주도주를 놓치지 않는 방법입니다.

만약 개별 종목 선택이 부담스럽다면, 조선·해운 중심으로 구성된 섹터 ETF를 먼저 매수하여 대응하는 방법도 효과적인 전략입니다.

경기 본격 호황기: 안정적 실적 기반의 포트폴리오

경기회복기가 지나 경기가 본격적인 호황기에 들어서면 기업들의 실적이 눈에 띄게 좋아집니다. 이 시점부터는 초기 유동성 장세에서 매수했던 업종 대표주나 경기회복기에 주력했던 조선·해운주 중심의 전략에서 벗어나 경기 국면에 맞춘 새로운 포트폴리오를 구성해야 합니다.

호황기의 첫 번째 투자 순서는 소재 산업입니다. 소재 산업은 경제 전체의 기초 체력을 담당하는 업종으로, 석유화학·철강 같은 원재료 산업이 대표적입니다. 최근에는 데이터센터 건설과 인프라 투자 확대로 인해 반도체가 소재 산업처럼 기능하는 경우도 있습니다. 소재 산업의 상승이 마무리된 뒤에는 자연스럽게 경기소비재 산업이 뒤따릅니다. 경기소비재는 냉장고, 세탁기, 자동차처럼 경기가 회복되면서 소비자들의 지출이 늘어날 때 수요가 급증하는 제품들입니다.

다만 이 시기에는 회복 초기처럼 폭발적인 주가 상승을 기대하긴 어렵습니다. 따라서 실적이 안정적이고 배당 성향이 높은 기업 중심의 포트폴리오를 구성해 지속 가능한 성장과 안정성을 동시에 확보하는 것이 유리합니다. 호황기의 투자 전략은 수익 극대화보다는 안정적 수익과 방어적 전략에 조금 더 무게를 두는 것이 적절합니다.

성공적인 거래를 위한 초보 투자자의 마음가짐

첫째, 투자의 목적을 분명히 하라.

주식투자는 결국 수익을 올리기 위해 하는 것입니다. 그런데 시장에서는 수익보다 자신의 지식이나 기법을 과시하려는 데 더 집중하는 경우도 흔합니다. 하루에 수차례 매매하며 "나는 이런 스킬도 있다"는 것을 보여주려는 사람, 혹은 투자 관련 지식을 뽐내기 위한 투자를 하는 사람도 있습니다.

하지만 과도하게 멋을 부린 메매는 오히려 잘못된 결과를 가져올 때가 많습니다. 주식투자의 목적은 명확합니다. 스킬 과시가 아니라 수익 극대화입니다. 따라서 투자 성과는 결국 "얼마나 수익을 냈는가"라는 기준으로만 측정돼야 합니다.

둘째, 주식 매매는 철저히 '나만의 것'이다.

주식투자의 목표는 단순합니다. 이익은 크게, 손실은 작게 만들어 장기적으로 수익을 쌓아가는 것입니다. 그럼에도 많은 투자자가 어느 순간 자신의 매매 리듬을 잃어버립니다.

주식 리딩방, 동호회, 투자 커뮤니티를 돌아다니다 보면 각양각색의 의견이 가득하고, 스스로를 고수라고 부르는 사람들까지 등장합니다. 문제는 이런 분위기에 휩쓸리면 '나도 제대로 해볼까?' 하는 마음이 생기며, 원래의 매매 원칙을 잃고 단기 매매에 뛰어들게 된다는 점입니다.

게다가 사람들은 100번 실패하고 한 번 성공한 경험이 있다면, 실패는 감추고 그 한 번의 성공만 크게 자랑합니다. 따라서 누군가가 "수익 냈다"라고 말하면 절반 이상은 과장이라고 생각해도 무방합니다.

주식투자는 철저히 나와의 싸움입니다. 누구의 훈수에도 흔들려서는 안 되며, 내가 세운 원칙을 어떤 상황에서도 지켜내야 합니다.

셋째, 시간에 쫓기지 않는 투자를 하라.

주식투자는 결국 기업가치를 사고파는 과정입니다. 기업가치는 하루아침에 변하지 않습니다. 반년, 1년, 그보다 긴 시간에 걸쳐 변해갑니다. 그럼에도 많은 초보자가 단기적인 변동에 휘둘리며 조급함에 사로잡히곤 합니다.

특히 단기 급등이 발생하면 '이 기회는 다시 오지 않을지도 몰라' 하는 마음에 너무 일찍 이익을 확정하는 실수를 범합니다. 하지만 평가이익이 천천히 쌓인다고 해서 갑자기 하락세로 돌아서는 것도 아니고, 급격히 떨어진 주가가 반드시 원상 회복되는 것도 아닙니다.

시간에 대한 조급함은 투자자를 바보로 만드는 가장 위험한 감정입니다. 주식은 단기 게임이 아니라, 꾸준한 누적의 과정임을 기억해야 합니다.

넷째, 정보를 맹신하는 순간 파산이 시작된다.

정보가 중요하다는 데 이견을 제기하는 투자자는 없습니다. 문제는 우리가 얻는 정보가 '진짜 정보인가'입니다. 정보가 가치 있으려면 남이 모르는 정보여야 합니다. 모두가 이미 알고 있는 정보라면, 누구도 그 정보로 이익을 얻기 어렵습니다. 이 경우 중요한 것은 정보 자체가 아니라 속도뿐입니다. 반대로 내가 가진 정보와 남의 정보가 다르다면, 그다음에는 누구의 정보가 더 정확한지가 승부를 가릅니다. 하지만 문제는 이 세상 누구도 완전한 정보를 가진 채 투자하는 사람은 없다는 사실입니다.

그럼에도 일부 투자자는 자신이 가진 정보가 완전하다고 믿고, 그 믿음이 강해질수록 통제할 수 있다는 착각에 빠지게 됩니다. 주가를 통제할 수 있다고 믿는 순간, 시장에 대한 겸손함은 사라지고 판단은 흐려집니다.

그렇다면 어떻게 이 위험을 피할 수 있을까요?

① **'통제하고 있다'는 착각에서 벗어나라.** 스스로 시장을 완벽히 이해했다고 느끼는 순간이 가장 위험합니다. 투자자는 늘 새로운 정보를 수집해야 하고, 기존 판단을 의심할 필요도 있습니다. 겸손은 성공 투자의 가장 중요한 토대입니다.

② **호재뿐 아니라 악재도 찾아라.** 사람은 본능적으로 듣고 싶은 정보만 골라 듣는

선택적 지각에 빠집니다. 특히 장기투자자는 호재만 바라보고 악재를 외면하면 큰 오류를 범하게 됩니다. 나를 안심시키는 정보일수록 더 비판적으로 바라보는 태도가 필요합니다.

③ **나와 반대 의견을 가진 사람과도 의견을 교환하라.** 내가 분석 중인 기업을 이미 보유한 사람뿐 아니라, 해당 종목을 전혀 보유하지 않은 애널리스트나 펀드매니저의 의견도 참고해야 합니다. 편견에서 벗어날수록 정보 왜곡에서 자유로워지고, 더 좋은 판단을 할 수 있습니다.

다섯째, 습관처럼 남아 있는 기억을 경계하라.

우리는 매일 넘쳐나는 정보 속에 살고 있습니다. 너무 많은 정보는 오히려 판단을 흐리게 만들고, 특정 기억만 편향적으로 남게 합니다.

① **쉽게 얻을 수 있는 정보는 대개 가치가 없다.** 누구나 쉽게 볼 수 있는 정보라면 이미 대부분의 투자자가 그 정보를 기반으로 매매했을 가능성이 큽니다. 이때는 정보 자체보다 매매 타이밍이 중요해지며, 이미 늦었다면 그 정보는 더 이상 유효하지 않습니다.

② **성공했던 기억은 오히려 새로운 성공을 방해한다.** 사람은 과거의 성공 경험에 쉽게 매달립니다. 상승장에서 돈을 번 사람은 하락장을 인정하지 못하고, 하락장에서 돈을 번 사람은 상승장의 시작을 받아들이지 못합니다.

이런 기억의 편향은 변화하는 시장 상황을 제대로 해석하지 못하게 만드는 위험한 요인입니다. 따라서 나와 다른 시각을 가진 사람들과 의견을 교류하며 판단 범위를 넓히는 노력이 필요합니다.

memo